M000233210

# La Cábala Renovada

## UNA ESCALERA DE LUZ

Título original: THE LADDER OF LIGHTS
Traducido del inglés por Verania de Parres

© de la edición original
1968 William Gray

Primera edición de Samuel Weiser
York Beach, ME - USA

© de la presente edición
EDITORIAL SIRIO, S.A.          Ed. Sirio Argentina      Nirvana Libros S.A. de C.V.
C/ Panaderos, 9               C/ Castillo, 540         Av. Centenario, 607
29005-Málaga                  1414-Buenos Aires        Col. Lomas de Tarango
E-Mail: edsirio@vnet.es       (Argentina)              01620-Del Alvaro Obregón
                                                       México D.F.

I.S.B.N.: 84-7808-396-0
Depósito Legal: B-11.097-2002

Impreso en los talleres gráficos de Romanya/Valls
Verdaguer 1, 08786-Capellades (Barcelona)

*Printed in Spain*

# La Cábala Renovada

UNA ESCALERA DE LUZ

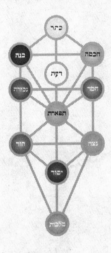

Willian G. Gray

editorial Sirio, s.a.

Capítulo 1 _____ # Los patrones de las cosas

Vivimos de acuerdo con ciertos patrones porque tenemos que hacerlo; son inevitables. El Cosmos es uno de esos patrones y nosotros también lo somos. Hay patrones de Espíritu, Alma, Mente y Cuerpo que se extienden a través de todos los estados de la existencia. Los encontramos por todas partes. Nuestro cuerpo humano es una masa mágica de patrones o modelos, que se repiten en toda su estructura celular. Sólo tenemos que mirarnos las yemas de los dedos para observar nuestros diseños individuales. Puesto que el patrón o modelo esencial de cualquier cosa puede ser también considerado como su símbolo, cada uno de nosotros es un símbolo viviente que forma parte del gran diseño al que podemos llamar Vida Divina.

Las verdades básicas son muy sencillas. Vivimos entre dos mundos o estados de existencia, el mundo exterior de la vida mundana, y el misterioso mundo interior de los pensamientos, sentimientos y actividades subjetivas que clasificamos, de forma vaga, como «espirituales». Ambos mundos tienen relación con nosotros, y las energías que operan en ellos son transmutables e intercambiables entre sí. Los patrones que se forman debido a esos intercambios son los patrones de acuerdo con los que vivimos. Si cambiamos nuestros patrones de vida podemos alterar nuestro ser, y viceversa. Los patrones y nosotros dependemos unos de otros.

Si fuera posible encontrar o formular lo que se podría describir como el Patrón Perfecto y seguirlo de manera fiel, seríamos Personas Perfectas. Éste ha sido el objetivo de todas las religiones, de todas las filosofías, credos, códigos y sistemas. Sin embargo, al repasar nuestra historia pasada y nuestra situación actual como seres humanos, parece evidente que no hemos encontrado o no hemos seguido un patrón así. No obstante, existen muchos intentos en ese sentido. Se han realizado tantos intentos, con tanta frecuencia y por tantos medios diferentes, que entre todos ellos surge una gran confusión, y el hecho de que un individuo haga una selección por sí mismo es, más que nada, cuestión de instinto o de inclinación.

El ideal de todo sistema espiritual siempre ha sido encontrar ese Patrón Perfecto y utilizarlo para el desarrollo y la elevación de las almas que se encuentran dentro de su ámbito. Un ser humano inteligente que aplique este diseño en sí mismo seguramente se encontrará en el Sendero hacia la perfección. Éste era el propósito de la Iniciación Oculta, en la que a los aspirantes se les daba un Plan Simbólico para que progresaran en los mundos del Espíritu, el Alma, la Mente y el Cuerpo, los cuales forman el estado general del Ser.

Lo sublime de este concepto es tal, que no lo apreciamos a primera vista. Es como si tratáramos de resumir todo el lenguaje del ser humano en una sola palabra. De hecho, se simboliza con la mítica palabra perdida, que según se dice, explica todo, contiene todo y, una vez que se pronuncia, elimina la necesidad de decir ya cualquier otra cosa. Similar a ésta es la idea de expresar todas las matemáticas con una sola ecuación sencilla que resuelva todos los problemas posibles. Un pensamiento que comprenda todos los pensamientos. La Causa de toda causalidad.

Si consideramos algunos de los principales Sistemas que existen entre nosotros, veremos que todos tienen una especie de patrón o diseño maestro, que debe haber sido efectivo hasta cierto punto, pues de lo contrario, no habría afectado a tantas personas durante tanto tiempo. Quizá el más universal fue la antigua Cruz Solar o cruz inserta en un círculo, que es común a casi todas las religiones, de una u otra forma. La cristiandad se inició bajo su protección, y la Cruz del Calvario fue una adaptación posterior. Los budistas la muestran como la Rueda de la Vida, y hasta la fecha, permanece como un símbolo importante en la mayor parte de las Escuelas de Misterios. Como símbolo universal, es difícil que otro la supere.

En épocas más recientes, la fe hebrea adoptó el Hexagrama, o Estrella de David, como glifo maestro, y la profundidad de su diseño es capaz de interpretaciones infinitas. Posteriormente, surgió el sofisticado desarrollo del cuaternario y la sextuplicidad, como las Diez Emanaciones del Ser, ordenadas en el patrón que se conoce como Árbol de la Vida. Pocas mentes podían, y de hecho pueden, trabajar con este glifo debido a sus complicaciones, de manera que siguió siendo propiedad casi exclusiva de la escuela cabalística. El rabinismo ortodoxo lo declaró herético. Sin embargo, se convirtió en el símbolo de una mente y un alma occidental en desarrollo, que crecía lejos de la estática perspectiva y cultura orientales, y así permanece en nuestros días.

El símbolo del Árbol de la Vida no es estático ni está muerto. Es un patrón flexible, adaptable y en crecimiento, capaz de extensiones indefinidas a través de la vida misma en todos sus estados y existencias. Esto significa no sólo la vida orgánica celular, sino todo el Ser, manifestado en todos los aspectos posibles. Puesto que no puede haber nada más, el Árbol lo representa todo. No se trata de una acumulación rígida de dogmas muertos ni de una simbología carente de significado. Antes que nada, el Árbol *vive* y debe vivirse.

La llamada Cábala, o «enseñanza recibida», es el resultado de las creencias, las experiencias y los desarrollos de las almas que han «andado los Senderos» ajustando su vida de acuerdo a los patrones que surgen del Árbol. No se trata de un misticismo estricto, sino de una forma de vida y de acuerdo con un patrón que se dirige de manera constante y consciente hacia su propia perfección.

A medida que nosotros crecemos, el Árbol también lo hace. En el siglo XX, da una variedad de frutos diferente a la que dio en el siglo XIV, pero todavía cumple con su función de producir sustento para la insaciable alma humana que busca su propio significado. Es más, sus frutos son literalmente inagotables, puesto que se renuevan de forma continua con el abastecimiento de energías internas. Cuanto más tomemos del Árbol, sus sorprendentes frutos se reproducirán en mayor cantidad.

Después de los contactos iniciales con el Árbol de la Vida y la Cábala, es natural que nos preguntemos si debemos continuar con nuestras investigaciones o dejar de perder el tiempo en lo que parece un montón de basura medieval encontrado en algún gueto abandonado. Sólo uno mismo podrá responder esta pregunta; ningún libro lo hará por nosotros. Lo único que podemos leer son las opiniones y las teorías de otras personas, que pueden resultar útiles o no. Cada cabalista debe formular el Árbol de acuerdo con su vida dentro del patrón. Quienes no pueden hacerlo no son cabalistas.

El Árbol proporciona los medios para recibir contactos del Mundo Interno, contactos con tipos de consciencias que, por lo regular, son inaccesibles para la mente humana. De esas fuentes proviene la «Enseñanza». Tampoco se trata de un proceso automático, sino del resultado de un trabajo arduo y doloroso en todos los mundos. La Cábala no es para los perezosos, los inútiles ni los ocultistas indiferentes. Nos ofrece un patrón vivo que se debe experimentar y no simplemente presenciar.

Dicha experiencia sólo es posible si «trabajamos los Senderos» a través de los Cuatro Mundos. En Atziluth, el Mundo de los Orígenes, trabajamos con la Contemplación. En Briah, el Mundo Creativo, utilizamos la Meditación, mientras que en Yetzirah, el Mundo Formativo, se aplica la que, en ocasiones, se conoce como Magia Ritualista. Por último, en Assiah, el Mundo de la Expresión, debemos actuar en términos de la vida terrenal. De esta manera, formamos el Patrón Cabalista de la Vida, a medida que el Árbol nos va enseñando.

Puesto que el significado esencial de la Cábala está contenido en el Árbol de la Vida, debemos recurrir a éste para obtener toda la información. El Árbol es para el cabalista lo que la Cruz es (o debe ser) para un cristiano, o la Rueda para un budista. A menos que exista un amplio entendimiento del Árbol y de cómo funciona, no tiene sentido tratar sobre la Cábala, sería como participar en una carrera de bicicletas sin saber montar en una.

Tanto se escribió sobre el Árbol y la Cábala durante el siglo pasado que es extraño que se haya explicado una parte tan pequeña. Todo este asunto se suele presentar con una fascinante confusión. Los escritores antiguos realizaron una traducción fiel de los manuscritos hebreos, con todas sus alusiones y significados ocultos dentro de otros significados. Las mentes ordinarias, que están acostumbradas a pensar en línea recta, lucharon con éstos sin esperanza, creando a menudo mayor confusión de la que en realidad existía. Los escritores que vinieron después simplemente tomaron la literatura editada y la resumieron para un propósito menor. Sólo una cantidad mínima de autores trataron de presentar la Cábala de forma sensible e inteligente. Pero hasta cierto punto, existe una razón para todo esto.

La razón es muy sencilla. El Árbol y sus asociaciones quizá se parecen a un crucigrama bien diseñado, con sus claves. Todo el significado y el valor del crucigrama radica en el ejercicio mental que representa su creación y su solución. Para resolverlo, es preciso utilizar la mente hasta un grado considerable, lo que, como es natural, mejora y desarrolla el poder mental de la persona que piensa. Al presentar el Árbol como un crucigrama cabalista de magnitud mental y espiritual, la mente y el espíritu de quien trata de resolverlo tienen la oportunidad de experimentar un auténtico progreso. Como consecuencia, toda la Cábala escrita y publicada se debe considerar simplemente como una pista hacia el enigma y no como su respuesta, excepto en algunos de los aspectos más generales. La verdadera solución se debe encontrar de forma individual, pues radica en las almas de los que la buscan, y en ningún otro lugar.

Puesto que la Clave principal de la Cábala es el Árbol, debemos concentrar en él la mayor parte de nuestras fuerzas y seguir intentándolo hasta que aparezca, por lo menos, el perfil de un patrón. Esto deberá proporcionarnos gran cantidad de material, con el cual podremos ir llenando los espacios en blanco.

En primer lugar, ¿qué es el Árbol? Es una representación simbólica de las relaciones que se cree que existen entre la Divinidad más abstracta y la humanidad más concreta. Una especie de árbol genealógico que une a Dios con el Hombre, los Ángeles y otros Seres, como una creación consciente total. Puesto que es un Símbolo, debemos adquirir ciertos conocimientos sobre el significado, la creación y la aplicación de los Símbolos; de lo contrario, el Árbol no será otra cosa que un conjunto de líneas y puntos en un papel.

Un Símbolo es la representación de una idea, a fin de que ésta pueda ser entendida por distintas entidades conscientes, o incluso por diferentes niveles de consciencia de la misma Entidad. Por tanto, un Símbolo es un medio de intercambio muy similar al sistema monetario o a cualquier moneda que cuente con una aceptación mutua. El simbolismo se puede considerar la moneda de la consciencia. Las palabras que se leen en esta página son grupos de símbolos ordenados de manera que transmiten un significado de una mente a otra.

El Símbolo del Árbol es un alfabeto de símbolos a partir del cual se puede crear un lenguaje espiritual que puedan entender los Seres de distintos estados de existencia. En términos antiguos, los Dioses, los Ángeles y los Hombres reciben un lenguaje común. En palabras modernas, la consciencia normal se puede comunicar directamente con el subconsciente y el Superconsciente, por medio de una simbología relacionada con ellos. Hacer que el Árbol sea totalmente inteligible es tarea de todos los cabalistas, porque una vez que, por medio de él, se establece un contacto inteligente entre los seres humanos y la Gran Consciencia de la que somos unidades infinitesimales, lograremos un progreso realmente útil, siguiendo las líneas del Patrón Perfecto.

A fin de lograr que el Árbol hable de manera que captemos su sentido, primero debemos dar a su estructura significados susceptibles de ser traducidos, y la única forma de hacerlo es por medio de la meditación y el trabajo práctico con el Árbol. Cada Sefirath y cada Sendero debe estar ligado a ideas que llevan a la exploración de la consciencia, desde una dimensión de la experiencia a otra. Estos conceptos deben ser aceptados por las Inteligencias existentes en ambos lados del Velo que divide a los mundos Interno y Externo. Una vez que pensamos, sentimos y vivimos con estas ideas, literalmente estaremos aprendiendo el lenguaje de los Ángeles.

Desde luego, la tarea principal consiste en entender y manejar los conceptos básicos de las Diez Sefirot y la relación que tienen entre sí. Cualquiera puede aprenderse esto de memoria en poco tiempo, pero no tendrá un *verdadero* significado hasta que se convierta en parte integral de un patrón de vida. No es posible lograr éste sin la Contemplación sistemática, la Meditación, la Oración y la Práctica. Si juntamos estos cuatro elementos esenciales, obtendremos como resultado una sola palabra: TRABAJO.

Para hablar el lenguaje del Árbol debemos ser capaces de emitir sus sonidos (las Sefirot), formar y pronunciar sus letras (los Senderos) y expresarnos con sus palabras, que son combinaciones de Sefirot y Senderos. Esto se logra mediante un método de aplicación similar a aquel con el que el niño aprende su idioma materno. Con el tiempo, descubriremos el estilo y la gramática del Árbol, lo que trae consigo una habilidad para ordenar sus conceptos de acuerdo con tipos de consciencia inalcanzables en los niveles humanos ordinarios.

El método es trabajar dentro de unos límites para poder llegar al Infinito. El pensamiento del Árbol está limitado por la relación de las Sefirot entre sí y entre los Pilares Derecho e Izquierdo, pero su extensión hacia arriba a través de Kether hacia el AIN SOPH AUR es Infinita. En este sentido, Kether es como la proa de un barco, estacionaria en relación con toda la embarcación, pero constantemente llega a aguas nuevas del Océano Eterno. También podemos pensar en el Árbol como un conducto, cuyas paredes son los Pilares, pero el flujo de la fuerza que pasa por ellas es infinita e incesante. Todos estos pensamientos nos dan ideas con las cuales podemos trabajar.

A fin de manejar los grupos de Sefirot como conceptos sencillos, se han unido por medio de los que se conocen como Senderos o canales. Las posiciones y la nomenclatura que se relaciona con estos Senderos son una causa importante de desacuerdo entre los cabalistas. Existen pocas divergencias serias en cuanto a las Sefirot mismas, pero los Senderos se han convertido en un campo de batalla para los ocultistas disidentes, en lugar de ser paseos pacíficos en busca de conocimiento. Cada Escuela toma una combinación distinta de números, letras, signos del Zodiaco y naipes del Tarot, y asigna estos símbolos conflictivos a cualquier Sendero que considere más apropiado. Después, declara su propia doctrina de infalibilidad y desafía a todos aquellos que no la creen.

Los cabalistas originales no se tomaban ningún atributo más allá de relacionar un par de Sefirot con cada letra del alfabeto hebreo, de modo que podían comunicarse con el Árbol en su propio idioma. La asignación del Tarot y otros atributos a los Senderos se hizo posteriormente por parte de aquellos que lo consideraron conveniente para ellos, aunque no necesariamente útil para los demás. De hecho, los atributos de los Senderos son muy sencillos.

Si tomamos dos conceptos sefiróticos cualesquiera y los ponemos en contacto entre sí a través de nosotros, obtendremos un resultado reactivo en nuestro consciente, o en nuestra experiencia, que expresará nuestra propia evaluación de esa unión. Supongamos que tomamos Geburah y Chesed, la Severidad y la Piedad, y las unimos o las alternamos en nuestro consciente. Inmediatamente surgirán muchos resultados. Pensamos en el equilibrio, en la restricción, en el sentido común, el premio y el castigo, el juicio, el control y toda una cadena de asociaciones. En lugar de divagar sin fin sobre estas ideas, regresemos con firmeza al Sendero Geburah-Chesed, y nos daremos cuenta de que, al ser conscientes de éste como un todo, incluimos en él todas las conexiones posibles. Utilizamos una combinación sefirótica como Símbolo Maestro para entrar en contacto con todo lo que pertenece a ella.

La única razón por la que se establecieron 22 Senderos es que el alfabeto hebreo tenía ese número de letras. Las distintas Escuelas asignan las letras de diversas formas, y todas afirman obtener resultados. Cualquier asociación de letras dará algún tipo de resultado, pero sólo a aquellos que la aceptan. Un obstáculo importante para los ocultistas occidentales es que ese resultado estará en hebreo; para quienes no hablan hebreo, ésta es una desventaja muy significativa.

Fue sobre todo para superar esta dificultad idiomática por lo que se asociaron con los Senderos símbolos puramente ideográficos, como el Tarot y el Zodiaco. La teoría del primero era impresionante, pero la práctica demostró ser débil, puesto que muy pocos estaban de acuerdo en qué carta iba en qué lugar. Teóricamente, es posible asociar toda la estructura de los Senderos con el idioma inglés o con cualquier otro idioma. De lo contrario, quizá sería mejor eliminar de los Senderos todas las asociaciones actuales y volver a empezar con símbolos puros que tengan vínculos evidentes con las Sefirot, que nadie pueda negar ni encontrarlos imposibles de utilizar. Ésta es quizá la tarea más importante que queda para los cabalistas futuros.

El Árbol de la Vida funciona en relación con el consciente como un ordenador. La información se captura, se almacena en bancos asociativos y después se proporciona de acuerdo con la demanda. Sin embargo, la diferencia entre el Árbol y un ordenador es que la máquina sólo trabaja los programas que tiene integrados. El Árbol funciona mediante la inteligencia consciente de los seres vivos, estén en este mundo o no. Actúa como una especie de Intercambio Universal a través de toda la cadena de consciencia que comparte su esquema, y su alcance es incalculable.

El Árbol es mucho más que un patrón de pensamiento; es, sobre todo, un Patrón de Vida. Si podemos ordenar nuestra vida, nuestros pensamientos y nuestros sentimientos de acuerdo con su diseño, estaremos en el camino correcto. Incluso para iniciar este proceso, resulta esencial estudiar el Árbol mismo y darse cuenta de sus posibilidades. Es cierto que esto se ha hecho ya muchas veces, aunque casi siempre de forma superficial. Esta vez, la intención es estudiar el Árbol con detenimiento, paso a paso, en dirección ascendente desde nuestro mundo humano ordinario hasta llegar a la cima.

Por lo general, el Árbol ha sido descrito de arriba hacia abajo, siguiendo el orden de las Sefirot. Puesto que somos seres humanos mortales, quizá aprendamos más al subir por el Árbol, como si ascendiéramos de la Tierra hacia el Cielo. Ya que hemos caído en la Tierra, levantémonos y empecemos a subir de vuelta hacia el Cielo, ¡si es que podemos!

## Capítulo 2

# La escalera sefirótica

Todos los niños saben que los árboles se recorren de rama en rama, hacia arriba, sosteniéndose con firmeza de una rama antes de soltar la anterior. El Árbol de la Vida no es la excepción a esta regla. Sus ramas son sus Senderos y sus atributos sefiróticos. Cada uno de ellos debe asimilarse con una firme comprensión de lo que es y de lo que hace.

La nomenclatura hebrea, que consiste en Nombres de Dioses, Arcángeles, Ángeles y potencias Planetarias, se puede aprender con rapidez, pero no resulta de ninguna utilidad dejar ahí ese conocimiento. A menos que se conviertan en realidades para el cabalista, los nombres no tienen ningún valor, y la única forma de «lograr que se hagan realidad» es trabajar con ellos en la meditación y la práctica continuas. A menos que sepamos con seguridad lo que significan estos misteriosos «Nombres de Poder» y cómo se unen entre sí para formar un Patrón perfecto, no se pueden utilizar ni surtirán ningún efecto. A partir de este momento, nuestra tarea consiste en encontrar y seguir ese patrón a lo largo de toda su trayectoria.

Asimismo, quizá sea útil recordar con brevedad el Orden Sefirótico. 0, AIN SOPH, Nada; 1, KETHER, Corona o Cima; 2, CHOCKMAH, Sabiduría; 3, BINAH, Comprensión; 4, CHESED, Piedad; 5, GEBURAH, Severidad; 6, TIFERETH, Belleza, Armonía; 7, NETZACH, Victoria; 8, HOD, Esplendor; 9, YESOD, Fundamento; 10, MALKUTH, Reino; 11, DAATH, Experiencia. Estas Emanaciones o Principios por medio de las cuales se unen la Divinidad y la Humanidad, funcionan desde la Nada hasta la Manifestación Material a través de cuatro Mundos, o etapas.

Los llamados Mundos suelen resultar confusos para los estudiantes, pero en realidad no son otra cosa que divisiones arbitrarias entre la Nada y el universo material que nos rodea. De la Nada, surge Todo. Cualquiera que sea el Poder o el Principio responsable de esa producción, es lo que llamamos «DIOS», con un nombre u otro. Todas las Religiones tienen mucho en común. El cabalista postula cuatro etapas de este proceso continuo. Origen, Creación, Formación y Expresión. Éstos son los Cuatro Mundos que llamamos Atziluth, Briah, Yetzirah y Assiah.

En Atziluth, el Mundo de los Arquetipos, todo se origina, o empieza a ser Algo. Este punto, se puede simplificar como: «Esto no era Nada, y ahora será vida celular».

En Briah, tiene lugar la Creación. El tipo de Existencia se define en su categoría definida, como: «Esta era una vida celular, y ahora se convertirá en parte de un ser humano».

En Yetzirah, ocurre la Formación y los procesos anteriores se enfocan en puntos aún más precisos al definir con claridad la naturaleza del producto. «Ésta era materia celular formando cuerpos humanos. Ahora se convertirá en la yema del dedo meñique izquierdo que pertenece a tal y tal ser humano, etc.».

En Assiah, o el mundo material en el que vivimos, los primeros tres procesos se proyectan hacia los sucesos terrenales actuales. Cuando cumplen con su propósito, la muerte o disolución los reabsorbe y regresan a la Nada antes de volver a originarse.

Esto no quiere decir que todo lo Originado deba completar todo su ciclo. Es probable que algo originado sólo llegue hasta la próxima etapa (Creación) antes de regresar por razones que conoce su Originador. Ésta es una consideración importante. Sólo una cantidad limitada de lo que piensa el Originador se manifiesta en nuestra vida material. De lo contrario, habríamos sido destruidos desde hace mucho tiempo.

La Cábala postula de forma razonable un proceso de cuatro etapas de manifestación hasta el nivel del ser humano. Es el trabajo de Un Ser Eterno, pero ese Ser debe tener tantos Aspectos como tipos de manifestación hay. En la Cábala, los Aspectos principales son Diez, y se clasifican como las Sefirot. Puesto que cada Sefirath se proyecta a través de los Cuatro Mundos, existe un subaspecto particular del Ser Eterno que se encarga de cada parte del proceso. La Cábala los clasifica como sigue.

En ATZILUTH, el Originador se considera un Aspecto directo de Dios.

En BRIAH, el Creador se considera un Arcángel.

En YETZIRAH, los Formadores se llaman Ángeles.

En ASSIAH, los Expositores se llaman Poderes Planetarios.

Todos son Dios; sólo es cuestión de saber qué hace cada parte de Dios.

La Cábala muestra al Ser Eterno como la Totalidad de la Consciencia de la Existencia que se limita a Sí Misma para atender cada contingencia de la Creación. Si la Intención Original es producir mariposas, se crea el Arquetipo de la Mariposa y los qués, cómos, dóndes, cuándos y cuáles son responsabilidad de los Creadores, Formadores y Expositores específicos. Invirtiendo este proceso, cuanto más avancemos hacia el mundo Interno alejándonos de nuestro mundo material, más nos aproximamos a la Energía Divina responsable de nuestra creación. Resulta una buena analogía visualizar nuestra conexión con la Divinidad como movernos HACIA ADENTRO a través de los Mundos y HACIA ARRIBA por medio de las Sefirot. Desde luego, al materializarse la Creación, sucede a la inversa.

Si construimos una imagen mental del Árbol como una serie de departamentos tridimensionales en la que cada Sefirath tiene cuatro habitaciones, una para cada Mundo, los seres humanos ocupan las habitaciones anteriores debajo de los aspectos Planetarios, los Ángeles trabajan en las habitaciones que están detrás de las primeras, los Arcángeles realizan su trabajo detrás de ellos y, por último, un Aspecto de Dios controla cada sección en las habitaciones posteriores, tendremos una ilustración no muy precisa, pero gráfica, con la que podremos trabajar. Al menos es práctica y produce resultados válidos, de modo que podemos utilizarla.

En el primer Mundo (ASSIAH) que está frente a nosotros, no es muy difícil imaginar los diversos tipos planetarios de ser. Tenemos una buena idea de los tipos de personas lunares, solares, marciales, joviales, venusinos, mercuriales y saturninos. Por tanto, daremos por hecho que así es y nos ocuparemos de los Atributos del Árbol menos conocidos: los Ángeles, los Arcángeles y la Divinidad.

Mucho han escrito los teólogos y otros estudiosos sobre la naturaleza y los particulares de los Ángeles, por lo que resulta muy extraño considerar lo poco que los seres humanos establecen contacto consciente con ellos. Qué parte de lo que se escribe o se ha escrito es verdad o no, es ya otro asunto, pero al menos, basándonos en el material disponible, podemos formarnos algunas ideas.

La palabra hebrea que significa Ángel es MALACH, y quiere decir un mensajero o agente enviado con un propósito específico. Todos los escritores están de acuerdo en que los ángeles son trabajadores especializados que desempeñan una función en particular, y ninguna otra. Podemos llamarlos Robots Divinos con una Inteligencia integrada que se ocupan de su propósito funcional y de nada más. Tal vez se aparezcan ante los seres humanos adquiriendo forma humana, pero no necesariamente, a menos que sea para cumplir con una tarea definida en la que esta forma sea esencial. En este aspecto, son mecánicos y no evolucionan, aunque sus patrones pueden cambiar. Un automóvil no evoluciona; sin embargo, su forma y su tipo siguen alterándose con el consciente de sus diseñadores. El consciente de Dios evoluciona, y todo lo que Él produce también cambia, aunque el Origen básico permanece estable.

Debemos abandonar el mal hábito de ver a los Ángeles y los Arcángeles como criaturas aladas, parecidas a las hadas, creadas sólo para hacer bien a la humanidad. Son unidades de energía especializada con una consciencia inherente que les permite cumplir con la Intención Original que se encuentra detrás de ellos, o al menos tratar cumplir con ella. ¡Los Ángeles son más parecidos a misiles teledirigidos que a incorpóreos bebés con alas!

Por lo que respecta a nosotros, los Ángeles son buenos o malos, dependiendo de los efectos que tengan en nuestras personas. Si hacemos frente al ataque de un Ángel Destructor, los supervivientes difícilmente lo considerarán un Ángel «bueno», aunque estos seres son muy necesarios en la ecología cósmica. Como seres humanos, no ejercemos ningún control sobre los Ángeles, pero ellos están sujetos a la Voluntad Divina. Sólo si la Voluntad Divina opera a través de nosotros controlando a su categoría en particular, cualquier Ángel obedecerá las instrucciones provenientes del nivel de los seres humanos. Por tanto, cuanto más nos acerquemos a la Divinidad, de forma más perfecta cumplirán los agentes angelicales su propósito.

Los Ángeles operan en el Mundo Formativo, lo que significa que manipulan las manifestaciones atrás del rango de la materia física. Se dice que un ser angelical es creado con cada humano para actuar como un vínculo entre esa persona y la Divinidad. Este Ángel Guardián humanoide, debe ser una especie de compañero personal en el Mundo Interno, que transmite energía e Inteligencia Divina a cada ser humano; de modo que buscar el «Conocimiento y la Conversación con el Santo Ángel Guardián» se convierte en un objetivo mágico. Aunque los Ángeles no tienen sexo, igual que las máquinas, se supone que estos Guardianes son del sexo opuesto al del ser humano que protegen, además de tener también la apariencia y el carácter opuestos.

La leyenda dice que los Ángeles son productos de la Mente de Dios a través de los Arcángeles, y también pueden destruirse por medio de un Arcángel. Así como los Ángeles están relacionados con la Forma, los Arcángeles están relacionados con la Fuerza. Haciendo una analogía con el cuerpo, los Ángeles se pueden comparar con los músculos, los Arcángeles con los centros nerviosos que activan esos músculos y el Aspecto Dios con el tipo de consciencia que utiliza el individuo a quien pertenecen el cuerpo y la mente.

Los Arcángeles trabajan en el Mundo Creativo de Briah, una etapa antes de la Formación. Tienen un campo de operación mucho más amplio que los Ángeles y son Espíritus individualizados con un considerable grado de autodeterminación, aunque limitado a su función. Al igual que los ejecutivos en la Tierra, no se ocupan de los detalles que realizan sus subordinados, los ángeles, sino de los aspectos más extensos del Plan que está bajo su control. Desde nuestra perspectiva, los Arcángeles se ocupan de la Humanidad, en lugar de ocuparse de cada uno de los hombres. Sus actividades afectan a todas las naciones y agrupaciones de seres humanos.

El trabajo creativo de los Arcángeles consiste en aceptar lo que se Origina en un Aspecto Dios en particular y llevarlo hasta un punto en el que se pueda pasar a los Ángeles para continuar el proceso con la Formación. En este momento, nos viene a la mente la horrible, pero útil analogía de los resortes de un sistema de bandas en una fábrica, salvo que el trabajo inspirado por la Divinidad se realiza con amor y devoción en todas sus etapas. En este caso, el Aspecto Dios es como el fabricante de un tipo de artículo concreto. Tiene la idea de un nuevo producto de esa clase y simplemente se la transmite como un todo al equipo ejecutivo de Arcángeles, quienes la toman y crean algo con ella. Quizá haya alguna razón por la que la idea es poco práctica y no se pueda realizar y, entonces, la desechan. Una vez que moldean la intención original de forma que el equipo de producción, formado por los Ángeles, la pueda manejar, se la transmiten a ellos. Ahora, los Ángeles deben tomar la idea creada y deben formularla. Quizá existan más detalles que afinar y muchas modificaciones que no se materializan; en el mundo físico, sólo vemos una parte de éstas.

Si bien los Ángeles parecen seres disponibles y reemplazables, es evidente que los Arcángeles son seres permanentes en el Esquema Divino. Utilizando una vez más la analogía con el cuerpo humano, los Ángeles pueden considerarse como los tejidos, mientras los Arcángeles forman parte integral de todo el sistema como los ganglios principales e incluso los huesos. Si los alteramos, todo el organismo se verá afectado. De modo que, en el Cuerpo de Dios, los Arcángeles no se pueden eliminar sin afectar a toda la Expresión de la Existencia, que es el Cuerpo Divino. En el ancestral mito del Arcángel Rebelde, no se le destruyó, sino que se le asignó otra función, como «Tentador» o encargado de probar a la humanidad. Su trabajo consistía en poner a prueba los productos de la fábrica divina. Si sobrevivían a sus tentaciones, merecían utilizarse en el Esquema Divino, pero si se descomponían y no tenían reparación, era preciso eliminarlos por completo y devolverlos a la fundición para fabricar material nuevo. La tarea del llamado Demonio es ésta, y nosotros somos los productos que prueba.

Algo que debemos recordar al estudiar a los Seres Angelicales es que, cualquiera que sea su naturaleza, son puntos de control en la adaptación del Poder, en una escala inimaginable, hacia distintas unidades de creación. Son responsables de la adaptación de las energías dentro de los límites de seguridad de todo y de todos. Por ejemplo, si no tuviéramos un medio integrado de mantener nuestra temperatura corporal dentro de ciertos límites, pronto nos quemaríamos o nos congelaríamos hasta morir. A fin de que la Existencia continúe en la Formación, las operaciones angelicales deben tener lugar para conservar la existencia de esas formas como debe ser. En general, los Ángeles trabajan para establecer un intercambio de energías armónico entre todos los tipos de seres.

Un ejemplo clásico de esta coordinación es el concepto de los Cuatro Arcángeles de los Puntos Cardinales, que constituyen la base de todos los ritos mágicos. Cada Sistema les da nombres o atributos diferentes, pero en esencia son iguales. La Cábala adopta a Rafael en el Este como Aire, Miguel en el Sur como Fuego, Gabriel en el Oeste como Agua y Auriel en el Norte como Tierra. Se visualizan y se manejan como Seres humanoides extraordinarios porque es la manera más sencilla de participar en una relación personal con ellos, de modo que están cubiertos con nuestras ideas de majestuosidad, poder, belleza y superinteligencia a las que les damos un nombre a fin de poder invocar y establecer un contacto consciente con estos Seres.

Estos Cuatro Arcángeles son Entidades muy reales que funcionan como vehículos de la Consciencia Divina, operando en esas cuatro direcciones. Veremos el panorama con mayor claridad si consideramos sólo el lado físico de su naturaleza.

La tarea del Arcángel Rafael es dirigir el equilibrio de la atmósfera de la Tierra. Si redujera su contenido de oxígeno, moriríamos. Si no supervisara los vientos y las tempestades, éstos destrozarían la superficie de la Tierra. Si los gases venenosos no se neutralizaran, la vida sufriría debido a ellos. Además, en la actualidad, existe el problema adicional del estroncio 90 y la contaminación provocada por el hombre. Todo lo relacionado con el mantenimiento de nuestra atmósfera en las mejores condiciones posibles está bajo el dominio de la Inteligencia que conocemos como Rafael, y esto incluye estados psíquicos y físicos.

Desde el Sur, la Inteligencia que llamamos Miguel dirige el poder del Fuego en todos los aspectos, físicos y psíquicos. Por sí misma, la Energía del Fuego pronto destruiría el mundo como nosotros lo conocemos. Los problemas de las explosiones atómicas y la radiación Cósmica están bajo la influencia de Miguel, junto con todos los rayos solares. Si no existieran la luz ni el calor, dejaríamos de vivir. La responsabilidad de Miguel consiste en establecer un contacto adecuado entre el poder del Fuego y todo lo demás.

Si el agua no estuviera dirigida de forma inteligente desde Occidente por Gabriel, desapareceríamos de la faz de una Tierra inundada o desértica. Si el mar no produjera formas de vida, nunca habríamos aparecido en la Tierra. Tanto en nuestro cuerpo como en toda la naturaleza, el elemento agua debe mantenerse en equilibrio adecuado, pues de lo contrario nos ahogaríamos o nos evaporaríamos. La mayor parte de nuestro organismo es agua. Ahora, estamos muy ocupados envenenando las aguas con desechos radiactivos y productos químicos que destruyen la vida, y de esta manera, le damos un trabajo no deseado a Gabriel.

El Arcángel del Norte, Auriel, es la Inteligencia que se necesita para conservar la fertilidad de la tierra y la formación de los minerales en ella, incluyendo el carbón y el petróleo. Ya sea sobre el suelo o debajo de éste, los frutos de la tierra son responsabilidad de Gabriel, junto con el equilibrio químico del suelo. Debido a los rociadores tan venenosos y otras toxinas fabricadas por el hombre que afectan la tierra, Auriel seguramente es un Ser muy preocupado. Además de esto, debemos considerar las pruebas atómicas subterráneas. La responsabilidad de Auriel comprende la actividad sísmica, las erupciones volcánicas y sucesos similares. El desequilibrio entre la tierra y la energía destruiría a un gran porcentaje de la humanidad.

Los seres humanos han adquirido conocimientos y habilidades considerables para hacer frente a los elementos, y es a través de las Inteligencias Arcangélicas como se adquiere este conocimiento. La mente del hombre busca en lo desconocido siguiendo una línea en particular, y la Mente Divina se une a ella a través del tipo de consciencia Angelical que se especializa en esas cuestiones. Quizá sean necesarios varios siglos para enseñar a la humanidad lo más esencial, pero tarde o temprano aprendemos la lección. Creemos que somos muy inteligentes y hacemos todo solos, pero si nuestra consciencia humana no estuviera enlazada con Seres que tienen más conocimientos que nosotros, no aprenderíamos nada. Ésta es una de las consideraciones más importantes.

Durante su evolución, el hombre ha adquirido sabiduría de forma continua. ¿De dónde? ¿Por qué aumenta el conocimiento del ser humano? El ignorante no puede aprender del que no es sabio. El alumno debe buscar un Maestro con mayores conocimientos que él. Esto es algo obvio. ¿La Humanidad podría haberse enseñado ella misma los conocimientos que tiene en la actualidad a través de todos los siglos que lleva existiendo en la Tierra? La respuesta es NO. La sabiduría e inteligencia «adicionales» y en constante crecimiento que la humanidad ha adquirido durante su experiencia sobre la Tierra proviene de «fuentes externas». Quizá se enlazan por medio de los genes humanos o de alguna otra forma, pero son «espirituales» por naturaleza. La Cábala clasifica estas fuentes como Arcángeles y Ángeles, y esos nombres son tan válidos como cualquier otro.

Al nombrar y visualizar estas Inteligencias como Arcángeles personificados, podemos apreciarlos mejor a ellos y a los efectos que ejercen en nosotros y alrededor de nosotros. Es por esta razón por lo que la mayor parte de los rituales de la Magia empiezan con la invocación de estos Poderes alineados a los Puntos Cardinales, mientras permanecemos de pie en el centro de un círculo que, teóricamente, lo abarca todo. Nos convertimos en el punto central alrededor del cual la Rueda de la Vida debe girar de manera perfecta, sobre el eje de Dios arriba y el Hombre abajo como sus pivotes. Al establecer este patrón básico de Ritual, esperamos hacerlo realidad. Los nombres de los Reguladores de los Puntos Cardinales varían en cada Sistema, pero si trabajamos dentro del marco cabalista debemos utilizar los títulos de los Arcángeles.

El hecho de que tengan otros atributos no altera sus funciones como reguladores. Miguel es destructor del Mal, Gabriel es mensajero y Rafael curandero y maestro, mientras que Auriel es iluminador, entre otras cosas. Una circunstancia importante en la Jerarquía Celestial es que los Arcángeles pueden tener distintas funciones (aunque todas en su propia categoría), mientras que los Ángeles comunes sólo tienen una función específica cada uno.

Detrás de los arcángeles se encuentran los Aspectos de Dios, uno para cada Sefirath, pero desde luego sólo existe Un Espíritu Supremo. El proceso de los Aspectos que surgen de una Sola Fuente se muestra, de forma muy hermosa, en el concepto AIN SOPH AUR. Por lo general, éste se representa en las pictografías del Árbol como si sólo estuviera relacionado con Kether, pero lo está con cada Sefirath de modo individual. La mejor forma de visualizar esto es considerar a la Nada Absoluta de AIN como la productora de la Luz Total (Fiat Lux) de AIN SOPH, que después se convierte en la Luz Ilimitada de AIN SOPH AUR, como el Espectro diferenciado, un color para cada Sefirath.

Estos Rayos se identifican cabalísticamente con los Aspectos de Dios de los Mundos Arquetípicos u Originadores. Funcionan creando categorías específicas de existencia. De acuerdo con las enseñanzas cabalísticas, cada tipo de existencia se puede clasificar en alguna parte de las Diez Sefirot, y más adelante consideraremos este tema. En el Árbol de la Vida, los Aspectos de Dios se clasifican en tres extensas divisiones a través de los Pilares. Los tres Aspectos del Pilar Negro se consideran Femeninos Negativos, los del Pilar Blanco como Masculinos Positivos y los tres del centro como Neutrales. Los nueve se combinan enfocándose hacia el décimo: Malkuth.

Por tanto, los Aspectos de Dios de Atziluth son las primeras limitaciones definibles y concebimos que el Espíritu Supremo se impone a fin de manifestarse como algo más que Él Mismo. Son los puntos en los que Todo se convierte en una serie de Algos. Manejan tipos de consciencia que están mucho más allá de lo que nos imaginamos, pero cada uno impone sus propios límites dentro de los que trabaja para lograr su propósito específico. La perspectiva general es de la Luz Infinita enfocándose hacia abajo en la más diminuta partícula mini microcósmica de existencia. Podemos resumir lo anterior como sigue.

Primero tenemos la Nada Absoluta de la que surge un estado ilimitado de donde proviene la Luz Infinita y después, las diez variaciones de la Luz, o Emanaciones, que forman las Sefirot. Estos Aspectos se limitan de nuevo en Arcángeles, que también se limitan en los Ángeles, y así sucesivamente hasta llegar a la Humanidad, los animales, los minerales, etc., etc., hasta la infinidad de subdivisiones que forman el Todo. La Limitación se incrementa en proporción directa con la manifestación. Quizá se haya dado cuenta de que en este cambio existen siete etapas.

| | | |
|---|---|---|
| 0 | Nada | AIN |
| 1 | Sin Limitación | AIN SOPH |
| 2 | Luz Ilimitada | AIN SOPH AUR |
| 3 | Luces Especializadas | ARIM |
| 4 | Aspectos de Dios | ATZILUTH |
| 5 | Arcángeles | BRIAH |
| 6 | Ángeles | YETZIRAH |
| 7 | Manifestación Material | ASSIAH |

Ésta es la representación cabalística de lo Eterno convertido en Ser.

Hablando en términos del Árbol, debemos mencionar el «Credo Cabalista», que sube o baja del Árbol de una Sefirath a otra, incluyendo al AIN SOPH AUR.

| Descendente (Espíritu a Materia) | Ascendente (Materia a Espíritu) |
|---|---|
| En LO INMANIFESTADO | En la EXPRESIÓN MATERIAL |
| Mi SER ILIMITADO | CREO |
| Se convierte en ILUMINACIÓN, como | Con RAZÓN |
| La ÚNICA LUZ VERDADERA | Y DEVOCIÓN |
| De SABIDURÍA, | En la BELLEZA |
| Y COMPRENSIÓN, todo | Del AMOR abundante |
| Con AMOR | CONTROLADO |
| En CONTROL total | Cuya SABIDURÍA |
| Como BELLEZA perfecta | COMPRENSIVA es la |
| Cuyo LOGRO | ÚNICA LUZ |
| Es BRILLANTEZ | QUE ILUMINA |
| Y encuentra su FUNDAMENTO | EL SER ILIMITADO |
| En la EXPRESIÓN MATERIAL | En LO INMANIFESTADO. |

Éste es el Patrón de la Vida que reconocen los cabalistas a través del Árbol. Se puede ver en todas direcciones y desde cualquier ángulo, por lo que es aplicable universalmente. Si lo tomamos en los términos psicológicos comunes, el mismo patrón se revela en materiales diferentes.

Aquí, debemos tomar el Árbol como un arreglo entre la consciencia despierta normal que se muestra en Malkuth y el

Ego original más recóndito que surge del No Ser en Kether. Empezando desde Malkuth, encontramos que está dividido desde Yesod por el Abismo Inferior. Esto representa el estado del sueño y la barrera entre la consciencia Externa e Interna. Asimismo, se puede considerar como el filtro a través del cual llegan impulsos a la persona desde los niveles más profundos del ser.

A continuación, tenemos Yesod como la «consciencia del Sueño», esa extraña combinación astral que es el centro de distribución de la consciencia de entrada y salida, adaptándose estas corrientes de consciencia entre sí por medio de símbolos. Éste es el límite entre la razón y la locura, representado por el Puente de las Espadas. Ésta es la base de la «consciencia automática» y una fuente de problemas frecuentes debido a su mal funcionamiento. El sexo y los impulsos reproductivos provienen de este punto.

Detrás de Yesod, viene Hod, la sede de la Razón. Relaciona causa con efecto y controla las facultades meramente intelectuales. Haciendo equilibrio con ésta, en el lado opuesto del Árbol, se encuentra Netzah, las Emociones y el Deseo. Encima de estos motivadores dobles se encuentra Tifereth, nuestro «Ser Mejor» que busca equilibrarlo todo. Aquí se encuentra la que solemos llamar «consciencia» o sentido del bien y del mal. Asimismo, éste es el límite del ser humano como personalidad.

Ahora llegamos al lado «más elevado» de la unidad microcósmica. Nos acercamos a las fuerzas primarias relacionadas con la raza humana como un todo, y no con cada uno de sus miembros. Aquí está Geburah, la voluntad de vivir expresada como la autoconservación a cualquier costo. Sin este mecanismo de defensa, la especie humana no habría sobrevivido. Encontramos su contraparte en Chesed, la necesidad de subsistencia y seguridad, que incluye alimentación, crecimiento y consumo en todos los niveles. Las leyes de la vida dicen: «SÉ. ALIMÉNTATE. LUCHA. DESPÓSATE». En ese orden.

Después, viene el Gran Abismo o Vacío entre la Vida y la Muerte. Sólo las tres Sefirot Supremas pueden funcionar más allá de él. Binah es la Comprensión Intuitiva y los vínculos con extensas áreas de consciencia inaccesibles para la mente normal. Comprende el conocimiento de las encarnaciones pasadas y, en un sentido, es memoria de la casta y la información genética.

Chockmah, la Sabiduría, es una consciencia directa positiva, resultado de la evolución individual y racial. Sabe, debido a la experiencia, lo que se debe hacer y trata de guiar la vida de forma adecuada. Los oídos humanos rara vez oyen su voz con claridad.

Desde luego, Kether es el «Yo» esencial y el principio inmortal de la vida. Podemos considerarla como la Causa, las ocho Sefirot siguientes como los Medios, y la última, Malkuth, como el Efecto, que constituye la psicología de la humanidad.

Podemos seguir interpretando el Árbol de la Vida con cualquier método imaginable y siempre obtendremos resultados. Puede compararse de manera adecuada con el grano de una semilla de mostaza, que se dice contiene todo el Reino de los Cielos. Si pensamos en el Árbol como en una especie de cápsula de consciencia deshidratada, superconcentrada y ultrapotente, tendremos una idea de sus posibilidades. En esta presentación de Forma y Fuerza, se puede tomar análogamente como una píldora, o sembrarse como una semilla en el ser humano a la manera de un Cosmos comprimido. Ahí crecerá y evolucionará en todos los niveles del ser hasta que tanto el Árbol como el individuo compartan el mismo Patrón Perfecto. De hecho, la primera tarea de cualquier aspirante a cabalista es plantar la semilla del Árbol en las profundidades del Jardín del Alma. Esto se lleva a cabo de manera diferente en cada uno de los Cuatro Mundos.

En ASSIAH (el Mundo Físico), el Árbol se planta y se cultiva por medio de los sentidos. Su diseño se ve con los ojos, y se aprecian sus colores. En cualquier lugar donde veamos esos colores debemos pensar en las Sefirot que relacionadas con ellos. Podemos oler los perfumes del Árbol y tocar sus atributos. Nuestros oídos deben estar capacitados para clasificar los sonidos y el lenguaje de modo apropiado. Todo esto se puede trabajar con rituales.

En YETZIRAH (el Mundo Mental), existe mucho trabajo por hacer con el Árbol. Podemos estudiar su filosofía, percibir y solucionar sus problemas, considerar sus posibilidades y aprender una por una las lecciones que se presentan al alumno inteligente. No existen límites conocidos para sus estímulos mentales ni para las respuestas encontradas.

En BRIAH (el Mundo del Alma), el Árbol se conoce en el nivel ético y moral como un código de conducta y de normas que comprenden los principios más elevados que podrá encontrar el alma del buscador. Aquí aprendemos las leyes para vivir en armonía y establecer una relación equilibrada con todo el Ser y todos los seres.

En ATZILUTH (el Mundo Espiritual), el Árbol adopta los aspectos del Dios Vivo. Aquí, nos acercamos al Árbol con reverencia, devoción, oración y júbilo por estar en contacto extensiones del Espíritu Supremo.

Sin embargo, es preciso subrayar que el Árbol, con todo lo maravilloso que es, es un medio y no un fin. No es por sí mismo un objeto de culto ni es un ídolo al que se debe tener una reverencia supersticiosa. El Árbol es un medio, un método, un mapa y un mecanismo que ayuda en el logro de un objetivo común en todos los credos, sistemas, misterios y religiones, la unión mística de la Humanidad y la Divinidad.

Con este fin eterno en mente, empecemos a trepar por el cabalístico Árbol de la Vida.

## Capítulo 3

# La Sefirath Malkuth, el reino, 10

## ASSIAH, o Mundo de la Expresión: Hombre. Elementos.

Aquí estamos en el mundo cotidiano de esta tierra. El Agente Divino asignado es el Hombre, cuya tarea consiste en dominar los llamados Espíritus Elementales y evolucionar más allá de la necesidad de habitar en cuerpos hechos con material celular. Estas «cubiertas de piel» que adquirimos en nuestra «caída» cumplen con su propósito de albergarnos como seres inteligentes hasta un grado muy considerable, pero tienen sus límites.

Aunque son maravillosos, nuestros cuerpos en este mundo distan mucho de la perfección, como sabemos por culpa nuestra. Con el tiempo, debemos aprender el secreto de vivir en vehículos construidos con materiales mucho más finos, que se adapten mejor a la expresión de los Reales Seres que, en la actualidad, luchan detrás de las masas de carne que manejamos en esta tierra. Realizarán su trabajo durante un tiempo más, pero podemos predecir su fin inevitable en este mundo. Para lograr la verdadera inmortalidad, la humanidad debe vivir por otros medios que no sean la carne y la sangre.

Ésta es la primera lección difícil que tenemos que aprender a los pies del Árbol. En la mitología cristiana, aquellos que se encontraban a los pies de otro Árbol vieron a un Hombre en la Cruz y sintieron la seguridad de que lograrían la inmortalidad por medio del sacrificio de ese Hombre. El Cabalista también ve al Hombre como el Microcosmos en el Árbol de la Vida, y siente que su propia inmortalidad es inseparable de los principios de su simbología.

La física moderna indica que la materia con la que está construido nuestro cuerpo se resume en una cosa: Energía. Todo es Energía, y nosotros y nuestro mundo no somos otra cosa que patrones de energía. Ningún cabalista duda de ello, tal enseñanza se comprendió mucho antes de que existiera la ciencia actual. Como seres humanos, somos el resultado de la actividad del Mundo Interior y nosotros, a la vez, retroalimentamos con ciertas energías a lo Desconocido. Y así continúa el Ciclo de la Creación.

Los químicos dividen la estructura de nuestro cuerpo en sus elementos clasificables. Los Elementos filosóficos y simbólicos del cabalista se llaman Fuego, Agua, Aire y Tierra. Desde luego, no se trata de las manifestaciones tangibles y materiales que se conocen como tales. En algunos escritos ocultos, se califican como el «Aire de los Sabios», el «Agua de los Sabios», etc. Los Elementos Ocultos son las manifestaciones que se parecen, de alguna manera, al Aire, el Fuego, el Agua y la Tierra de la naturaleza. Por esta razón, muestras materiales reales de estos «Elementos» se utilizan a menudo como símbolos de sus Realidades en el Mundo Interno.

Estos Cuatro Elementos de la Magia son, en realidad, extensas categorías de la energía que está tras nuestra existencia material, y producen efectos de acuerdo con su propia naturaleza específica. El Aire esencial producirá efectos «aéreos» ya sea en el cuerpo, la mente, el alma o el espíritu; y los demás elementos hacen lo mismo a su manera. Sabemos lo que significa que una persona sea «Airosa», «Ardiente», «Acuosa» o «Terrenal». Como cualquier astrólogo puede explicar, nosotros somos una combinación de todos estos elementos, y cualquier ser capaz de expresarse en este mundo está compuesto por la actividad de estas cuatro fuerzas.

Los antiguos filósofos consideraban que los «Elementos de los Sabios» eran cualidades puras y las definían como tales con las triplicidades siguientes:

El FUEGO era Brillante, Fino y Móvil.
El AGUA era Oscura, Áspera y Móvil.
El AIRE era Oscuro, Fino y Móvil.
La TIERRA era Oscura, Áspera y Estática.

Éstas no son descripciones generales negativas, aunque resultan poco útiles como identificaciones positivas de los Elementos Mágicos. La única forma de describirlos es decir que son los Cuatro Elementos de la Existencia en todas las categorías de la existencia y en todos los canales conscientes. Para lograr una perspectiva más clara, pensemos en el Mito de la Creación en términos mágicos.

En el principio (dice el Mito) no había Nada (AIN), lo que hacía que Todo (AIN SOPH) fuera una especie de Unicidad homogénea total AUSENCIA DE DIFERENCIACIÓN. Aquí se encontraba la Luz Ilimitada del Espíritu de Dios (AIN SOPH AUR). Después, ocurrió el Impulso Primario de la Manifestación, que los cabalistas llaman Mundo Creativo, y se consideró el ritmo inicial de la existencia. Este impulso o choque dividió en Cuatro la Falta de Diferenciación, desde el centro a la circunferencia y, por así decirlo, cada segmento adoptó una frecuencia propia que determinó todo lo que procedería de ahí. En un lenguaje mágico, Dios pronunció Su propio Nombre, y la autodeterminación empezó cuando la Unidad se volvió Dual y después Cuádruple. De las combinaciones entre estas Cuatro Fuerzas, surgió todo lo demás, y los Cuatro Mundos empezaron en Kether, siendo Atziluh el Fuego, Briah el Agua, Yetzirah el Aire y Assiah la Tierra.

Por tanto, los Elementos de los Sabios son las cuatro diferenciaciones primarias existentes tras todo tipo de manifestación. Los dígitos 1, 2, 3, 4, si se suman son igual a 10, y esto produce el esquema sefirótico. Como es natural, sus resultados son combinaciones de los cuatro elementos originales, pero deben existir en un estado de pureza hasta cierto punto, a fin de que estas combinaciones se sigan produciendo y no se revierta todo a Lo Indiferenciado. Existiendo inmediatamente detrás de nuestro estado material, esas condiciones de energía pura se conocen como «Espíritus Elementales».

Se han representado o visualizado de varias formas, pero en esencia son las fuerzas que se encuentran tras las fuerzas físicas, y no tienen mente ni alma propia, como no la tienen la electricidad ni la gravedad; sin embargo, funcionan de acuerdo con su naturaleza inherente como cualquier poder en acción, siguiendo la trayectoria de menor resistencia, como suelen hacerlo las energías. Aquí surge una consideración importante. Puesto que los elementos se encuentran tras las fuerzas físicas, pueden recibir la influencia de otros medios, además de los físicos.

Aquí es donde la Magia entra en escena. Al contactar y dirigir los Elementales en su propio estado de existencia, es probable que tengan lugar cambios en los niveles físicos a los que ellos afectan. Esto no es tan espectacular como parece; lo hacemos continuamente, e invocamos con éxito a los Cuatro Elementos cada vez que preparamos una taza de té. No obstante, si nunca hubiéramos podido llegar a los elementos en su estado espiritual puro, nunca habríamos descubierto cómo hacer té ni ninguna otra cosa, por medio de ellos. El contacto espiritual precede siempre al resultado físico.

En el cuento de hadas «El Conde de Gabalis», se explica cómo los mortales deben casarse con los espíritus elementales a fin de alcanzar la perfección. El significado subyacente en este mito es que, con el tiempo, debemos aprender a utilizar las fuerzas elementales en niveles no físicos, de modo que podamos existir como seres vivos independientes de nuestra tierra actual. Éste será el «Nuevo Cielo y Tierra» en los que habitaremos cuando ya no nos sea posible ocupar nuestros cuerpos físicos. Lo lograremos con la ayuda de los Ángeles y por medio de nuestra propia mente y alma. Puede ser un Cielo, pero también podría ser un Infierno; todo depende de nosotros. Realidad y Relatividad son lo mismo.

Por tanto, podemos pensar en los espíritus elementales como unidades de energía pura que tienen las características de un elemento en particular. Llevan a cabo sus funciones bajo el control de los que llamamos Ángeles, quienes proveen la guía necesaria para asegurar la continuidad del Cosmos, a través de la Creación. Aquí es donde percibimos indicaciones de una consciencia inteligente que opera en las unidades de existencia, y si podemos descubrir medios para en este punto enlazar nuestra consciencia con el Esquema de las Cosas, es obvio que obtendremos un beneficio.

Es por esta razón por lo que muchos de los antiguos rituales y prácticas mágicos y cabalísticos se relacionan con los Ángeles y los Elementales. La idea era interponer las intenciones humanas entre las Causas y los Efectos, a fin de que estos últimos se vieran alterados a favor del interventor. Esto no es tan imposible como se podría suponer, pero sí es muy difícil. Hasta cierto grado, lo hacemos todo el tiempo en formas menores, pero afectar directamente los resultados materiales por medio de los rituales no es tarea fácil.

Nuestro control sobre los Elementos está simbolizado en la Magia por la Vara para el Fuego, el Agua por la Copa, la Espada por el Aire y la Tierra por el Escudo. Estos símbolos pueden parecer confusos hasta que nos damos cuenta de que son representaciones estilizadas de medios mucho más antiguos y rudos. La Vara es la Lanza, que en épocas primitivas era sólo una vara con el extremo afilado y endurecido con fuego. Los hombres controlaban las fogatas desde una distancia segura con un palo largo, y transportaban un palo llameante de un lugar a otro para prender un nuevo fuego. Así, para manejar el fuego, el hombre buscaba siempre un palo o una vara. Desde luego, la Copa era el cuenco de la mano, o un cuerno para beber, por medio del cual se transportaba el agua de un lado a otro. Más adelante, se convirtió en un caldero u olla para cocinar. La conexión de la Espada con el Aire se dio porque, en un principio, la espada era una flecha. Para el hombre primitivo, este misil aéreo era transportado por los Espíritus del Aire. No se sabe con certeza en qué momento la espada, arma inventada posteriormente, adoptó el significado mágico de la flecha. En un principio el Escudo que representa a la Tierra era una pala o herramienta para excavar. Como es natural, ésta controlaba la Tierra. Quizá la pala y la flecha se transformaron en la Espada y el Escudo por razones pretenciosas, ya que la flecha y la pala formaban parte del equipo de los campesinos, mientras que la Espada y el Escudo se relacionaban con la nobleza.

Por instinto, el hombre sabía que todo su futuro en la tierra y más allá ella estaba relacionado con los cuatro elementos esenciales, de modo que hizo todos los esfuerzos posibles por estar en contacto con ellos en todo momento. Los reconoce corporalmente como la luz y el calor, los líquidos, la carne y los huesos, y los gases o vapores. De pie a la orilla del mar en un día soleado, los sentía a su alrededor y en su interior mientras invocaba:

«¡Tú, Sol! ¡Tú, Cielo! ¡Tú, Tierra! ¡Tú, Mar!
Soy el centro viviente de vuestra Cruz Circular.
¡Morad en mí!»

De los Cuatro Elementos, pasamos al Orden Angelical
que tiene el control directo de ellos. Así llegamos a:

## YETZIRAH o Mundo Formativo:
### los Ángeles, los QUERUBINES.

Estos Ángeles se describen como una combinación de
Buey, León, Águila y Hombre. Son los Elementos mismos en
un nivel más elevado, siendo los Signos Fijos de Tauro, Leo,
Escorpio y Acuario. Los Querubines tienen el control directo
del comportamiento de los Elementos, y se dice que sus cualidades son la Fuerza y la Paciencia del Buey, la Valentía y la
Nobleza del León, la Velocidad y la Aspiración del Águila, y la
Inteligencia y la Devoción del Hombre. Para controlar los
Elementos y ejercer una influencia sobre los Querubines,
debemos desarrollar esas mismas cualidades. Si tratamos de
manejar esas potencias sin la capacidad de controlarlas y
gobernarlas, corremos el riesgo de ser destruidos por ellas.

Los Querubines son un equivalente casi material de las
CHIOT ha KADOSH, las Criaturas Vivientes Sagradas, de
Kether. Debemos recordar que Malkuth y Kether son «Similares entre sí aunque en distinto nivel». El Malkuth de
cualquier Árbol es el Kether de otro, y así hasta el infinito.
Este aforismo, que puede resultar confuso, significa que todo
empieza donde termina otra cosa. El final de la vida es sólo el
principio de otra, cada punto de un círculo es principio y fin a
la vez. Los frutos de un Árbol producen las semillas para otros
más, y así la Vida continúa eternamente. De ahí que encontremos mucha similitud entre Malkuth y Kether. Después de

todo, por algo se dice que Dios hizo al Hombre a su imagen y semejanza.

Los Querubines también se representan como los guardias de las puertas del Paraíso terrenal después de la expulsión de la Humanidad. El plano del Paraíso se recordará como una Cruz dentro de un Círculo. Para volver a ganarse el Paraíso, el Hombre debe dominar los Elementos y enfrentar a los Querubines, cuyas espadas impiden la entrada. Utilizar el elemento Fuego era una habilidad del hombre primitivo que lo hacía superior a las demás criaturas corpóreas. Ningún animal puede manejar el fuego, excepto el hombre, de modo que no resulta sorprendente que considerara el Fuego como un elemento divino. Tradicionalmente, se supone que los Ángeles están formados por Fuego puro. En la actualidad, tenemos que manejar el fuego más peligroso de todos, en forma de la energía atómica. Está por ver cuánto nos pueden ayudar los Querubines en esto.

Siempre que vemos un fenómeno físico, presenciamos el trabajo de los Querubines. Los Elementales, en su estado puro, son energías sin mente que operan a ciegas. Son los Querubines quienes los controlan con las leyes naturales y los mantienen funcionando en límites cíclicos razonables. Por ejemplo, imaginemos un mundo tan sólo energetizado por los Elementales. Qué sucedería si de un grifo abierto saliera fuego en lugar de agua, y éste se apagara con un huracán y luego se convirtiera en arena. Sería un estado de las cosas loco, fantástico, imposible sin el control directo de los Querubines. Ellos son los vehículos inmediatos de la Consciencia Divina, afectando a los fenómenos materiales.

Asimismo, en este mundo estamos acostumbrados a los milagros cotidianos de la vida material, hemos perdido casi toda la capacidad de maravillarnos y asombrarnos, la cual nos llevaría a buscar una causa inteligente subyacente en cada cosa, como un gatito que busca al otro gatito que ve al otro lado del espejo. Una vez más igual que el gato, no encontramos nada que tenga nuestra forma al otro lado del espejo de las apariencias, y por tanto perdemos el interés en lo no material y preferimos dedicarnos a cazar nuestra propia cola. Pero hemos perdido. Lo que considerábamos la realidad, sólo era un reflejo.

El viejo dicho afirma: «Todo es Ilusión, excepto Eso». El dicho moderno afirma: «Sólo la energía es real. Todo lo demás es la apariencia de sus patrones». El cabalista capta una serie de visiones que se disuelven y de velos que desaparecen. Sabe que la realidad de cada uno es sólo la de su propia atención a la imagen. Tal vez se ajuste a su propósito de permanecer dentro del marco de una imagen en particular durante un tiempo, o quizá empuje hacia delante o hacia atrás a lo largo de cualquier trayectoria. Una vez que el diseño del Árbol se establece con firmeza en su mente, se encuentra en la misma posición de la persona que visita una ciudad con un mapa de sus calles y se puede mover por ella con un mínimo de problemas.

Al tratar con los Querubines, el cabalista espera encontrar a los agentes divinos que están justo detrás de la materia haciendo que se comporte de acuerdo con los principios ordenados. Los Querubines no quebrantan ninguna ley natural porque no tienen la capacidad de hacerlo. Cualquier fenómeno llamado «supernatural» sólo sucede por la intervención de niveles diferentes al de los Querubines. Ellos no responden directamente a los sentimientos ni a las emociones humanas. Representados como Signos fijos, sólo obedecen a leyes fijas que no se relacionan con los sentimientos humanos, por dominantes que estos sean. Ningún cabalista iniciado se atrevería a afirmar que tiene la capacidad de suspender o anular ni la más mínima ley de la Naturaleza, aunque tal vez conozca algunas formas poco comunes de utilizar dichas leyes.

No debemos suponer que todos los Ángeles del mismo orden tienen el mismo grado de poder ni que una sola unidad

Angelical puede realizar el trabajo de todo un grupo. Los Querubines son un tipo específico de agentes divinos, pero sus habilidades varían de un extremo al otro, dentro de su campo en particular. Para retirar una lombriz del césped no es necesario utilizar un tractor. Cada tarea angelical tiene asignado un Ángel adecuado para ese trabajo, ni mayor ni menor al que se necesita. No sólo se necesita un Querubín con una espada en llamas para mantener a la humanidad alejada del Paraíso, sino que se requiere de otro con una explosión atómica para evitar que la humanidad caiga en el Infierno para siempre. Con el Cielo y el Infierno prohibidos para él, es probable que el hombre se construya una morada apropiada entre los dos Querubines.

El Querubín es otra forma del concepto de la Esfinge Alada, que representa los poderes controlados de la naturaleza. En épocas primitivas, las únicas fuentes de poder del hombre eran de origen animal. Las alas batientes del Querubín eran impulsadas por el aire y sus pezuñas pisoteando eran impulsadas por la tierra. Es preciso recordar que el Buey también extrajo agua para los sistemas de irrigación, de manera que debemos incluirlo aquí. La cabeza y los brazos del hombre aportaron inteligencia y habilidad, mientras que las garras del león eran señales de un cazador infalible. Todo el concepto es de energía en acción, no de reposo. Siempre que se mencionen los Querubines, estarán haciendo algo. La suya es una vida activa, no pasiva. Aun cuando parezcan inmóviles, están en guardia.

Un ejemplo muy conocido de Querubines (aunque bien podrían haber sido Esfinges) es la imagen «sobre el Arca de la Alianza». Era un «Punto de Presencia», algo alrededor de lo cual se suponía se condensaba la Presencia de la Deidad, y así era, hasta el punto de la manifestación física. Se decía que existía una brillantez visible alrededor de esta «cuando el Dios de Israel estaba presente como una Entidad consciente». Es muy probable que realmente se manifestara ese brillo, aunque quizá se debía a la electricidad estática que puede acumular cargas muy fuertes en un lugar desértico.

La «Sede de la Misericordia» estaba custodiada por dos enormes Querubines dorados, que tenían las alas extendidas y se miraban uno al otro. Visto desde un costado, cada Querubín tenía el contorno burdo de una esvástica; y desde luego, ambos giraban en sentidos opuestos entre sí. Se trataba de un magnífico símbolo de la Energía Divina manifestándose tras la materia y a través de los principios físicos. Cualquier aprendiz de ingeniería moderna apreciará las leyes dinámicas que simbolizan los Ángeles del Arca. Representan el poder potencial (la Presencia Divina en la Shekinah) que se convierte en energía cinética por la intervención de los Querubines, y ésta es precisamente su función en el Mundo Formativo de Yetzirah en Malkuth.

Las energías elementales puras son otorgadas a los Querubines, y ellos tienen que formarlas según sea necesario. La misma energía del fuego enciende un fósforo o hace explotar una bomba. Los distintos tipos de Querubines arreglan cada acto, no como promotores principales, sino como agentes que obedecen las leyes que regulan todos los sucesos. Ahora debemos dejar que sigan con su trabajo y conocer a su Jefe el Arcángel en:

## *BRIAH, o Mundo Creativo: Arcángel SANDALPHON.*

Sandalphon se considera otra forma de METATRON, el Arcángel de la Presencia que se encuentra en Kether en la cima del Árbol. Una vez más, tenemos unidas las identidades de Kether y Malkuth. La manera más fácil de entenderlo es pensar en el Arcángel como Sandalphon en relación con el Kether del Árbol formado encima de ese punto, y como el

Metraton de cualquier Árbol que se forma debajo de éste. Sandalphon como un fruto y Metatron como una semilla.

Ninguno de los nombres, Sandalphon y Metatron, son hebreos, sino que se derivan del griego, lo que sugiere un añadido posterior o la sustitución de los nombres hebreos anteriores. Existen varios significados para el nombre de Sandalphon, y todos explican su naturaleza. Quizá proviene de dos voces pahlavi que significan «Señor de las Alturas», o de «synadelphos», co-hermano. Por una parte, quizá simplemente significa: «el sonido de las sandalias». Sandalphon tenía la reputación de ser un Ángel muy alto, que estaba en pie detrás del carruaje Divino, donde ataba coronas para su Creador.

Aquí tenemos una imagen de un Ser Angelical con los pies en la tierra y la cabeza en el más alto cielo. Como Ángel de Malkuth-Kether, prácticamente no podía hacer otra cosa. En su personalidad de Kether, se ocupa de gobernar el CHIOTH ha QODESH, pero en su forma Sandalphon, tiene a su cargo los Querubines y así debemos considerarlo aquí.

El sonido de los pies calzados con sandalias es un símbolo muy apropiado para las funciones terrenales de este Arcángel. Rápidamente nos ponemos en alerta al escuchar sus pisadas cuando se acerca. El que hace mal, por temor a que lo descubra, el ansioso, con grandes esperanzas, cada uno tiene una razón para ello. Podemos pensar en Sandalphon como en «El que se Acerca», ya que eso es lo que hace.

No visualizamos a este Arcángel en particular porque se encuentra tan arriba de nosotros en Malkuth, que nunca vemos su rostro. Lo sentimos por la razón por la que lo necesitamos en algún momento particular, y él responde de forma adecuada. Si somos culpables de algo, tal vez responda a través de nuestra consciencia; si somos infelices, puede ser un pensamiento que nos reconforta. No hay nada que nos haga sentirnos más seguros cuando pedimos ayuda, que escuchar como respuesta el ruido de unos pies que se acercan, y éste es un lazo imaginario por medio del cual podemos invocar la ayuda de Sandalphon.

Con Sandalphon experimentamos un sentimiento muy similar al del niño pequeño que se pone en pie junto a su padre, que es muy alto. El padre parece estar a una gran distancia, y el niño suele pensar en las fuertes piernas y en la mano firme como entidades separadas con una existencia propia independiente del padre. De manera muy similar, solemos pensar en los sucesos y los fenómenos de este mundo, como si no tuvieran ninguna conexión con las Realidades Internas que los causan. El cabalista instruido aprende a mirar hacia el interior, tras los Ángeles, los Arcángeles y las barreras aparentes de los límites materiales y, detrás de ellas, Dios. Las cosas cotidianas más ordinarias son vínculos directos con la Divinidad. Cuando encendemos un fósforo o una lámpara para un ritual, debemos reconocer el Elemento de Fuego, bajo el control de los Querubines, bajo el cuidado de Sandalphon, dedicado a Miguel; y representando un Aspecto Divino. Una vez que sabe cómo mirar, el Cabalista encuentra a Dios en todas partes y en todas las cosas.

Se notará que Sandalphon está más personalizado para nosotros que todos los demás Querubines. A medida que penetramos en los Mundos, personalizamos las Inteligencias residentes en un grado cada vez mayor. Existe la tradición de que los Ángeles comunes no tienen nombre, siendo sólo uno en una especie u orden. Sólo los Arcángeles o líderes de los tipos angelicales tienen un nombre individual. Podríamos pensar que, cuanto más nos alejemos de este mundo material, las Inteligencias estarán menos individualizadas, pero en realidad nos estamos acercando a nuestra propia Realidad del Ser; por ello, tendemos a identificar nuestras concepciones de la Divinidad con nuestra propia individualidad, como una unidad de existencia.

Sin embargo, el mundo de Sandalphon no es temporal ni espacial como el nuestro, tampoco debemos pensar en él como un Ser solitario en alguna dimensión especial que espera las llamadas cósmicas antes de entrar en acción. Sandalphon es un coordinador, un medio, un intermediario o agente, un *Tipo* de Arcángel. Quizá existan unidades desconocidas del Arcángel Sandalphon, aunque sólo sea una especie. Después de todo, hay millones de hombres y mujeres en nuestro mundo y, sin embargo, sólo existen dos clases de seres humanos, masculinos y femeninos. Sandalphon existe con la frecuencia necesaria y en cualquier lugar donde sea necesario que cumpla con su función.

En el Mundo Creativo, el trabajo de Sandalphon consiste en clasificar la originación material, a fin de que los Querubines puedan manejarla. Ocupa más bien la posición de un ejecutivo secundario que recibe instrucciones para poner en práctica algún proyecto y está a cargo de todos los recursos necesarios para hacerlo. Como una especie de Jefe de Departamento, no fabrica el material con sus propias manos, por así decirlo, sino que lo maneja en términos de su consciencia. Los artesanos procesan el material con sus manos; sin embargo, los diseñadores lo procesan con su mente. El ocultismo moderno describe lo anterior con una palabra más bien modesta: «mediación». Sandalphon es un Mediador, pues crea las condiciones mediante las cuales la originación puede extenderse.

Es probable que los escépticos afirmen que los Arcángeles no existen, y que nosotros nos engañamos al personalizar los poderes de la naturaleza de manera muy similar a como un niño personaliza el espíritu de la generosidad en el Solsticio de Invierno como Papa Noel (el Padre Navidad). Esto es no entender de forma correcta la verdad oculta de que la mente puede experimentar o concebir aquello que en realidad existe en una dimensión u otra. Nuestra mente no origina nada, simplemente recolecta lo que realmente existe en tipos de consciencia más elevados y diferentes a los nuestros. Todo depende de los tipos de Inteligencias del Mundo Interno con las que estemos en contacto. Viéndonos de manera muy crítica, ¿qué somos como humanos, además de grupos personalizados de tejido celular? Si la carne se puede personalizar, ¿por qué no hacerlo con un tipo de consciencia que opera de forma independiente de la llamada materia sólida?

Podemos pensar en Sandalphon como una Inteligencia que se preocupa en gran medida de los asuntos de este mundo y del comportamiento de sus partes constituyentes, incluyéndonos a nosotros como seres humanos. No obstante, debe obedecer las órdenes que llegan a él desde el Aspecto de Dios inmediato que se encuentra subyacente en la materia. Los Arcángeles no tienen libre albedrío, aunque poseen todos los cursos de acción alternativos posibles dentro de su esfera de actividad. Ahora, debemos alejarnos de Sandalphon y considerar el Aspecto de Dios a partir del cual se originaron tanto él como nuestro mundo inmediato.

### ATZILUTH, el Mundo de los Orígenes: Aspecto de Dios ADONAI MALAKH.

Este Aspecto de Dios es el «Rey Señor». Una vez más, encontramos un vínculo con Kether, la Corona. En esta ocasión, es el Reino y su Soberano. Un título hebreo común de la Deidad es «Rey Fiel», y en todas las escrituras, la palabra «Señor», ADNI, se adopta en general como un medio para dirigirse al Omnipotente. Significa el Todopoderoso que gobierna con una fortaleza absoluta. Otro nombre que se da al Aspecto de Dios de Malkuth es ADONAI ha ARETZ, Señor de la Tierra, o territorio.

Poéticamente, la tierra se consideraba el escaño de Dios, y el signo de un Jefe Supremo era colocar su pie sobre los escalones subsecuentes. Incluso en la actualidad, un gesto de sumisión es besar el pie de un crucifijo o de un Papa. La antigua ceremonia del lavado de los pies indica la admisión de que existe una Divinidad en otros hombres. En Malkuth, a los pies del Árbol de la Vida, encontramos al Creador de la Materia como el Señor Soberano.

De alguna manera, en algún lugar, tiene que haber un punto en el cual la materia como tal empieza a ser lo que es. El cabalista llama Adonai Malakh a este punto y lo respeta de forma apropiada. El Tetragrama ADNI es el Símbolo de cualquier Inteligencia que ordena las Cuatro Categorías del ser físico que surjan de la Nada. En realidad, esto significa cuatro variaciones de la energía única original. No debemos pensar en Adonai Malakh, Sandalphon, los Querubines y los Elementos como en cuatro tipos desconectados del Ser, sino como en partes de un Ser Total. Al trabajar con el Árbol, es muy importante que manejemos estos detalles relacionados entre sí dentro de un Concepto Completo.

Es como si el Aspecto de Dios de Adonai Malakh hubiera dicho realmente: «Originaré la materia de Mí Mismo, porque YO SOY ELLA. Al expresarla, me expreso Yo Mismo. Éste es Mi Cuerpo». Tomemos cualquier clase de materia y sigámosla hacia su interior hasta que no exista Nada Más, y ahí encontraremos a Dios como Adonai Malakh. Es el lugar más obvio para empezar a buscar. De ahí que los ejercicios de meditación empiecen concentrándose en algo muy sencillo, como una pequeña esfera de madera, y continúen «mirando en el interior» del objeto hasta establecer contacto con la Fuerza Interior.

Este Dios en la Materia se simboliza en los sacramentos por medio del Alimento Sagrado o la Santa Comunión. Señala, de forma correcta, que el Cuerpo de Dios está en cualquier parte que Él elija estar, y en cualquier forma en que Él se expresa. En tiempos ancestrales, el cuerpo sacramental era de carne y sangre; posteriormente, la humanidad aceptó el pan y el vino como vehículos más apropiados, y hasta que los medios materiales se acepten como símbolos de contacto, el alimento y la bebida reales seguirán en uso. El vínculo se ha vuelto tan sagrado con el tiempo y las costumbres entre tantas religiones, que sólo una Dispensación Divina totalmente nueva podría romperlo a favor de otro método.

Al invocar a Adonai Malakh, invocamos a un principio de poder más que a un personaje real en nuestro sentido del mundo. No obstante, aquí se aplica la regla de sustituir una potencia desconocida por un símbolo conocido. Por esta razón existen nuestras imágenes sefiróticas mágicas, que no son nada más y nada menos que visualizaciones acordadas entre los cabalistas para establecer un contacto mental con los Aspectos de Dios del Árbol. A pesar del Nombre de Dios «Rey Señor», la Imagen Mágica de Malkuth no es otra más que la Naturaleza Misma disfrazada como la Novia de Microprosopus, o el Hombre. Se representa como una novia reina con corona. Si queremos, podemos referirnos en femenino al Aspecto Divino de Malkuth, como ADONATH MALAKH, «Dama Reina».

No podemos comprometernos con la Naturaleza. Debemos someternos a ella o gobernarla. Compañero o subordinado, debemos ser uno u otro. Éste es el desafío de Malkuth para la Humanidad, y no debemos subir más en el Árbol hasta que lo enfrentemos. Aquí tenemos una corona que ganar, o perderemos nuestra vida. El símbolo de una novia reina indica que el hombre debe gobernar la materia junto con la Naturaleza, y compartir el Reino del Rey Fiel.

Cuando consideramos al Aspecto de Dios de Adonai Malakh, nos alineamos con el Poder que produce directamente el material físico y sus patrones, a partir de los cuales se creó nuestro cuerpo mortal. Este Aspecto de Dios no se ocupa de nuestra moral, nuestros hábitos, ni ningún otro aspecto, excepto del abastecimiento y la disposición de la materia; no obstante, es el punto de inicio en el cual comenzamos nuestro viaje hacia el Mundo Interno. Es un error despreciar o infravalorar nuestro universo físico como «simple materia». La Iglesia medieval con sus atroces castigos a los «pecados de la carne» creó un sesgo en la mente humana que todavía no ha desaparecido. Las asociaciones del cuerpo humano y sus funciones con el mal, el pecado, la iniquidad y la impureza han provocado daños, sufrimientos y confusiones sin fin. Estas ideas no forman parte de la Cábala, que no acepta que alguna manifestación Divina pueda ser maligna.

En lo que respecta a la Cábala, las «debilidades de la carne» se deben al uso imperfecto que el hombre da a la materia, y a las consecuencias de las leyes naturales que se violan. El llamado «Pecado Original» es la herencia de los errores de nuestros ancestros. Nada más y nada menos. Desde luego, sufrimos por lo que hicieron o dejaron de hacer nuestros predecesores. No puede ser de otra manera. De la misma forma, nos beneficiamos con sus buenas obras. Así es la vida humana, porque somos seres que evolucionan. No somos castigados debido a nuestros pecados, sino por ellos; ésa es la diferencia.

Adonai Malakh, el Rey Señor que se encuentra tras nuestro mundo no origina ninguna forma del mal. Las energías puras que se crean en ese punto están sujetas a las leyes de su propia existencia y a ninguna otra. Los conceptos del Bien y el Mal no fueron creados por Dios, sino por el hombre. El mito edénico del Árbol del Conocimiento relata esta historia. En la acción Divina, existen la causa y el efecto, el equilibrio y el desequilibrio, el poder y el propósito. Si nosotros, como humanos, aprendemos a vivir en armonía con las leyes que controlan la Creación, podremos prosperar; de lo contrario, vamos a perecer. Es tan sencillo como eso. Nuestra principal dificultad ha sido descubrir esas leyes por medio del ensayo y el error y corregir nuestras acciones de forma adecuada.

Al pie del Árbol de la Vida, debemos pagar el precio que se exige por el fruto de nuestro anterior Árbol del Conocimiento. Debemos recordar que éste no era el Árbol de todo el Conocimiento, sino del Conocimiento del Bien y el Mal. En otras palabras, el hombre se nombró a sí mismo árbitro de Bien y el Mal, culpando a Dios de sus propios errores. De hecho, esto fue lo peor que hizo el hombre y, en realidad, éste *fue* el pecado original, porque el pecado no existía hasta que el hombre lo inventó. De modo que el Hombre «cayó», aunque es obvio que una caída en cualquier dirección es un levantamiento en otra. Nuestra «Caída del Cielo» marcó el principio de nuestro levantamiento por medio de la evolución.

Antes de poder subir de una rama a otra del Árbol de la Vida, debemos deshacernos de cualquier cosa que nos detenga. Esto significa alterar muchas ideas y empezar con una mente nueva e inquisitiva, lista para ver la Vida desde ángulos totalmente nuevos. Hasta que no encontremos a Dios en todo nuestro entorno, incluso en la suciedad que está debajo de las uñas, perderemos el tiempo buscándolo en las estrellas. Adonai Malakh, el Principio Divino de la manifestación material es nuestro contacto más cercano e inmediato con Dios. La física moderna apenas está abriendo la puerta de este Templo, oculto en el universo atómico.

Para acercarnos a Adonai Malakh a través de la meditación, el método de la «eliminación» es quizá el más efectivo. Éste se puede realizar con una moneda común. Primero, la consideramos un artefacto hecho por el hombre, después «eliminamos» este concepto y pensamos en ella como un metal, lo que la reduce a la etapa elemental. A continuación, dejamos a un lado nuestras ideas metálicas y vemos una estructura electroquímica ordenada por los Querubines. Detrás de ella, visualizamos el patrón molecular que creó Sandalphon, y por último, entramos en el reino de las relaciones interatómicas donde gobierna Adonai Malakh. Así, el cabalista instruido utiliza la materia común como una lente, a través de la cual aparece Dios.

El concepto del gobierno Divino operando directamente en este mundo fue una enseñanza arcana que, por desgracia, no entendieron bien los traductores literales. Ello llevó a creencias sectaristas, al mesianismo y la teocracia que continúan entre nosotros. Antes que nada, el cabalista es un súbdito del Divino Rey, pero espera la llegada del Rey mediante las manifestaciones de la humanidad, y no en forma de una aparición sobrenatural desde los cielos. No existe ningún secreto en cuanto a los detalles de este misterioso Reino. Literalmente, se encuentra DENTRO DE NOSOTROS, como se nos ha dicho con tanta frecuencia. Ignoramos esta verdad, tan vasta que escapa a nuestra comprensión.

Al mismo tiempo que subimos por el Árbol a través del Universo en nuestra imaginación, debemos subir por el Árbol Microcósmico que está dentro de nosotros. El viaje es uno y el mismo. Ahora, vamos a la siguiente rama.

## Capítulo 4

# La Sefirath Yesod, el fundamento, 9

### ASSIAH, el Mundo de la Expresión: la LUNA.

Aquí nos hemos separado de la Materia que ocupa un Espacio y tomamos en cuenta al Tiempo. En épocas antiguas, la Luna fue el primer reloj cósmico del Hombre, mucho antes de que se apreciaran los ciclos solares, y todo se calculaba en periodos lunares. El crecimiento, la fertilidad, las estaciones del año y todos los fenómenos periódicos de la vida se asociaban con las fases lunares. La Luna creciente aumentaba las invisibles mareas de la vitalidad, y la Luna menguante las reducía.

La Luna y la Magia han sido inseparables desde épocas muy remotas, y existen numerosos hechizos y costumbres relacionados con la influencia de la Luna sobre la humanidad. Algunos de éstos todavía están vigentes en la Cábala práctica, pero el principio filosófico importante es que la Luna es el reflector del Sol. Nadie puede mirar directamente al Sol sin correr el riesgo de quedar ciego, pero es posible ver la Luna con toda claridad. Por tanto, simboliza la cualidad de la piedad Divina, que adapta la abrumadora Luz de la Verdad en rayos más difusos y suaves, que nuestra naturaleza humana soporta con comodidad.

En la Cábala, esta Luz es la misteriosa Shekinah, o Luz de la Fuerza Interna que indica la Presencia de Dios. Se representaba sobre el Arca de la Alianza como una nube brillante. De hecho, quizá se trataba de material radioactivo o, tal vez algo más práctico, una lámpara como la que permanece encendida frente al tabernáculo de una iglesia cristiana. En ocasiones, la luz brillaba mucho, demostrando que la Fuerza Interna estaba muy presente; y en otras, apenas era perceptible, indicando que la mayor parte de la atención Divina estaba en otro lado. Al parecer, esto indicaba que, aunque la Consciencia Divina es omnipresente, variaba en el grado por razones mejor conocidas por Ella.

La palabra «Shekinah» significa «establecerse y descansar» o también, habitar en alguna parte. Se suponía que era la «morada» de la Gloria Divina, y podemos considerar, en un sentido, que la Luna es una «morada» para la luz del Sol. Asimismo ¿cuál puede ser un mejor lugar para descansar en el Árbol que Yesod, el Fundamento o los Cimientos? Todo descansa en sus cimientos; de modo que primero tenemos la expresión material del Árbol en Malkuth; después, si, por así decirlo, desenterramos a Malkuth, el Fundamento sobre el cual descansa la estructura del Árbol es Yesod. Puesto que es probable que nuestra Luna se haya desenterrado de nuestra tierra, parece un atributo yesódico muy adecuado.

Hace mucho tiempo, el Sol y la Luna se consideraban los Ojos del Cielo, y así se representaban. No había escape alguno del implacable Sol como el Ojo del Día; sin embargo, el Ojo de la Noche se cerraba de forma gradual. Durante la fase oscura de la Luna, el hombre primitivo consideraba que el Cielo se convertía en un ojo ciego ante la iniquidad humana, de modo que ése era el momento que el mal escogía para obrar con cierta impunidad. La falta de luz también facilitaba la huida de los que se comportaban mal. Con el tiempo, esto dio como resultado que la gente «buena» con motivos honestos se reuniera bajo la Luna Llena, cuando la luz era la mejor para viajar y el Cielo los observaba; en tanto que la gente «mala» se reunían bajo la Luna Nueva, cuando no los veía Dios ni los centinelas vigilantes. En la actualidad, se considera que es mejor trabajar la «Magia Blanca» con la Luna Llena y Creciente, dejando la Luna Nueva y Menguante para los practicantes de la «Magia Negra».

En verdad existen mareas psíquicas que coinciden con los ciclos de la Luna y afectan el crecimiento y la fertilidad. Las semillas que germinan durante una luna creciente tienen un mejor inicio que las otras, y las ideas que se originan en este periodo fértil parecen progresar mejor que las demás. En realidad, en los asuntos ocultos, resulta más práctico utilizar la Luna creciente para los rituales, y la Luna menguante para los métodos de meditación; mientras que el periodo Oscuro es mejor para la recreación y el descanso del ocultismo activo. Una vez que este ciclo rítmico se adopta como parte del plan fundamental para la vida oculta, empieza a mostrar buenos resultados, aproximadamente después de un año de trabajo continuo.

Muchos eran los antiguos trucos que se utilizaban para «Bajar la Luna» como práctica mágica. Su reflejo se captaba en la superficie de un líquido, ya fuera en una copa o en un estanque natural, y a esta imagen danzante en el líquido ondulante (en ocasiones, sangre) se le cantaba, se le invocaba y se le halagaba de todas las formas posibles y por toda clase de razones. En ocasiones, esto se conocía como «Bajar la Luna Cantando», debido al canto incesante que tenía lugar. Sin embargo, casi no hay duda de que estas técnicas de hipnotismo liberan energías físicas reales, aunque no siempre en un nivel exaltado.

El significado principal de la Luna para el cabalista es el de un Espejo, que revela un patrón de la vida en dos sentidos, en términos Divinos o Humanos, dependiendo del lado del espejo que se vea. Nunca debemos cometer el error de tomar literalmente estas imágenes lunáticas de Yesod. Al igual que la forma incierta de las cosas a la luz de la Luna, las materias Yesódicas se revelan como alegorías, alusiones, eufemismos o cualquier cosa que refleje su realidad. Ésta es la manera como debemos interpretar la información que proviene de Yesod.

Lo que encontramos en Yesod no es incierto, ya que la verdad se adapta a nuestra capacidad de entender. No le mentimos a un niño cuando inventamos algunos medios para explicar las abstracciones con sus términos de referencia. Le ofrecemos un reflejo de la verdad para que lo maneje, a fin de que un día lo guíe hacia la realidad que representa. Estos mitos y símbolos reflectores constituyen el fundamento sobre el que se construye la Vida Interior, y éste es el significado de Yesod. Sus aparentes mitos son un fundamento para toda nuestra fe y nuestras creencias, que con el tiempo nos llevan a la verdad. Empezamos a construir todo el Templo de los Misterios con base en ellos.

Este punto es muy importante para todos los ocultistas, de modo que quizá debemos considerarlo brevemente. Es probable que un crítico que no sea ocultista se sienta justificado al pensar o decir: «No tengo paciencia para los disparates ocultos. No son otra cosa que viejos y absurdos cuentos de hadas, garabatos sin ningún significado y obras de teatro de aficionados que se agregan al contenido de una tienda de chatarra. Sólo los lunáticos se ocupan de eso». Lunáticos. Los afectados por la Luna. Una observación muy profunda, mucho más cercana al blanco de lo que imagina quien la hace. Los Mitos de la Luna de hace mucho tiempo eran, y siguen siendo, el fundamento de todas las ciencias modernas y futuras. Sin los mitos mágicos, la mente del hombre nunca se habría elevado ni a la más mínima distancia de su nivel inferior; y esto si el hombre hubiera desarrollado una mente.

Los verdaderos psicólogos modernos conocen muy bien el valor vital que el simbolismo tiene en la primera infancia.

Es a partir de los primeros símbolos encontrados durante una vida cuando los seres humanos construyen los cimientos de su vida futura. Graves enfermedades pueden resultar del daño o de la falta de adaptación de los seres humanos en esta parte de su anatomía psíquica, puesto que en ella se basa toda la superestructura de la personalidad. Lo que el niño llega a ser durante su primer periodo formativo, es muy probable que permanezca durante todo el resto de su encarnación. Ésta es la importancia que tienen los Símbolos y los Mitos.

El único peligro de los Símbolos es el mal uso que se pueda hacer de ellos, así como la incapacidad o la negación a progresar con ellos a través de sus etapas naturales de desarrollo. *Los Símbolos son para crecer con ellos.* Ellos y nosotros debemos crecer juntos, a fin de que su magia se convierta en realidad. No son fines sino medios. No obstante, si no disponemos de los medios, no alcanzaremos los fines. El mensaje de los ciclos de la Luna debe ser obvio en este punto.

Un cabalista que simplemente se comporte como recolector de basura, ya sea de semitismo o de ropajes y accesorios mágicos no hará ningún progreso. No obstante, si utiliza esos símbolos, de manera firme y determinada, como llaves para abrir las puertas ocultas del Reino que se encuentra dentro de él, todo el Espacio Interior estará frente a él y sus habitantes se convertirán en sus amigos, ¡y enemigos! El único valor de cualquier símbolo es el uso que se le da.

En Yesod, en los niveles de la Luna, el cabalista encontrará todo el material simbólico con el cual podrá establecer sus propios Fundamentos. Siempre y cuando se vea a la Luz apropiada, su valor es incalculable, pero si se ve de manera engañosa, es probable que ocurran muchos daños temporales y muchas demoras. Es por esta razón por lo que, en ocasiones, los rayos de la luna se representan como un puente que conecta al viajero con un lejano castillo. De hecho, Yesod es un Puente entre el caminante cabalista y el resto del camino.

Al igual que la simbología que empieza en la cima del Árbol se construye hacia abajo, así el almacén de símbolos existente en Yesod contiene los ladrillos para construir hacia arriba.

Quizá la lección más importante que la Luna nos enseña es que el Sol existe. Aun cuando nunca lo viéramos, y viviéramos en una noche perpetua, podríamos deducir la existencia del Sol a partir de nuestra Luna. La Luz no es para verla, sino para ver *con* ella. Ésa es la diferencia. Los símbolos no son para verlos, sino para ver con ellos, y debemos aprender en Yesod ese conglomerado de consciencias que solíamos llamar Plano Astral. A partir de su aparente confusión y engaño, debemos crear el patrón de símbolos que servirá de fundamento para construir nuestra Escalera a las Estrellas. Éste es el verdadero propósito de los mitos, leyendas, prácticas, rituales, disfraces y costumbres de lo que llamamos Magia, ya sea cabalística o de otro tipo. Si no se utilizan para este propósito, carecen de sentido.

Así como la Luna física será utilizada por el hombre como trampolín en su carrera para llegar a otros planetas antes de destruir éste, Yesod es el punto de inicio de nuestro viaje a las otras Sefiroth. A menos que construyamos aquí nuestra plataforma de lanzamiento, nunca llegaremos a HOD, mucho menos al AIN SOPH AUR. Lo anterior se demuestra en el simbolismo de Qesheth, el Arco y la Flecha, que según se dice, se extiende por todo el Árbol desde este punto. La flecha (o misil) se disparó o lanzó desde Yesod, y se dirigió hacia cualquier parte del Árbol, aunque idealmente hacia Kether y más allá. Un buen ejemplo de un Símbolo que precede su expresión como manifestación material.

Por tanto, podemos continuar nuestras consideraciones de los Ángeles, Arcángeles, Aspectos de Dios o cualquier otro medio simbólico de tratar con la Existencia, bajo la luz de una consciencia perfectamente clara, una vez que los veamos como estructuras esenciales de la consciencia con las que están creadas las realidades de nuestro Universo Interno.

Como un niño, debemos empezar por aceptarlos en los cuentos de hadas, que no debemos abandonar, sino desarrollarnos según sus lineamientos a fin de que nos guíen hacia la verdad esencial. Es decir, «convertirnos en niños», que es el requisito indispensable para entrar en el Reino del Cielo que está dentro de nosotros. Nunca nos han dicho que *sigamos siendo* niños, sino simplemente que utilicemos la facultad de la niñez para obtener resultados adultos.

La Luna de Yesod provoca una fascinación suficiente para captar la atención de los estudiosos durante toda una vida, pero debemos aprender a realizar esos estudios en etapas ordenadas como la Luna misma, y cambiar de una materia a otra de forma regular. Esto producirá resultados mucho mejores que profundizar en un tema durante mucho tiempo o saltarse temas necesarios. El ritmo de la Luna influye en la fertilidad de las ideas, así como en la de otros tipos, y si lo aplicamos a los estudios, funcionará muy bien. Si tomamos las cuatro fases en orden significa que debemos trabajar con un esfuerzo cada vez mayor hasta alcanzar un máximo, después aflojar el paso hasta un mínimo y, por último, entrar en un periodo de descanso antes de volver a empezar. Es esencial incorporar este ritmo de la Luna en los métodos mágicos, si esperamos obtener algún resultado con ellos.

Los ejercicios utilizando el ritmo de la Luna de cuatro fases son muy sencillos y vale la pena realizarlos. Todos los cabalistas prácticos pueden trabajar con ellos mientras recorren un Círculo Mágico. Se ajustan en todas partes con el cuaternario cabalista básico, y se corresponden con las Letras del Nombre. Para ser iniciado en Yesod, el aspirante debe dominar esos métodos hasta cierto grado. Aquellos que tengan dudas, deben preguntarle a la Luna. Las respuestas están en ella. Ahora, debemos conocer a los Ángeles de Yesod en:

## YETZIRAH, el Mundo Formativo:
## Orden ángelico, los AISHIM.

Los Aishim son también conocidos como las «Almas del Fuego». En ocasiones, los escritores los atribuyen a Malkuth y siguen propagando un antiguo error. Un estudioso sugirió que los Aishim son las almas de los hombres justos, ya que «Aish» significa un hombre «decente» en el sentido de ser una persona recta e inteligente. Nuestra palabra «caballero» es una traducción apropiada. Sin embargo, las almas humanas y los ángeles son potencias muy diferentes y no se pueden intercambiar entre sí; de modo que, cualquiera que sea la naturaleza de los Aishim, desde luego no son nuestros «queridos ancestros que ya se han ido».

La connotación masculina de los Aishim se deriva del antiguo concepto de un Dios Luna en lugar de una Diosa, pero siempre debemos tener cuidado al aceptar las polaridades del sexo en el Árbol que se pueden leer de cualquier manera de acuerdo con las necesidades. En realidad, lo que implica la palabra «Aish» es un hombre decente que merece tener una familia en el sentido que damos cuando decimos al hablar de una persona: «Es un *Hombre* de verdad».

Estos Ángeles de Yesod se ocupan directamente de los principios de la fertilidad y la fecundación que se encuentran tras las formas de vida en este planeta. No sólo son agentes activos de la germinación y la gestación para la vida vegetal y animal, sino también para los nacimientos mentales y espirituales en niveles internos más profundos. Como formadores, son los responsables de dar forma a las energías que se deben expresar en términos de lo que llamamos «vida», y guiarlas a través de los canales apropiados del nacimiento. Casi podríamos describirlos como los asistentes previos al nacimiento, que forman al niño en el útero o a la planta que nace a partir de una semilla.

El trabajo de los Aishim empieza después de que el Aspecto de Dios origine la energía que debe dar como resultado la vida y los Arcángeles la clasifican de manera creativa. A partir de ese momento, los Aishim siguen formando la vida individualizada cumpliendo tanto como es posible con sus especificaciones originales. No debemos olvidar que el Árbol se maneja en ambos sentidos, y para los Aishim nuestra muerte sólo es «un nacimiento a la inversa», de modo que también tienen una función que cumplir en la transferencia de nuestras fuerzas de vida lejos de la manifestación física.

Los Aishim se representan como seres feroces, pero no en un sentido hiriente ni destructivo. La suya es una luz reflejada, casi protectora, que se asocia con los fenómenos directos del nacimiento y la muerte. Nos sentimos tentados a compararla con las lámparas de una sala de recién nacidos y con las velas que se encienden alrededor de un féretro, luces con las que las almas entran y salen de este mundo. La luz y la vida siempre han caminado de la mano, y las energías radiantes de ambas están estrechamente relacionadas. Por lo general, pensamos en el Sol como una fuente importante de Luz, y es verdad, pero a menos que su fuerza no se redujera por la absorción, nosotros y nuestro mundo seríamos polvo de silicio. Es el principio de adaptación de la Luna el que hace posible nuestra vida terrenal, y los Aishim son los adaptadores angelicales de la energía de la Luz a la vida, en nuestras condiciones.

En realidad, nuestro cuerpo tiene luz mientras vivimos. Los rayos emitidos se encuentran muy por debajo de nuestra escala de visión en el espectro infrarrojo; no obstante, emitimos luz que se puede medir y fotografiar en placas sensibles. Se trata de una luz que pedimos prestada a la Gran Fuente de Vida, así como la Luna pide prestada la luz al Sol. Como sabemos, nuestra luz de vida debe mantenerse dentro de límites comparativamente estrechos de temperatura, pues de lo contrario, moriríamos. El equilibrio de nuestra iluminación interna también es muy preciso, pues sin éste perderíamos la cordura. Los Aishim de Yesod deben ejercer un control considerable sobre la luz de la vida, de modo que permanezca dentro de límites razonables.

Los secretos intrínsecos de la vida están relacionados con las frecuencias e intensidades de los que llamamos rayos de vida, manipulados por los Aishim. En sus combinaciones de colores y en sus secuencias espacio-temporales están los patrones básicos de todas las formas de vida. Si supiéramos esto y pudiéramos aplicarlo, no crearíamos la vida, pero sí dirigiríamos sus manifestaciones. Al hacer esto en nuestro cuerpo podemos provocar la salud o la enfermedad de forma voluntaria alterando el comportamiento de nuestra vida orgánica corporal, una suma de la cual es la expresión nuestra como personas terrenales. Tal vez llegue el día en que podamos seleccionar un patrón de vida previamente preparado como un programa de ordenador e introducirlo en un ser humano a fin de que viva de acuerdo con él. De hecho, así es como funciona el patrón del Árbol, y por eso sus conexiones de color son importantes.

El uso rítmico y controlado de la luz adaptada es la tarea de los Aishim en relación con la vida. Desde luego, esto significa la luz combinada con la oscuridad a fin de producir efectos de diferenciación. Y regresamos otra vez a los ciclos de la Luna que demuestran esta acción. De hecho, toda la vida humana es un ciclo lunar. Nacemos como la luna nueva, llegamos a la madurez y al punto máximo como la luna llena y después declinamos o nos reducimos hasta el punto en que desaparecemos en la oscuridad de la muerte durante un tiempo, antes de que vuelva a comenzar todo el ciclo. Por mucho que lo intentemos, no podemos escapar a la influencia de la Luna en la vida como la conocemos sobre la tierra; por tanto, también debemos armonizarnos con ella.

Hay muchas investigaciones por hacer en relación con los patrones de la luz vital, y el campo de trabajo es muy amplio para el cabalista que se interese por la biología o la bioquímica. Los que estudian para curar harían bien en investigar este punto, puesto que la vida y la salud son dependientes entre sí. Los propios Aishim serán instructores valiosos, ya que son inteligencias reflejadas que manejan los biorritmos etéreos en la tierra.

Como Ángeles, los Aishim no se ocupan de la asignación del poder sexual (que proviene de un nivel mucho más alto), sino que están directamente relacionados con la función sexual misma. La mayoría de las personas dan por hecho la reproducción de las especies, pero por muy maravilloso que sea el proceso en términos físicos, lo es mucho más en los niveles del mundo interior. ¿Por qué la unión sexual ha de resultar en otro ser como ellos, y no en algún monstruo fantástico o en alguna otra especie? Desde luego, existe un control integrado para estar seguros de que no sucederá esto, y la responsabilidad de mantener las formas de vida dentro de los límites tolerados recae en los Aishim. Como ahora sabemos, la radioactividad altera su trabajo de manera muy seria, puesto que no fueron creados para afrontar más de una cantidad determinada de niveles de vida. Al hacer frente a una mayor cantidad de luz radioactiva para reflejarla, los Aishim se distorsionan y se vuelven imperfectos, dando como resultado las que conocemos como «mutaciones».

Si hacemos una analogía del proceso de la vida con una película transmitida por televisión, tendremos una idea del lugar que ocupan los Aishim. Podemos imaginar que la película original en el estudio es la intención divina que se encuentra subyacente en la vida. Ésta es enviada a través del espacio y el tiempo como energía electromagnética pura que llega a la antena y al aparato receptor de la vida. Este impulso libera fuerzas controladas localmente en el televisor que se ordenan en patrones eléctricos. Si el televisor fuera un ser humano generaría energía vital. Los patrones eléctricos que se forman en el televisor se proyectan de manera espacial y temporal en una pantalla sensible donde crean un patrón de luz correspondiente a su propia formación. En términos de la vida, los

Aishim son los factores de control del último proceso de reflejo que marca la diferencia entre las energías como patrones y la apariencia real de esas energías como criaturas vivientes en la pantalla de nuestro «mundorama». Si los Aishim desaparecieran, seguiríamos existiendo, pero como seres invisibles e intangibles. Ellos reflejan nuestras formas con su espejo lunar mágico, de manera tan precisa como pueden.

Esto nos lleva al punto de que, al igual que una imagen que se transmite por televisión está muy alejada de la realidad del estudio, también la vida en la tierra dista mucho de la realidad del Mundo Interior que se encuentra tras ella. De hecho, somos «sombras, reflejos e imágenes» en relación con los originales divinos que se supone representamos. Físicamente, vivimos en un mundo iluminado por la luz de la luna en lugar del sol. Nuestras características externas se engañan entre sí con respecto a nuestras realidades internas. Nos asustamos con los espectros de nuestras sombras distorsionadas a la luz de la luna y, hasta que aprendemos a interpretarlos de manera apropiada, vivimos como niños en una guardería con lámparas. Es mejor la luz de las lámparas que la oscuridad total, pero las formas oscilantes de la incertidumbre que revelan estas lámparas resultan alarmantes.

Como iluminadores, los Aishim tienen límites, y seríamos muy inteligentes si no tomáramos sus revelaciones en un sentido demasiado literal. La vida sobre la tierra no es perfecta, pues pasa todavía por un proceso de perfección que quizá nunca alcance aquí. Para nosotros es un puente que debemos cruzar, y después de éste, tenemos un largo camino por recorrer. No debemos aceptar la imagen que hay en el espejo o en la pantalla como una realidad, sino como un valioso indicador hacia esa realidad, de manera muy similar a como un conductor depende de un espejo para obtener información sobre otros vehículos, que de lo contrario serían invisibles para él. Los Aishim nos ayudarán si sabemos cómo tratarlos, pero nadie aprenderá los misterios de la vida a partir de sus características externas. Para encontrar la verdad, debemos profundizar en un pozo sin fondo. Tras la superficie de la vida que nos presentan los Aishim, encontramos a su jefe supremo en:

### BRIAH, Mundo Creativo: Arcángel GABRIEL.

Gabriel significa el «Hombre Fuerte de Dios», y quizá sea difícil reconocer su función precisa basándonos en las confusas descripciones cristianas. Por lo general, se le considera el Mensajero Divino que toca la trompeta, y es el Arcángel de la Anunciación y la Resurrección.

La «trompeta» es el secreto de Gabriel. En un principio, no era una hermosa trompeta de metal; era el Cuerno de la Fertilidad en su máximo esplendor, y Gabriel era el Agente Divino de la Fecundación. Ésta era su fuerza, que es un eufemismo de la virilidad, el máximo poder para reproducirse y originar la vida. Un cuerno era y es el símbolo del órgano sexual masculino y, en tiempos antiguos, un cuerno de verdad se utilizaba para la inseminación artificial, que constituía un secreto que guardaban con gran celo los iniciados que conocían el proceso. Un cuerno es también una copa o un cáliz, y se puede utilizar para hablar por él o para escuchar. Todas éstas son funciones de Gabriel.

En épocas remotas, el cuerno se convirtió en un símbolo importante en los Misterios. Podía utilizarse para imitar las Voces de los Dioses durante los ritos, o era posible escuchar con él las Voces de los Dioses que se expresaban por medio del viento, las aguas bramantes, el fuego crepitante y la tierra que retumba. La interpretación de estos sonidos era cuestión de una guía individual con la ayuda del mensajero divino Gabriel, cuyo símbolo se utilizaba. La bebida sagrada se escanciaba en la copa en forma de cuerno que ahora se ha convertido en un cáliz de plata. En general, el cuerno era y es esencial en todos los Misterios.

Por tanto, Gabriel es el Ángel de la Anunciación, que informa a María, la Virgen, sobre su embarazo. Este misterio no debe ser difícil de entender con un poco de imaginación. Recordaremos que María afirmó no «conocer» a ningún hombre, lo que era cierto de acuerdo con sus creencias. Para aquellos que se interesan por resolver el problema, la atención se dirige hacia la historia apócrifa del «Bastón» de José que «floreció durante la noche». La Encarnación de un Dios no era un suceso desconocido en los tiempos antiguos, por muy raro que parezca. La clave la da la Orden sagrada de Melkizedek (el Rey de la Rectitud) gobernador de Salem (Paz). Estos Reyes Sacerdotes tenían que existir «sin padre, sin madre y sin descendencia». En otras palabras, tenían que encarnar fuera de las leyes generativas normales y no dejar descendientes. Eran seres únicos. Sólo de una forma es posible cumplir con esas condiciones, y en ese periodo de la historia, sólo unos cuantos iniciados la conocían. Los Reyes Divinos eran escasos, puesto que tenían que morir por su pueblo y se llevaban con ellos su conocimiento. Antes de su nacimiento, los métodos de Gabriel daban lugar a su Encarnación, y después de su muerte, era Gabriel el que supervisaba su Resurrección.

Este patrón mítico muestra a la vida a través de los periodos del nacimiento, la muerte y la reencarnación, como un ciclo lunar en las dimensiones Espirituales. De ahí que Gabriel sea el Arcángel lunar de la Vida. Sería mejor olvidar la ridícula imagen de Gabriel gritando sobre las tumbas que eructan a sus ocupantes en el Último Día. Gabriel personifica el poder creativo de la Vida que, en realidad, es una resurrección de la Muerte. La Trompeta de Gabriel que nos despierta de la muerte no es nada más ni nada menos que el órgano humano de la generación que nos llama a la vida corporal. En verdad, nuestros cuerpos de hecho resucitan, si pasan por el proceso de descomposición o cremación. Cada átomo se vuelve a activar y nuevos cuerpos se forman con ellos. Gabriel tiene asignada su tarea en esta cadena puesto que es el portero entre la Vida y la Muerte.

Gabriel también es conocido como el Mensajero Divino o el Portador de la Palabra. En este caso, su cuerno se convierte en un altavoz a través del cual transmite los mensajes entre los Dioses y los hombres. Por tanto, es un eslabón vital en la cadena de inteligencia que se extiende desde la consciencia Divina hasta la humana. De acuerdo con la tradición musulmana, fue Gabriel quien dictó el Corán a Mahoma. Sin embargo, en el contexto de la Cábala, el trabajo de Gabriel con la humanidad se limita a los impulsos creativos subyacentes en la vida, y la información o inteligencia que puede transmitirnos está relacionada con esos aspectos de Yesod. Dirige el instinto reproductor y, por tanto, en verdad es el Anunciador de una vida que va a empezar.

Como uno de los Cuatro Grandes Arcángeles, la sede de Gabriel en la Logia está en el Occidente. Aquí, se alinea con las Aguas de la Vida, las Mareas Lunares, la Copa del Amor y el importante Productor de Lluvias. En la antigüedad, la lluvia se consideraba la semilla del Padre Cielo que caía sobre la Madre Tierra con el objeto de inseminarla y producir la vida en su útero oscuro. Podemos visualizar estos atributos de Gabriel de cualquier manera que deseemos, o sumarlos todos como un símbolo del Grial. Cuanto más poderosamente los hagamos realidad en nuestra existencia interior, más valiosos serán en nuestros trabajos mágicos.

Una de las tareas que Dios asignó a Gabriel fue destruir a los hijos de los misteriosos «espías» que se supone eran Hijos de Satanás. Aquí tenemos una batalla tradicional entre las fuerzas de la Vida y de la Muerte, con la acción victoriosa de la Vida superando a la inercia. A Gabriel sólo se le indicó que destruyera a estos agentes antibióticos en la tierra, y no en su propia esfera de Saturno. Quizá aquí tenemos un indicativo de algunas condiciones primitivas en la tierra que eran adversas para la vida, y que fue preciso superar antes de que fuera posible la existencia celular. Tal vez fue la condensación de la atmósfera lo que dio como resultado el agua, el elemento de Gabriel, que diluyó la radioactividad de la superficie hasta un nivel biológico seguro. Los llamados «espías» fueron derrotados por los Ángeles «Buenos», y están amarrados bajo la tierra donde no pueden dañar a nadie. ¿Los estamos ahora liberando de su entierro radioactivo? Y si es así, ¿Gabriel o cualquier otro Arcángel salvará a la tierra una vez más? ¿Quién sabe?

Hay un juego que se llama la Trompeta de Gabriel, en el que ésta es también un rayo o haz de luz, y «cuerno» (cornu), desde luego nos lleva a la palabra inglesa «corn» (maíz). Luz, Vida y Sustento están aquí unidos en un solo símbolo, aunque debemos hacer notar que la Luz es un rayo reflejado, lo cual muestra su conexión con la Luna. El cuerno es un signo muy antiguo de dignidad y majestuosidad, y «exaltar el cuerno» significa elevarlo, no sólo en su capacidad sexual, sino en la posición social o autoridad. El emblema fálico del cuerno de un carnero (Aries, el primer signo) sobre una plataforma, indicaba rango de acuerdo con su altura; cuanto más alta era la plataforma, más importante era el funcionario. Hasta nuestros días, vemos que esto sobrevive en el Báculo de los obispos, que en los días anteriores a la era cristiana, no era un simple cayado, sino el cuerno torcido de un carnero unido a un báculo. En realidad, era el Signo de Gabriel. Significaba: «Tengo poder sobre vuestras vidas». ¡De la misma manera que el Sumo Sacerdote lo tenía en la antigüedad!

Aunque podemos pensar que Gabriel, ser asexuado, expone mucho los emblemas masculinos, esto no es verdad para una mente instruida (o iniciada). En realidad, el cuerno es una dualidad, puesto que su exterior representa al hombre, pero su interior a la mujer porque era la copa o el útero. Todo depende de la forma en que se muestre. Hacia arriba, masculino; hacia abajo, femenino. Por tanto, el simbolismo de su fertilidad demuestra ser muy válido. En la actualidad, tenemos rastros de esto en el signo de una copa o de una vasija puesta hacia abajo, que significa un desafío en silencio a peleas, creando así una batalla entre los sexos para lograr la dominación. Gabriel lucha por ambos sexos de manera imparcial, siempre y cuando estén dispuestos a reproducirse entre sí de acuerdo con su programa.

Es una lástima que generaciones de artistas y escritores hayan cambiado la imagen de Gabriel hasta el punto en que su significado ha quedado oculto tras un hipócrita velo de pudor. Sin la vitalidad, la virilidad ni el poder reproductor, ¿qué utilidad tiene Gabriel en el Árbol de la Vida? Una vez que lo aceptemos como el patrón de quienes vivimos en un cuerpo humano y como el espíritu bondadoso que consuela a los muertos con el pensamiento: «No importa, siempre te puedo dar otro cuerpo en la tierra si eso es lo que quieres», tendremos un verdadero amigo que nunca nos fallará cuando lo necesitemos. Sin embargo, él no es el árbitro supremo de la vida, por ello debemos penetrar en el último mundo, que es:

### ATZILUTH, el Mundo de los Orígenes: Aspecto de Dios SHADDAI el CHAIIM.

El término compuesto «Shaddai» significa «Poderoso Jefe Supremo» y con «Chai» (Vida) quiere decir Jefe Supremo de la Vida y de las Vidas. Aquí «Vida» se debe entender no sólo como un tipo de existencia espiritual, sino de manera específica como la vida reproductora en general, haciendo hincapié en la humanidad. Debemos recordar que Yesod tiene que ver con los genitales tanto macrocósmica como microcósmicamente.

Una vez más, encaramos nuestra desafortunada herencia de una mala interpretación (típica de Yesod) en cuanto a los asuntos sexuales, que se debe a las actitudes de nuestros ancestros y la forma en que manejaban el tema. Parte de esto fue debido a la ignorancia de la biología, y otra parte a la reverencia equivocada y la idolatría supersticiosa ante un poder que consideraban Divino. La combinación que heredamos de vergüenza, culpa, fantasía y trágicos malentendidos en cuanto al sexo ha afectado a innumerables vidas... y muertes. Una de las tareas principales para las generaciones presente y futura es la total aclaración de los asuntos sexuales, así como su ordenamiento de la mejor forma posible para nuestro bienestar. Esto está claramente indicado en el Árbol.

La propagación biológica de la especie ciertamente no es la mayor habilidad del hombre. Los insectos, las moscas y todo tipo de plagas se reproducen en índices alarmantes, así como las hierbas más malas crecen con mayor rapidez. Si no existiera un control sobre los índices de reproducción, gracias a que las especies de la vida se destruyen entre sí, este planeta sería un mundo más loco de lo que es. El peor pecado sexual del hombre es el uso indiscriminado y sin control del sexo, sin cuidado, con indiferencia y, lo peor de todo, sin amor. Esta falta de control es responsable de mayor número de pecados sexuales que todos los otros factores.

En un principio, se suponía que el hombre tendría actividad sexual por temporadas como las otras especies vivientes, y no manejaría la procreación como un pasatiempo social ni como un capricho personal. Cuando los Dioses lo movían, tenía que procrear, y no bajo su propia responsabilidad. El «pecado» del hombre radica en abrogar el deseo sexual para sí mismo y utilizarlo para su diversión y fuera de temporada, sin importar las consecuencias y mostrándose indiferente ante los resultados. Con el tiempo, se hizo responsable del uso de una facultad esencialmente divina, porque usurpó la función de un Dios antes de adquirir la sabiduría y experiencia de un Dios. Como resultado de ello recurrió al asesinato de su propia especie en un intento automático por reducir el exceso en la población; después, de forma ilógica, imploró al mismo Dios contra el que había blasfemado pidiendo le diera fertilidad para reemplazar a los miembros de su propia especie que había matado. De forma absurda, ciega e insana, la humanidad abusó del poder de la Vida. Todavía estamos pagando el precio por tal presunción, y hasta que podamos manejar un poder divino de la manera en que un Dios lo hace, seguiremos sufriendo las consecuencias.

Esta procreación indiscriminada y sin control fue, desde luego, un factor importante en la caída del hombre. Se nos advierte sobre ella en el Génesis cuando habla de las uniones incorrectas entre los «Hijos de los Dioses» y las «hijas de los hombres». Se supone que las especies humanas en la tierra debían seguir un ritmo reproductivo sujeto a las mareas lunares y a las temporadas, a fin de que se aparearan de acuerdo con las leyes de la Fuerza Vital Divina. En su intento por ser un Dios, el hombre transgredió estas leyes en todas direcciones. En lugar de seguir el patrón de vida lunar, trató de seguir el patrón solar, mucho antes de estar preparado para él, y así, Ícaro cayó del cielo (como Lucifer) con las alas muy lastimadas.

Con Shaddai el Chaiim en Yesod, tenemos el Aspecto de Dios que se ocupa de la Vida como una continuación de Él mismo, utilizando el principio lunar de la reflexión para hacer que el proceso funcione. En una pareja, el hombre y la mujer deben reflejarse entre sí de manera que juntos formen una entidad completa. Los valores positivos de uno deben compensar los valores negativos del otro, a fin de que el total sea un número perfecto, y sólo las parejas que puedan coincidir dentro de ciertos límites deben procrear. La verdadera pareja resulta sólo al encontrar el reflejo de uno mismo en el espejo mágico de otra persona. Y, de hecho, éste es un caso muy raro.

En el esquema del Árbol, Yesod recibe la Luz de Tifereth (el Sol) y la refleja en Malkuth (la Tierra). Éste es el patrón reflejo de la Vida. Leemos en las escrituras que el hombre fue creado con la «imagen» de Dios, lo que indica que somos reflejos de un arquetipo Divino. Si seguimos el rayo de Luz hacia abajo por el pilar medio del Árbol, veremos que la luz AIN SOPH AUR del Absoluto se condensa en una luz del Ser (AHIH) en Kether, se proyecta en la luz del Conocimiento (ELOAH va DAATH) en Tifereth, que brilla como la Luz Vital reflejada (SHADDAI el CHAIIM) en Yesod hacia la etapa final de la materia en Malkuth. Por tanto, el Ser y el Conocimiento se reflejan como Vida, mientras estamos en la tierra. Es importante recordar esto.

La secuencia de la reproducción humana debería haber sido que reflejáramos los rayos de la divina Luz Vital en nosotros mismos hacia los miembros del sexo opuesto, y cuando ésta tuviera su máximo brillo (como en la luna llena) nos apareáramos. Como resultado de ello, los hijos habrían sido los reflejos más perfectos posibles de la divinidad existente en nosotros y, ellos a su vez, habrían continuado el ciclo creativo. Lo que debió haber sido y lo que es, son dos cosas totalmente diferentes para la humanidad y, por no decir más, son imágenes muy distorsionadas de la intención original. Por instinto, el hombre primitivo realizaba sesiones de reproducción cuando había luna llena, pero la Luz Vital Lunar está sujeta a los ciclos que operan en el mundo interior, cuya escala de tiempo es muy diferente. Es probable que un verdadero reflejo yesódico total ocurra muchas veces, una sola vez o incluso nunca, en la vida de un ser humano.

Sin embargo, muy poco o nada de esto se aplica a la humanidad en el mundo terrenal actual. Aterrado por sus propias capacidades destructivas como la energía atómica, el hombre se reproduce de manera caótica en la bomba más grande que ha fabricado. A menos que el control de la población se maneje con eficiencia por medio de las ciencias sociales, grandes desastres serán inevitables para la raza humana. El Señor de las Vidas es una potencia indestructible, pero las entidades humanas vivientes no lo son. La vida en la tierra no es de ninguna manera la única vida que existe, y si se vuelve intolerable más allá de unos límites específicos, puede ser eliminada, al igual que se inició alguna vez. Todo lo que pasa por las Puertas de la Vida tiene en sí la semilla de la muerte.

De hecho, Shaddai el Chaiim es el Poder de la Vida sin el que no estaríamos en este mundo. Sus acciones son reflejos, y las de nosotros también. Toda nuestra vida funciona sobre el principio del reflejo, porque nos reflejamos en nosotros mismos tanto hacia el interior como hacia el exterior. Cualquier experiencia no es lo que hagamos, sino la reacción que tenemos. Nuestros reflejos se convierten en nuestras realidades. Éste es el verdadero espejo lunar mágico en el que vivimos como mortales. Somos lo que pensamos que somos, dejando que el tiempo transcurra. De hecho, podemos expresar la fórmula de Yesod como:

$$\frac{\text{Ser} \quad \text{x} \quad \text{Conocimiento}}{\text{Tiempo}} = \text{VIDA}$$

Desde luego, debemos entender que Shaddai el Chaiim no es, ni nunca ha tratado de ser una potencia meramente masculina. De hecho, «ShD» significa los senos de una mujer. En el Árbol de la Vida, la polaridad masculina está en el Pilar Blanco, y las cualidades femeninas están en el Negro; en tanto que, en el Pilar Medio encontramos cualidades combinadas. Sin embargo, las potencias masculinas y femeninas se pueden intercambiar entre sí por razones específicas. La Vida es la Vida y se expresa a través de ambos sexos, y Shaddai el Chaiim se considera el punto originador divino. De la misma forma que el Creador en la cima del Árbol dice: «¡Hágase la

Luz!», el mismo Creador dice en Yesod: «¡Hágase la Vida!» Si queremos, podemos visualizar la energía de la Luz Original chocando contra el reflector de Yesod, dividiéndose y polarizándose en ambos sexos y en cada tipo de vida reproductora que existe. En el lugar y el momento en que estos rayos irradian la materia, como respuesta, nace una criatura de alguna especie.

Aunque la imagen mágica tradicional de Yesod es un hombre desnudo desplegando el signo de su virilidad, no hay ninguna razón por la que no se utilice el equivalente femenino de una virgen en espera de la fecundación. El poder de Yesod es, en esencia, el que causa la vida. Ésta no comienza con una mujer preñada, sino con una mujer fértil que espera la semilla de un hombre. De ahí la asociación de esas imágenes con Yesod, que no es paternal, sino prepaternal.

Cuanto más tratamos de penetrar en los secretos de la Vida, más nos perdemos en su Misterio. Sin embargo, consideramos o personificamos a Shaddai el Chaiim y debemos reconocer, de alguna forma, la Fuente Divina que se encuentra subyacente en nuestra vida. El Árbol de la Vida ofrece un símbolo de generación, si pensamos en el Pilar Medio como la línea divisoria central de un óvulo fertilizado que más adelante se convierte en la columna vertebral, en las ramas del Árbol como los troncos nerviosos principales que se desarrollan a partir del sistema central y, por último, en la serpiente enroscada como los receptáculos seminales. Desde luego, el ataque de la serpiente es el contacto del esperma con el óvulo que, en ocasiones, se conoce como la mordedura de la Vida. Esto y el Rayo de Luz son lo mismo, visto desde ángulos diferentes.

En Malkuth, somos materia. Aquí en Yesod, por el poder de Shaddai el Chaiim nos convertimos en materia viva. A medida que subamos por el Árbol, adquiriremos cada vez más cualidades. No es suficiente vivir en un cuerpo material; también debemos pensar y sentir en él. Así, utilizamos la escalera sefirótica para ascender a:

## Capítulo 5

# La Sefirath Hod, esplendor, fama, 8

## ASSIAH, el Mundo de la Expresión: HERMES-MERCURIO.

La materia viva que resulta de Malkuth y Yesod no llegará muy lejos en la vida por sí misma y sin tener unida a ella alguna forma de inteligencia. Por tanto, aprende, por medio de un proceso de reacción a sus experiencias internas y externas, a conservar y mejorar su vida y las condiciones en que vive. Aquí es donde entra en acción la influencia instructiva de Hermes, y ésta es la razón por la que se otorga ese atributo a Hod en el nivel assiatico. Mercurio es el símbolo de la capacidad de adaptación, y lo primero que aprende una criatura viva es la regla más difícil de todas: «¡Adaptarse o morir!»

Empezamos a adaptarnos desde el momento de nuestra concepción, y si perdemos esta capacidad, perdemos la vida con ella. Sin el uso constante de las cualidades mercuriales tenemos pocas esperanzas de sobrevivir en un mundo como el actual. En tiempos antiguos, la necesidad de adaptación estaba mucho más marcada que en la actualidad, pero ha cambiado hacia los planos mental y espiritual, más que hacia el plano material.

Mercurio es conocido como el patrón del «ingenio», y éste es un elemento primario para el instinto de conservación que debemos adquirir en Hod. El ingenio ha dado como resultado que sus exponentes lleguen a lugares «elevados» en la sociedad. Desde luego, en niveles más elevados, se convierte en habilidad, inteligencia cultivada, iniciativa, precaución, ambición y cualquier atributo relacionado con el mejoramiento de la vida a través del instinto de conservación y el desarrollo. Fue exactamente esta habilidad la que permitió a los seres humanos sobrevivir a los terribles peligros de los desastres naturales, a los monstruos y otras amenazas existentes en las primeras etapas de la vida en la tierra. Sin la capacidad de adaptación y el ingenio que provienen de Hod, no habríamos permanecido en este planeta. Esos instintos nos mantienen con vida en la selva moderna habitada por los monstruos que creamos nosotros mismos para reemplazar a aquellos que matamos hace tanto tiempo.

Mercurio es el símbolo de los viajes, el comercio, el teatro, las ganancias y en un sentido amplio, la educación. Proporciona rapidez de pensamiento unida al lenguaje, lo que nos permite asirnos al Árbol de la Vida y superar a nuestros enemigos, que son más lentos y torpes. Los primeros monstruos perecieron debido a su limitado ingenio. Sólo a los animales que se adaptan se les permite la continuidad de la vida aquí. «¡Aprender, y aprender *con rapidez*!» es la ley.

Sin embargo, en niveles más altos, la influencia de Hermes nos da el incentivo para buscar el conocimiento por nuestro propio bien y transmitir información útil a otras almas. Una vez que una unidad o grupo de seres humanos garantiza su propia seguridad, puede darse el lujo de ayudar a otros a buscarla. Éste es el inicio del camino hermético en el

Árbol, que ofrece la Iniciación por medio de la Instrucción. Cualquier cosa que someta la fuerza física bajo el control de la inteligencia es un atributo hermético. El sutil gobernando al fuerte. Ésta es la esencia del hermetismo. En la actualidad, lo llamamos simplemente psicología, o el sagaz que supera al estúpido. En las antiguas iniciaciones herméticas se enseñaban métodos para lograr esto, que todavía forman parte de la tradición hermética.

Todavía estamos con Mercurio en el reino del ritmo. Arriba en un momento, y abajo en el siguiente. El temperamento mercurial es demasiado conocido como para necesitar una descripción. Pertenece a Hod, con su significado de esplendor, fama, reconocimiento y honor. Por lo general, Mercurio-Hermes es llamativo y resplandeciente en cuanto a sus características externas, aunque secreto e incluso engañoso en sí mismo. Aquí no tiene sentido la verdad literal si no representa un beneficio momentáneo. Al igual que el niño que la definió, Hermes podría definir una mentira como: «Una abominación a los ojos de Dios, pero una gran ayuda cuando hay problemas». No debemos olvidar a Hermes como el patrón de los embusteros y de los viajeros. No quiere decir que la falta de verdad sea una necesidad en un sentido hermético (dista mucho de serlo), pero el ingenio se considera una virtud importante.

En el panteón olímpico, la función de Hermes era como mensajero de los Dioses. En la actualidad, solemos pensar en los mensajeros como seres de poca importancia, pero en un principio, se trataba de una posición muy elevada y valiosa. Un mensajero era sacrosanto como portador de inteligencia. Su insignia tenía atractivos adornos. Con el tiempo, se convirtió en las serpientes del caduceo, y sobrevive hasta la actualidad como la Bandera de Tregua. En la práctica céltica, un druida tenía el poder de elevar una insignia ceremonial entre los combatientes en mitad de una batalla, y tal era el respeto que se tenía por su autoridad, que la lucha cesaba. El impersonal «teléfono rojo» es un equivalente moderno. Regresamos a un caduceo en el que los cables eléctricos torcidos toman el lugar de las serpientes. Hermes hace lo mejor que puede por nosotros.

En Hod llegamos a un punto en el que la mente se encuentra con la materia y lleva a la manifestación del Mensaje Divino. Si mira hacia arriba en el Árbol, la persona que sube deberá darse cuenta de que hay más tras las cosas de lo que vemos en la superficie. En lugar de aceptar las imágenes de Yesod como se presentan, el aspirante debe buscar su significado más profundo y buscar una guía en el camino de la iluminación interior. Los aspirantes que se guíen por el intelecto tomarán el Camino Hermético, aquellos que se dejen llevar por las emociones tomarán el Camino Órfico, y aquellos que sean capaces de una gran devoción recorrerán el Camino Místico, el más difícil de todos. Aquí, nos ocuparemos de la apariencia y la intuición herméticas.

Además de ser un mensajero, Hermes era el patrón de todos los tratos secretos y actuaba como guía de los muertos hacia el otro mundo, era portador de la buena suerte y el Dios de los caminos. Todos estos aspectos se adaptan a la Tradición Hermética. Hermes Trismegisto era el Instructor Tres Veces Grande de la Sabiduría Secreta por medio del cual los iniciados en la ciencia oculta obtenían una ventaja sobre todos los demás y la conservaban siempre y cuando continuaran sus estudios. Por así decirlo, se convertían en una especie de un hombre con autoridad metafísica. Todo como parte de la Gloria que es posible obtener en Hod.

Un atributo esencial de Hod es el ingenio y el sentido del humor, que tienen un origen intelectual. Ocurrencias instantáneas que requieren de inteligencia para apreciarse. Los juegos de palabras y los acertijos son típicos; así como los criptogramas y las claves, como desafíos para una mente despierta.

Los atributos mágicos de Hod son las palabras de todo texto oculto, y todos los ritos y rituales están bajo el cuidado de Hermes, quien se supone que enseña sus métodos y sus usos. Esto sucede sobre todo con el trabajo en el «Templo», a diferencia de las operaciones al aire libre o menos formales. Los rituales que recurren a la espectacularidad, como los masónicos en la logia cerrada, también son del tipo hermético.

El Camino de la Iniciación Hermético que empieza en Hod es para aquellos que tratan de subir por el Árbol con la mente y no de otra manera. Apenas podemos relacionar las primeras cuatro Sefiroth con la anatomía oculta del ser humano, como sigue: Malkuth con el Cuerpo, Hod con la Mente, Netzach con el Alma y Yesod con el Espíritu. Una vez que el Espíritu de la Vida anima la Materia, la Mente y el Alma se desarrollan hacia la izquierda y la derecha como el brazo horizontal de la Cruz Circular.

Esta imagen resulta interesante porque muestra la secuencia de la evolución humana. Primero, la acción del Espíritu sobre la Materia, produciendo la Vida, luego una extensión a través de las dimensiones de la experiencia, que da como resultado la Mente (el pensamiento) y el Alma (el sentimiento). La Mente y el Alma juntas se pueden considerar como los dos Pilares entre los cuales, en el Árbol de la Vida, el Hombre recibe su capacitación para convertirse en ser inmortal por derecho propio.

Quizá es por esto por lo que la imagen mágica de Hod es un hermafrodita, el compromiso de Hermes (Hod) y Afrodita (Netzach). Ahora, llegamos a la etapa del Árbol en la que tenemos que pensar en pares. La Mente y el Alma son, en realidad, los extremos opuestos de la misma rama, siendo el valor de cada uno la mejora del otro. Si pensamos en las Sefiroth que se encuentran en los pilares blanco y negro, una como complemento de la otra, formando tres unidades completas a través de sus díadas combinadas, tendremos un planteamiento práctico del problema de los pilares. Aquí estamos en el polo negativo de la combinación Hod-Netzach que tiene una potencia femenina.

Para un estudioso superficial, esta polaridad femenina relacionada con una Sefirath que tiene un atributo de Hermes puede parecer una nota falsa, sobre todo por el hecho de que a Venus se le asigna el extremo Netzach de la combinación, que es masculino. Debemos disculpar a cualquiera que piense que se transmutaron por accidente o de forma intencional, pero no es verdad. Ningún ser vivo en este mundo es 100% masculino ni femenino. El sexo del cuerpo debe ser dominante en todos los seres pero, a menos que exista una polaridad opuesta en ellos, serían criaturas inimaginables. ¿Podríamos tratar de visualizar una vara con un solo extremo o una hoja de papel con una sola cara? Ninguno podría existir como una entidad sin su contraparte. Es una cuestión de dos o nada. Las potencias masculina y femenina sólo pueden existir por sí mismas como principios puros en el otro lado del Abismo. Aun así, dicha separación tiene el propósito de una segunda combinación en otro punto. Por tanto, en Hod, tenemos la imagen de las potencialidades femeninas tras una representación masculina (Hermes), que desde luego es el opuesto de Netzach.

Fue en gran parte esta insistencia de los atributos femeninos en la estructura de la Divinidad lo que convirtió a la Cábala en una doctrina hereje para el judaísmo ortodoxo, al igual que los cristianos rechazan el gnosticismo por la misma razón. La Cábala y el Árbol tienen gran cantidad de simbolismo sexual porque la Vida, como la conocemos, es inseparable del sexo de una forma u otra. El sexo corporal se puede trascender, pero el sexo espiritual permanece hasta lo Absoluto. De ahí la concepción de los Dioses y Diosas en la mente humana que, en su inicio en Hod en el Árbol, tiene la idea del Hombre y la Mujer firmemente implantada por Hermes. Éste es el mensaje que transmite a la humanidad: «Buscad a la mujer en el hombre, y al hombre en la mujer, y encontraréis la verdad de ambos».

En realidad, es esta doble naturaleza de la humanidad la que da como resultado la mente y el alma. En cada individuo, las dos potencias se buscan entre sí, y esta búsqueda trae consigo una experiencia que desarrolla todo el ser. Un hombre que busca a la mujer que hay en él descubre el alma. Una mujer que busca el hombre que hay en ella se encuentra con la mente. Ésta es sólo la base; en los individuos desarrollados y evolucionados, el proceso es mucho más complejo e intercambiable.

Así, en el mundo Assiah de Hod, tenemos el concepto general de la mente que evoluciona como resultado de que los dos sexos en una persona se buscan entre sí y amplían esta búsqueda por medio del potencial complementario de otros individuos y otras fuentes de energía. El flujo de la fuerza del circuito de energía en este punto del Árbol es de femenino a masculino o de negativo a positivo. Desde luego, el circuito se completa en Netzach, donde el flujo regresa en dirección positivo a negativo, a fin de completar el ciclo de energía. Una analogía de dos celdas eléctricas ordinarias conectadas en serie entre sí ilustra lo anterior con gran claridad. Existen muchos circuitos de este tipo en el Árbol.

Dejando a Hermes con su Cayado de Vida levantado, alrededor del cual un par de víboras copulando protegen las expresiones mundanas de Hod, vamos a encontrarnos con los Ángeles asignados a esta Sefirath en:

## YETZIRAH, el Mundo Formativo:
### *Ángeles, los BENI-ELOHIM.*

Formando la inteligencia que esperamos encontrar en Hod, hallamos los controvertidos Beni-Elohim, Hijos de los Dioses y de las Diosas. Se sospecha que la traducción literal de «Hijos de los Dios(es)» toma en cuenta el plural femenino combinado. Siempre es preciso recordar la concepción semita del Dios que proviene de una fusión de Eloh y Yah, los Aspectos femenino y masculino de Dios, siendo Yah el vencedor hacia fuera. La Cábala conservó los aspectos femeninos como un movimiento más o menos clandestino entre los rangos ortodoxos, y mantiene las tradiciones de lo que el judaísmo rabínico llamaría paganismo. Quizá es por esto por lo que la Cábala constituye el terreno natural donde se reúnen los ocultistas que, basados en la ortodoxia hebrea o cristiana, buscan las extensiones del Mundo Interno que no son accesibles para sus propias creencias limitadas.

En el Génesis, a los Beni-Elohim se les llama «Hijos de Dios» que tomaron como esposas a las hijas de los hombres, quienes: «les dieron hijos, que se convirtieron en hombres poderosos que, cuando se hicieron viejos, se volvieron famosos». Este término: «anshe shem» se dice que significa: «hombres de Nombre», porque utilizaban Nombres Sagrados para propósitos mágicos, hecho que algunos consideraban legítimo y otros una blasfemia.

Algunos estudiosos modernos consideran que el término «Beni-Elohim» significa seres humanos reales que eran hijos de caudillos y nobles que cometieron el error de casarse con miembros de una raza inferior, asentando así las bases de una humanidad híbrida que afronta numerosos problemas debido al mestizaje. Algunas opiniones extremas piensan que los Beni-Elohim son seres superiores de otros planetas que aterrizaron aquí en platillos volantes hace miles de años, e implantaron su propia semilla de perfección evolutiva en los habitantes subhumanos de esta tierra. Ninguno de estos seres podría describirse como angelical, puesto que los Ángeles no se reproducen; y como aquí hablamos de los Ángeles de Hod, consideraremos que el término «Beni-Elohim» significa inteligencias de naturaleza angelical que se ocupan de los asuntos de Hod.

Es evidente que, aunque las Potencias Divinas se pueden polarizar en dos energías que en términos humanos serían masculina o femenina, estos Seres no pueden tener «hijos» en el sentido que nosotros damos a la palabra. Pueden y tienen efectos reactivos entre sí, que producen potencias resultantes, de manera muy similar a la que dos sonidos producen una armonía o dos colores forman un tercero. La ley natural común es muy parecida. El resultado de las Energías Divinas polarizadas (o sexuales) que se combinan entre sí se puede describir eufemísticamente como un «Hijo de los Dioses», al igual que el resultado de las energías humanas dobles, digamos, en los niveles mentales, se puede describir como un «hijo de la mente».

Si consideramos que los Beni-Elohim son unidades de energía con Consciencia Divina polarizada que llegan a la humanidad para formar la inteligencia humana a través de un circuito de energía que retrocede con polaridad opuesta, empezaremos a comprender su función. Son, como siempre han sido, formas de pensamiento Divino que bajan en la escala hasta el grado de poder establecer contacto directo con la mente del hombre en crecimiento. En términos prácticos, son nuestra primera consciencia de la Divinidad que trata de llevarnos más allá de nuestra humanidad material. Éste es el sentido del «Hijo del Hombre» que vino para la salvación (evolución) de la raza humana, y sin el cual los hombres son simples mortales. Los «Beni-Elohim» son los Hijos de Dios, puesto que son la «consciencia de Dios» en cada hijo del Hombre.

Existe una leyenda acerca de los ángeles que se ponen en contacto con el hombre en una etapa temprana de su desarrollo. Se supone que algunos de ellos «cayeron» de la Gracia Divina original, como el hombre mismo, y llegaron a la tierra y se establecieron por cuenta propia. Existen alrededor de doscientos de ellos y se encuentran en la cima del Monte Hermón. (De HEREM, «Otah», que quizá tiene una relación con Hermes). ¡Sin duda, los ufólogos se harán cargo del asunto!

Después de acordar los términos de su contrato, los Ángeles descendieron de la montaña, se mezclaron con la humanidad y se casaron entre ellos. Ocuparon el resto de su tiempo enseñando magia y ciencias elementales. Su líder se llamaba Semjaza y enseñaba encantamientos y herbalismo, aunque Armaros enseñaba a romper esos encantamientos. Azazel era instructor de metalistería, armamento y del uso de antimonio en cosméticos. Baraquijal era astrólogo, Kokabel era astrónomo, Ezequiel meteorólogo, mientras que Shemsiel y Sariel enseñaban el comportamiento solar y lunar, respectivamente.

Podríamos suponer que con tanta enseñanza, la humanidad logró un enorme progreso. La leyenda continúa diciendo que el hombre llegó tan lejos que se superó de forma considerable, volviéndose tan perverso y corrupto que se tuvo que ordenar el Diluvio para limpiar la tierra. El equipo angelical fue completado con los Cuatro Grandes Arcángeles, y se supone que se le envió de regreso a casa debido a la desgracia de sus actividades extracurriculares. En este punto, resulta interesante señalar que los nombres de los Arcángeles significan Piedad (Miguel), Sanador (Rafael), Fuerza (Gabriel) y Luz de Gracia (Auriel). Evidentemente, éstas eran las cualidades que le hacían falta a la humanidad en ese momento.

La enseñanza de esta temprana obra de ciencia-ficción es muy obvia. La mente sin el alma representa un gran peligro para la humanidad. En esta era tecnológica, este hecho es más que evidente. Una vieja historia dice que Satán proviene de la orden de los Beni-Elohim, y es muy cierto que, en el Árbol, el orgullo desmedido y las tentaciones de la egolatría parecen reunirse con la humanidad desde el nivel de los Beni-Elohim. Cuando el hombre se da cuenta por primera vez de sus posibilidades internas de ser «como los Dioses», el hecho puede tener, y con frecuencia tiene, un efecto de desequilibrio. Los pequeños humanos que «juegan a ser Dioses» participan en un juego muy peligroso, como ya hemos descubierto por cuenta propia.

Sin embargo, una vez comprometidos con el Árbol, no podemos dar marcha atrás. Desde el momento en que nuestros rostros se elevan del fango original de la tierra, debemos mantenerlos alzados hacia los Cielos. Los Beni-Elohim nos dicen al oído las palabras mágicas: «...seréis como los Dioses, ¡inmortales!» y no descansaremos hasta alcanzar esa meta desconocida. La gloria que se refleja en ella y se despliega en Hod quizá nos aturda e incluso nos ciegue mientras surgimos por primera vez de la gentil luz de Yesod, pero al percibir esta Luz mayor experimentamos una irresistible atracción hacia ella. Muchos son los errores trágicos que cometemos en el camino, pero tarde o temprano debemos aprender a manejar los poderes y las responsabilidades nuevas que adquirimos. Los Beni-Elohim no tienen la culpa de que interpretemos sus mensajes de forma equivocada; ellos no pueden corregir nuestros errores, nosotros debemos hacerlo solos. Todo forma parte del hecho de que lleguemos a ser lo que debemos ser.

Sin los Beni-Elohim, no tendríamos el ingenio suficiente para lograr algún progreso, pero no debemos caer en el error fatal de creer que la mente y la mentalidad lo son todo, ni de imaginar que un cerebro brillante nos puede llevar a cualquier parte por sí mismo. Intentar un tipo de desarrollo puramente intelectual sería como extender a Hod por sí mismo en dirección horizontal del Árbol, lo que pronto ocasionaría un desequilibrio sin esperanza. Los atributos de la Mente y el Alma se han comparado con las Sefiroth en cierto nivel, a fin de demostrar la necesidad de un doble desarrollo en esta etapa. Ninguno se clasifica en un nivel más alto o más bajo que el otro, y ambos aparecen como una sociedad completa.

Los Beni-Elohim son formadores inmediatos de nuestra mente en tanto que proporcionan un estímulo interno constante que nos guía en la búsqueda del conocimiento. Si podemos conservar sus energías de manera sensible, en lugar de «precipitarnos hacia Dios», nos guiarán hacia las verdades que buscamos. Asimismo, son los Ángeles que señala esa dudosa frase en la Oración del Padre Nuestro: «No nos dejes caer en la tentación», que inmediatamente se compensa con la cláusula: «Líbranos del mal». El sentido de esto siempre ha sido mutilado debido a la traducción, y si la verdadera frase fuera: «No nos dejes caer en tentación sin librarnos del mal», su significado quedaría muy claro.

Necesitamos la tentación. Sin ésta, no llegaríamos a ninguna parte. Los estímulos constantes que nos aplican son muy necesarios para la formación del carácter humano en la causa del desarrollo Divino. Son las reacciones a la tentación las que crean el Mundo Interno. Cada estímulo y cada reacción, sin importar lo débil que sea, es una prueba que debemos pasar y sobrevivir. Todas son experiencias que debemos afrontar mientras recorremos el Camino. Cada paso que damos con éxito es otro peldaño de la Escalera de Luz. Los Beni-Elohim nos proporcionan los medios, pero los riesgos que afrentamos en el curso de la naturaleza son nuestros. De modo que es muy justificable que oremos para no hacer frente a las pruebas esenciales a menos que vayamos a salir de ellas sin sufrir daño alguno. No debemos temer a los Beni-Elohim; el único motivo de alarma somos nosotros mismos.

Ahora, dejamos a los Beni-Elohim para que continúen con su labor, y llegamos a:

## BRIAH, el Mundo de la Creación: Arcángel RAFAEL.

Algunos sistemas ubican aquí a Miguel como un ser sanador, pero ello es un error, porque es evidente que Miguel es un Arcángel Solar y, por tanto, su lugar apropiado es Tifereth. Rafael siempre ha estado relacionado con la curación, con la enseñanza y es el patrón especial de los viajeros, por lo que a menudo se le representa con un sombrero de viajero, un cayado y una calabaza de agua. Estos símbolos son versiones cristianizadas del Caduceo, el Petaso y el frasco de ungüento curativo de Hermes. Rafael fue asignado de forma específica para curar las heridas de la humanidad (y no los diferentes tipos de enfermedad) y para presentar las oraciones de los santos.

Rafael también es el Ángel relacionado con Tobías. Su trabajo como uno de los Cuatro Grandes fue vencer al Ángel malvado Azazel (¡quien, como quizá recuerde el lector, era un magnate del armamento y un incitador de mujeres de moral dudosa!), y tuvo prisionero a Azazel de forma segura, hasta que la humanidad liberó al prisionero y lo nombró Director de Municiones. Rafael representa la Curación de Dios, y en especial las heridas de guerra están bajo su cuidado.

En la personificación de Rafael, podemos marcar el principio de la consciencia en una humanidad que desarrolla el sentido del bien y el mal. Podemos llamarle sentido común, si así lo deseamos. Sanar las heridas es un acto compensatorio que surge de la convicción de que éstas no debieron haber sucedido y deben corregirse y prevenirse. Esto se aplica en todos los niveles: físico, mental y espiritual. Rafael es un compensador. Da la sensación innata de saber cuándo las cosas van demasiado lejos en cualquier dirección de manera que deben equilibrarse una vez más. Si nos dejamos llevar en gran medida por los Beni-Elohim, siempre podremos recurrir a Rafael para obtener ayuda.

Este proceso es evidente en todo nuestro cuerpo de la forma maravillosa en que reaccionamos a las heridas. Es imposible considerar las sorprendentes actividades de las células de nuestro cuerpo ni las reacciones bioquímicas sin tener, por lo menos, una vaga idea de que alguna consciencia inteligente dirige estas operaciones. Si a los cabalistas les gusta personificar este tipo de consciencia en particular como una facultad de Rafael, ¿por qué no habrían de hacerlo? Debemos hacer notar que Rafael es un curador de heridas y no un médico general. Es preciso diferenciar entre él y Miguel, pensando en que Rafael sana las heridas y Miguel cura las enfermedades. Ambos son especialistas en su campo.

Si herimos a otra persona o si nos herimos a nosotros mismos en mente o alma, la tarea de Rafael consiste en disminuir el sufrimiento arreglando las cosas, aplicando cualquier bálsamo que sea necesario para los sentimientos heridos. El sonido de la mente en el sonido del cuerpo podría ser la frase de Rafael, y todas las formas de curación mental estarían bajo su patrocinio. En casos de locura y enfermedades mentales, Rafael es también el Arcángel que debemos invocar.

La asignación de Rafael en el Este con la Espada y el elemento Aire es fácil de entender si recordamos que la Espada era una Flecha. Ésta no sólo produce las heridas que Rafael debe curar, sino que también representa nuestros pensamientos que cambian con rapidez y se dirigen hacia donde el arco los envíe. Es como si el Creador de la Vida supiera muy bien que nunca podríamos subir por su Escalera sin herirnos constantemente; por tanto, el Arcángel Rafael fue asignado para enseñarnos a curar nuestras heridas. La Ley de la recompensa en acción.

En la Tradición Hermética, Rafael es también el patrón de los viajeros por el Camino Interno, así como el Guía de los Muertos. La vara que sostiene es el Pilar Medio o la Balanza Horizontal, dependiendo de la forma en que se presenta. Su mensaje es sencillo: «Manteneos derechos y equilibrados». En realidad, es la estabilidad mental. Su frasco guarda las Aguas de la Sabiduría y el Ingenio, que deben evitar que nos quedemos demasiado secos y polvorientos, mientras que su sombrero de ala ancha sirve como protección contra los rayos del sol o el deslumbramiento debido a mayor cantidad de luz de la que podemos soportar. En todos estos símbolos hay un mensaje y debemos analizarlos con detenimiento. Están ahí para estimular nuestra mente si estamos dispuestos a utilizarla.

Como Maestro Hermético, Rafael nos enseña a utilizar nuestra mente al servicio de nuestro Espíritu. Vemos la Mente como un instrumento y un medio, y no como un fin en sí misma. Aprendemos a dominar la Mente, en lugar de dejar que cada impulso mental que nos llegue de una fuente más poderosa que nosotros nos zarandee sin esperanza alguna. En la dura Escuela Hermética aprendemos cómo manejar el «asunto de la mente», así como cualquier artesano aprende a utilizar la materia prima. Al mismo tiempo, descubrimos cómo la Mente se adapta al Patrón de la Perfección a fin de que no subestimemos ni sobrestimemos sus límites y su valor para Dios y el Hombre por igual. «¿De qué le sirve al hombre ganar el mundo si pierde su alma?»

Se dice que todos cometemos errores, pero sólo los tontos cometen dos veces el mismo error. Las personas inteligentes se benefician de sus errores y aprenden de ellos. Es el impulso de Rafael en nosotros el que nos hace aprender de las heridas que nos hacemos. Es curar nuestras heridas en un nivel de sabiduría. La mayoría de nosotros aprendemos mejor de una manera dolorosa porque esto hace que las cosas lleguen a nosotros de una forma personal. Los niños aprenden las lecciones elementales de la vida a su manera, y nosotros todavía somos como niños cósmicos. En los olvidados días de nuestra niñez corríamos, nos caíamos, nos golpeábamos, llorábamos con dolor y con nuestros sentimientos heridos, después los adultos (eso esperábamos) nos curaban y nos consolaban para mandarnos luego a correr a cualquier otra parte. La próxima vez, no nos caíamos con tanta facilidad. Así se ocupa de nosotros Rafael.

De hecho, no es nuestro cuerpo el que siente las heridas, sino nuestra mente. Una persona que está inconsciente no siente ningún dolor por las heridas físicas, e incluso la tortura prolongada llega a un punto en el que la mente y el cuerpo dejan de estar relacionados entre sí y el dolor físico ya no tiene ningún significado. Una mente muy capacitada puede negarse a aceptar los mensajes de dolor que provienen del cerebro y, de esta manera, libera al alma del sufrimiento. Esto no es tan raro como podríamos suponer, puesto que cualquier inválido crónico desarrolla esta habilidad, al menos hasta cierto punto. Le llaman: «aprendiendo a vivir con la discapacidad». El estudiante hermético avanza un paso más y aprende a vivir *por* la discapacidad o incluso más allá de ésta. Por tanto, de la discapacidad del cuerpo surge una habilidad de la mente. En la curación hay aprendizaje. Ése es el mensaje de Rafael para el hombre.

No es que tengamos que herirnos a fin de aprender algo, sino que hasta que desarrollemos la inteligencia suficiente para evitar lastimarnos de cualquier forma, seguiremos sufriendo. La Gloria de Hod es nuestro logro en ese estado mental, y Rafael nos ayudará a encontrarla si se lo pedimos. El uso creativo del pensamiento es su especialidad. Con este arte, nos adaptaremos a cualquier circunstancia y después descubriremos cómo adaptar las circunstancias a nosotros mismos. Éste es el hermetismo en su máxima expresión; no debemos sentir temor a ser heridos mientras Rafael esté cerca de nosotros para curarnos.

Para descubrir algo de la mentalidad en su nivel más profundo y cercano a nosotros, como seres terrenales, deberemos penetrar en el Mundo más allá de Rafael en Hod y llegar a:

## ATZILUTH, el Mundo de los Orígenes: Aspecto de Dios ELOHIM SABAOTH.

Por lo general, se traduce como «Dios de las Multitudes», pero una vez más, encontramos la tan controvertida palabra «Elohim», y la antigua divergencia entre los elohistas y los yahvistas. La Cábala soluciona el problema anteponiendo el prefijo femenino Eloh a los Nombres de los Dioses en el Pilar Negro, y el prefijo Yah a aquellos del Pilar Blanco. Los Nombres del Pilar Medio son valores combinados. Sin embargo, incluso en la Cábala, la influencia patrística se hizo muy fuerte, y las ideas equilibradas originales de la interdependencia entre el Hombre y la Mujer con el tiempo se inclinaron más hacia el lado masculino. Éste es un punto que deben recordar bien los investigadores y los practicantes modernos. Si permanecemos firmes en el Pilar Medio y establecemos un equilibrio a partir de éste, corregiremos las discrepancias a medida que avanzamos.

A fin de conservar los valores femeninos de los conceptos de Dios, los cabalistas se vieron forzados a convertirse en un «movimiento clandestino», puesto que los judíos, los cristianos y los musulmanes, por igual, los consideraban blasfemos e injuriosos en contra de Dios. Es falso describir a la Cábala como una práctica o creencia patriarcal. En esencia, trasciende las limitaciones sexuales de la Divinidad, pero acepta ambas polaridades como las bases del trabajo divino en la Expresión Creada de Sí Mismo. En el Símbolo visual del Árbol, el campo de la Fuerza Divina se extiende hasta la máxima potencia masculina en el límite del Pilar Blanco, la máxima potencia femenina en el Pilar Negro, la Humanidad y la Tierra abajo, pero hacia Dios, en la parte de arriba, no existe ningún límite al AIN SOPH AUR. Por tanto, aquí en HOD, encontramos el primer Aspecto de Dios en nuestro viaje hacia arriba que ha alcanzado toda la extensión del potencial

Femenino, a partir del cual sólo podremos reflejarnos hacia arriba, hacia abajo o hacia los lados con la potencia masculina.

Elohim Sabaoth es el poder divino femenino existente en cada individuo creado. La carga negativa de cada átomo, por así decirlo. Aquí, vemos a la Divinidad como una multitud infinita de vidas separadas que, sin embargo, son entidades integrales de la Vida Única. «Él los hizo Hombre y Mujer» significa que, en realidad, todos somos seres masculinos y femeninos con ambas potencias en nosotros. Un desequilibrio en cualquier dirección crea problemas con «P» mayúscula, pero la naturaleza humana es tal que seguimos aprendiendo las cosas de la manera más difícil, estrellando nuestras cabezas contra los límites de la polaridad sexual que ni siquiera Dios excede en su Expresión.

Cuando pensemos que Elohim Sabaoth está relacionado con la Gloria de Dios en Hod, nos daremos cuenta de lo apropiado y natural que es. El esplendor, la curación, la curiosidad, el ingenio y la mayor parte de las asociaciones herméticas son atributos femeninos, y la verdadera Gloria del hombre es que la humanidad trata de erigirse sobre sí misma en una dirección divina. Es el instinto femenino existente en la raza humana el que conserva cualquier forma de religión, ya que mientras que el hombre «cae» y se exterioriza hacia la materia, la energía femenina «sube» y se interioriza hacia el espíritu. En el mito del Génesis fue el Hombre quien cayó y la semilla de la mujer llevó consigo la redención. En este nivel del Árbol, debemos pensar en la mujer como la Gloria del hombre, mientras que el hombre es la Victoria de la mujer. Hod y Netzach se explican entre sí, porque Netzach es el hombre que se exterioriza como mujer, mientras que Hod es la mujer que se exterioriza como hombre. Ambos se combinan en Yesod para producir la vida humana en la Tierra, o en Tifereth para producir la vida humana en el Cielo.

Podemos imaginar con facilidad esta interdependencia de los principios masculino y femenino utilizando la representación mental de una pelota de goma hueca, blanca en su exterior y negra en su interior. Con el sencillo proceso de volverla al revés alteramos su apariencia en relación con sus características externas, pero nada más cambia. El asunto de la polaridad es sólo de relatividad.

Asimismo, podría resultar útil recordar la historia de Hermafrodita. Este ser es un hijo legendario de Hermes y Afrodita que comenzó como hombre. Fue educado por las náyades o espíritus femeninos del agua, y cuando creció, viajó a todas partes impulsado por una curiosidad insaciable. Posteriormente, se bañó en una fuente cuya ninfa Salmakis se unió tanto a él que convenció a los Dioses de que los fusionara en un solo cuerpo, y se convirtieron en un solo Hombre-Mujer para siempre. Esta alegoría ilustra con claridad la posición de Hod. En resumen, «la mujer busca al hombre».

La historia de la famosa caja de Pandora también es apropiada en este caso. Por regla general, se supone erróneamente que abrió la caja ella misma y liberó todos los problemas, pero en realidad el relato original no es así. Ella fue la primera mujer mortal que Zeus hizo con arcilla, a quien los Dioses dieron todas las cualidades posibles y fue presentada por Hermes ante Prometeo (primer pensamiento) como su esposa. Ella llevó consigo la caja mágica con su dote en el interior. Prometeo tenía divinidad suficiente para detectar un engaño divino, de modo que cedió la dama a su hermano Epimeteo (idea posterior), quien se casó con ella y abrió su caja, liberando así los horrores, pero encontrando el consuelo de la Esperanza como su única oportunidad de volver a hallar la verdadera felicidad. No fue la mujer, sino el hombre, quien abrió la caja.

Ésta es una ilustración útil de lo que sucede en Hod. La Humanidad en busca de los dones divinos por medio de la mente (curiosidad), libera automáticamente los problemas que acompañan ese proceso, pero mientras haya Esperanza (curación) nunca estaremos totalmente vencidos y podremos estar seguros de un logro posterior. Por su astucia, Prometeo fue enviado a su castigo del que Hércules lo liberó aproximadamente treinta años después, lo que representa los treinta y dos caminos del Árbol. Por otra parte, Epimeteo fue convertido en mono, por lo que tendría que subir el Árbol de la manera más difícil. Parece una ilustración muy bien pensada del origen y la evolución del ser humano.

El presuntuoso Prometeo (quien pensó que podría alcanzar el Cielo sin la mujer), fue sometido a tormentos de los que no se pudo salvar solo y el poder divino lo tuvo que liberar. Por otro lado, Epimeteo es como nosotros, empieza en la parte inferior del Árbol con la posibilidad de subir por él. Los dones divinos implantados en la feminidad mortal son una dote para que iniciemos el ascenso con ella. Quizá la moraleja sea: «Los segundos pensamientos (Epimeteo) son los mejores». Las primeras ideas del hombre acerca de su inherente divinidad acarrean tantos problemas por el egoísmo exagerado, que sólo una segunda consciencia de su condición humana le ayuda a subir por el Árbol desde su base.

La idea de la «unión de las almas» procede también de Hod y Netzach. Esta doctrina, de la que se ha abusado mucho, significa que cuanto más individualizada y desarrollada llegue a ser un alma, menos probabilidades habrá de unirla a otra que tenga las cualidades exactamente complementarias. Los seres humanos comunes, que se ajustan a un molde, que se producen en masa, casi nunca tienen dificultades para unirse, puesto que son tan similares entre sí que se ajustan unos a otros dentro de ciertos límites de tolerancia. Las almas que avanzan o llegan más allá de los mortales promedio, lo hacen bajo su propio riesgo. Cuanto más se alejen de las llamadas «normas», menos seres de su tipo encontrarán para unirse a ellos. No obstante, si esos seres no existieran, la humanidad nunca se elevaría ni caería más allá de su superficie y, por tanto, sucumbiría a la inercia. Son los altibajos de la vida los que la hacen interesante y mantienen nuestra atención en el asunto de vivir.

ELOHIM SABAOTH, siendo el Principio Femenino Divino existente en todos nosotros, busca una pareja equivalente entre la humanidad en YAWEH SABAOTH, en Netzach. Esto sucede en todos los niveles de la vida. Cada uno debe encontrar a través de otros aquello que lo complementa, y esto tanto de forma individual como colectiva. Si esto ocurriera en este mundo, sería el fin de la humanidad, y sería un final feliz, pero esto no sucederá dentro de un tiempo significativo para nosotros. Sin embargo, al luchar por esa meta colectiva, suceden logros individuales, lo que hace que el resto de nosotros nos acerquemos más a ese logro individual.

La descripción «SABAOTH» se interpreta de manera estricta como «Multitudes» en el sentido de ejércitos o grupos de combate, y aquí surge la «batalla de los sexos» como un concepto de una lucha eterna por la supremacía de los sexos. En la superficie, podría parecer que las fuerzas de Hod y Netzach fueran opuestas entre sí, pero la energía en realidad trata de mantener el ímpetu de un potencial polarizado, más que de neutralizar los dos extremos.

Esto significa que, cuando los tipos de energía positiva y negativa se encuentran, hay un efecto resultante que tiende a reducir las energías originales. Si esto sucediera de forma indefinida sin una recuperación de la fuente original, las energías simplemente desaparecerían. En términos humanos, el Hombre y la Mujer se cancelarían entre sí sin dejar rastro alguno. Dejando a un lado las tentaciones cínicas, la raza debe seguir adelante, al menos durante el tiempo establecido. De manera que existe una «batalla» (intercambio de energía) entre el hombre y la mujer que, en términos físicos, es el acto sexual. La criatura resultante proclama la victoria de su propio sexo y continúa el «conflicto» cuando tiene edad suficiente. Ésta es la «guerra» que sostienen los sexos en la tierra.

Hod y Netzach se muestran en combinación con Yesod, la Gloria y la Victoria tras la reproducción sexual. Mantienen la continuidad del poder polarizado entre el Hombre y la Mujer en todos los niveles de la vida. Como es natural, éste no es exactamente un proceso tranquilo, pero nunca deberá ser hostil en ningún sentido. La hostilidad de cualquier tipo entre los sexos es totalmente errónea. La situación ideal debe ser la de una sociedad equilibrada. Dos como uno. No debe ser una cuestión de «superioridad», sino de adaptación. ELOHIM SABAOTH y YAWEH SABAOTH son los Aspectos de Dios que originan el patrón que debemos seguir para obtener resultados perfectos. Todos los que estamos en la Tierra y en la existencia participamos de este esquema. Cuanto mejor desarrollemos nuestra inteligencia con la ayuda del Aspecto de Dios ELOHIM SABAOTH que habita en nosotros, mejor participaremos en el Plan para la Perfección.

Puesto que es imposible entender a Hod de manera apropiada sin Netzach, debemos viajar a lo largo del Camino que conecta las dos Sefiroth y llegar a:

Capítulo 6 _La Sefirath Netzach,_
_victoria, logro_

### ASSIAH, El Mundo de la Expresión:
### VENUS-AFRODITA.

El intelecto sin la emoción es algo atemorizante, y aquí en Netzach, el Sentimiento equilibra el Pensamiento. Afrodita no sólo lleva el amor sexual en todos los niveles, sino también la calidez y la belleza del amor emotivo a todas partes. El amor paternal por los hijos, el cariño por los animales, la inclinación por la jardinería. El amor vivo de todo tipo proviene de Afrodita. La piedad y la simpatía, el afecto y la ternura llegan a nosotros en este punto del esquema sefirótico.

El canto, la danza, la música y el ballet están relacionados con el Camino Órfico que atraviesa Netzach. Todas las artes que están conectadas con la alegría expresiva se encuentran unidas aquí, pues ¿qué nos proporciona mayor gozo que la Victoria en el verdadero sentido de su significado? No es un gozo retrógrado ni infantil por la caída de un factor opuesto, que es simplemente incidental, sino la sensación plena de la libertad para que las energías se apliquen en asuntos mejores que la lucha con las dificultades inmediatas. ¿Quién puede describir la experiencia profunda del Logro? Algunos lo comparan con el clímax sexual, otros con alcanzar la cima de una montaña, otros más con tener una habilidad o escribir un libro. En términos básicos, es una reacción emocional al resultado de las energías que se invierten en vencer la resistencia encontrada. Aplicamos el Poder a un Camino, superamos la resistencia natural que afrontamos y el resultado subsecuente es la Victoria.

En la base del Árbol, nuestros motivos para subir su Escalera de Evolución distan mucho de ser puros y nobles. El ingenio elemental de Hod es igualado por el deseo ávido de Netzach. A medida que subimos y nos alejamos de nuestros impulsos primitivos, nos volveremos más espirituales a la manera de los Dioses que seguimos. Nos convertimos en lo que creemos. El concepto del Amor Divino que se manifiesta a través de los canales sexuales en forma de la Victoria en Netzach nos lleva de lo peor a lo mejor de nuestras expresiones sexuales humanas. Quizá es nuestra mayor victoria como seres humanos. Un objetivo importante de la Iniciación es lograr el control total de este poder vital en nosotros y dirigirlo a nuestra voluntad. «El Amor bajo la Voluntad es toda la Ley» es una enseñanza correcta, sin importar si la dijo Aleister Crowley o no.

El poder total de la energía viva que utiliza la humanidad en diversas expresiones sexuales es casi incalculable. Amar y ser amado es una necesidad primaria de la humanidad que es preciso satisfacer en todos los niveles. No podemos estar completos sin los intercambios amorosos que provienen de otro ser independiente de nuestra entidad. Nadie se puede sentir satisfecho sólo con el amor a sí mismo. Nunca podremos ser más de lo que somos, a menos que amemos y seamos amados por otros seres humanos y por los Dioses mismos. El

Amor es para el alma lo que el alimento es para el cuerpo, y ¿quién puede vivir sin alimento? ¿Qué clase de personas somos sin el Amor? ¿Quién se atreve a imaginar una visión tan terrible?

La forma humana normal de establecer contacto con el Amor Divino es a través de los demás. Todos somos medios para este Poder indispensable que se manifiesta a través de nosotros. Somos vehículos muy imperfectos pero, como nos encontramos todavía muy lejos de la cima de nuestra perfección evolutiva, no hay necesidad de desesperarnos. Donde hay oportunidad, hay esperanza. Sin embargo, resulta extraño pensar que, en la Tierra, cada uno de nosotros es un representante de la Entidad Divina, la cual, los otros seres humanos sentirán por mediación nuestra. No debe sorprendernos que haya surgido una fuerte creencia en los demonios, así como tampoco nos debe asombrar que exista tal indiferencia hacia todas las religiones. Si encontramos a los Dioses a través de nuestros compañeros mortales, ¿qué clase de impresiones recibiremos? Por otra parte, ¿qué imagen de la Divinidad presentamos? ¡No es un pensamiento que nos haga sentirnos cómodos ni complacidos!

Quizá es por estas razones por lo que muchos místicos eligen el camino tan difícil de acercarse directamente a la Divinidad, eliminando el contacto con otros humanos excepto, quizá, con unos cuantos que se dedican a los mismos ideales. Estos seres solitarios y contemplativos obtienen la recompensa por su lucha o pagan el precio de su fracaso. Lanzan el dado de su destino y juegan a ganar todo o nada. Algunos tienen éxito, pero muchos fracasan. Nadie debe intentarlo sin sopesar los pros y los contras con base en su propia capacidad. Ignorar a Venus es realizar una afirmación presuntuosa de autosuficiencia que quizá es más ficticia que real.

Para la gran mayoría de nosotros, la experiencia de Venus no sólo es necesaria, sino que nos proporciona un medio para que valga la pena vivir nuestra vida en la tierra. Venus no sólo trae consigo el amor sexual, sino el amor entre familiares, amigos y grupos, aunque todavía no entre las naciones. Los hogares, los jardines, las comodidades de todo tipo y cualquier cosa que llegue a nosotros a través de las satisfacciones sensuales son atributos de Venus, ya que son trofeos de victorias menores que obtenemos en contra de las probabilidades de la vida. Los puritanos pueden desaprobar el amor en cualquiera de sus formas, pero sin éste, ellos mismos no estarían aquí para desaprobarlo.

Nuestros sentidos, nuestras emociones y nuestros sentimientos que se desarrollan con la influencia de Venus en Netzach constituyen el origen del alma humana. No debemos despreciarlos ni deshonrarlos. Tal vez el toque momentáneo del pétalo de una flor puede hacer que un alma se acerque a la Divinidad más que un sermón de dos horas. Venus tiene lecciones que enseñar, al igual que Hermes, pero ella le habla al corazón y no a la cabeza. Aprendemos a través del éxtasis y el suplicio de las emociones, hasta que descubrimos el secreto de un punto intermedio entre los dos. El dolor y el placer son los pilares de Venus por medio de los cuales debemos crear un Camino Medio. El camino del Amor.

Venus se atribuye a la base del Pilar Masculino Blanco por la razón opuesta a aquella por la que Hermes aparece en el Pilar Femenino. Netzach despliega al Hombre en busca de la Mujer, e indica la cuota femenina del hombre ideal. Sin ésta, un ser humano totalmente hombre sería una criatura insensible, brutal y despiadadamente agresivo, en el peor de los casos, o un intelectual desapasionado, frío y que se exalta a sí mismo, en el mejor. Todo dependería de que el hombre en cuestión recibiera el favor de los músculos o del cerebro. En cualquier caso, no hay lugar para tal monstruosidad en el plan de Perfección del Árbol. Si la humanidad quiere tener un alma sensible, deberá surgir de la potencia masculina feminizante en Netzach.

Esotéricamente, el Alma no es más inmortal que la Mente. El Espíritu es el Principio Inmortal en la humanidad, aunque es a través de la Mente y el Alma como el hombre llega a la inmortalidad en Espíritu. Sólo por medio del Amor existe y se desarrolla el Alma. El Amor en todos los niveles. El sentimiento en todas sus formas. La función de Venus es mucho más que puramente física. Las almas nacen de ella, al igual que los cuerpos. La idea cristiana ortodoxa de que el sexo sólo debe utilizarse para la necesaria propagación de la raza humana es un triste malentendido basado en un intento genuino por salvaguardar la santidad del acto sexual entre almas en evolución.

Nada eleva o degrada tanto al alma como los estímulos basados en el sexo. El hombre actúa por los impulsos sexuales en un grado más alto del que incluso Freud supuso. En un nivel físico primario, es simplemente un acto reproductivo común para todas las formas de vida, que da como resultado la propagación de las especies y los efectos secundarios de ésta. En los niveles del Mundo Interior, las energías sexuales y sus patrones de distribución literalmente forman o destruyen el alma humana, además de los resultados secundarios que tienen en el cuerpo humano. Cuanto más desarrollada esté un alma, mayores serán los efectos de los intercambios de energía sexual. Venus crea o destruye, y cuando nos enfrentamos a sus deliciosos peligros en Netzach, se trata de un caso de «Muerte o Victoria». Si perdemos la batalla, regresamos al renacimiento, pero si ganamos, nuestras almas obtienen la inmortalidad sin descender a la materia y nosotros avanzamos más allá de la necesidad de tomar un cuerpo mortal para vivir en él.

Todas las religiones y todos los cultos de los misterios eran conscientes de ello y se preocupaban por encontrar métodos para afrontar con éxito esas situaciones espirituales. El problema era y es el uso de las energías sexuales en los niveles internos para producir los resultados más benéficos para las almas humanas, sobre todo aquellas que se encuentran en el delicado estado de desarrollarse a través de los propios Misterios. Era preciso protegerlas e instruirlas iniciándolas en las técnicas del sexo que tenían los mejores efectos sobre el cuerpo, la mente y el alma por igual. Como es natural, se convirtieron en secretos celosamente guardados, aunque formas degradadas de estas técnicas eran muy conocidas o se practicaban comúnmente. El sistema tántrico hindú comprende muchas de ellas.

Estos comportamientos sexuales estaban muy lejos de ser tipos primitivos de control de la natalidad sin un objetivo más elevado que la satisfacción inmediata de la lujuria física. Todo el secreto radica en el manejo de las energías en el Mundo Interno por medio de la Mente y el Alma. Sólo los individuos capacitados podían o pueden lograrlo con cierto grado de éxito, y los castigos por el fracaso se pueden observar en casos graves de colapso físico y psicológico. Desde un punto de vista oculto, estas fallos son peores porque sus efectos pueden pasar de una vida a otra.

Las religiones antiguas y los Misterios experimentaron con diversas técnicas físicas. La prostitución de ambos sexos se practicaba de manera común en los templos, con un éxito muy incierto. Aquí surge un punto interesante relacionado con la institución del «celibato» sacerdotal. En la actualidad, esto sólo significa un soltero dedicado, pero en un principio, significaba un «sacerdote perro» (Kelb, «perro»), que era un homosexual practicante. Muchos fueron los sistemas sexuales que se probaron con resultados muy diversos en todos los Misterios. Encontramos rastros de ellos en la fiesta del Ágape de los primeros cristianos y en los intentos más recientes de los Trovadores, intentos de consumar relaciones sexuales entre hombres y mujeres a lo largo de líneas no físicas. Éste era el ideal; el hecho de si se logró o no, es cuestión de opiniones.

El equilibrio de las energías de los sexos a través de los canales espirituales sigue siendo un problema importante en los Misterios aun en la actualidad. En realidad, no ha habido una Victoria final en el Campo de Venus, a pesar de la existencia de periodos muy intranquilos de tregua y contemporización. Ni la Iglesia ni la Logia tienen una solución satisfactoria que ofrecer y, finalmente, sólo queda que los iniciados individuales o los grupos encuentren sus propias respuestas. La Cábala no hace reflexiones morales ni dogmatiza sobre el tema, limitándose a mostrar los Caminos del equilibrio y las relaciones entre Hombre y Mujer que se necesitan para mantenerlos. Corresponde a las Escuelas y a los estudiantes descubrir las interpretaciones del método. Una cosa es segura, hasta que logremos la Victoria en Netzach no podremos subir más por el Árbol. Asimismo, es necesario recordar que se supone que debemos luchar *con* Venus, y no contra ella. Nuestro oponente principal es la falta de amor.

El nombre del planeta Venus se deriva del griego «Phosphorus» y del latín «Lucifer», términos significan «Portador de Luz». Los hebreos lo llaman «Nogah» (el que brilla) o Helel ben Shahar, «Hijo del Amanecer», porque Venus brilla con mucha intensidad en el cielo por la mañana. Todos estos hermosos nombres se convirtieron en eufemismos para el Ángel Rebelde, quien cayó del Cielo y cuya misión subsecuente (autorizada por la Máxima Divinidad) es poner a prueba (tentar) a la Humanidad. Los tres dientes de su tridente representan la Avidez, el Yo y el Sexo. Casi todos los humanos se ven atrapados al menos en uno de los dientes de su infernal trinche. Para escapar de todos éstos, deberemos llegar a un estado de super-humanidad que nos coloque mucho más allá de su alcance. Esto sólo se logra aprendiendo el secreto de Hermes y Afrodita. Hermes nos mostrará cómo eludir los ardides de Afrodita, y ella nos muestra cómo sobrevivir al ingenio ambicioso de Hermes. Una vez más, la respuesta se encuentra en el Camino Intermedio, entre los dos extremos.

Para controlar a Venus, tendríamos que conocer el secreto de su Zona, o cinto. Se ciñó con un nudo especial y su diseño oculta el secreto. Una vez dominado, el Amor queda bajo el control de la Voluntad, ya que el nudo se hace o se deshace según la intención del Iniciado. Escondida en el antiguo «lenguaje de nudos», hay una riqueza desconocida de Saber Oculto que ya transmitía mensajes inteligentes antes de que el hombre aprendiera a leer o escribir los alfabetos. Las investigaciones sobre este tema serían muy benéficas, pues las cuerdas con nudos aparecen en todos los Sistemas Ocultos de una manera u otra. En la antigüedad se creía que hacer un nudo en una cuerda santificada causaba esterilidad. Esto permanece entre nosotros hasta la actualidad en la frase vulgar: «¡Anúdate!», es decir, «Permanece inútil como hombre y sin poder molestarme». En ocasiones, a los hombres que son demasiado fértiles sus camaradas les aconsejan que «se hagan un nudo». Se supone que se refieren al órgano reproductivo, pero en un principio quería decir que anudaran el Cinto de Venus a fin de reducir la lujuria. Hacer nudos mantiene el poder controlado en su propio circuito, mientras que deshacerlos lo libera para que fluya con libertad hacia otra parte.

El Símbolo del Cinto y el Nudo es una Clave importante para entender tanto a Venus como a Netzach. Aquellos que se interesan por el problema podrían jugar y meditar con una cuerda de un largo conveniente durante un tiempo. Los resultados procedentes del subconsciente son intrigantes. El estudio y la práctica de los «Nudos Mágicos» es algo fascinante y merece tratarse de manera independiente.

Al final de nuestras consideraciones en el ángulo de Assiah en Netzach, llegamos a la conclusión de que, a pesar de que el Amor sexual es maravilloso e indispensable, si queremos beneficiarnos de él es preciso tenerlo bajo control. El nudo del Cinto de Venus es un nudo corredizo. Si rodea nuestros pies como una trampa, nos hace tropezar. Si rodea nuestro cuello, nos estrangula y nos mata. Si rodea nuestra cintura, nos sostiene y nos salva de caer en el Abismo. Una vez más, el Camino Intermedio es el mejor. El Cinto de Venus nos enseña que el amor se debe restringir, si queremos guiarlo en beneficio nuestro. Las formas de hacer esto constituyen un tema de argumento y experimentación, pero la necesidad del Cinto es obvia.

Amarrar el cinto alrededor de la cintura de una persona en el inicio de cualquier ceremonia significa: «Me pongo bajo el control del círculo de Leyes que regulan esta Operación, etc». Esto es precisamente lo que debemos aprender a hacer en Netzach si queremos obtener la Victoria de Venus. Quizá lograremos una comprensión más profunda del tema si entramos en el mundo de Netzach que está detrás de Assiah, que desde luego es:

## YETZIRAH, el Mundo Formativo: Orden de Ángeles, ELOHIM.

Estamos otra vez ante la palabra Elohim con su significado dudoso. Puesto que se puede leer como «Dioses y Diosas», tal vez lleguemos a un compromiso aceptable si decimos que su significado es «Divinos». Representan contactos Divinos con todas y cada una de las almas.

¿Qué es un Dios o una Diosa? Hasta donde nos atrevemos a responder la pregunta, en términos de consciencia, son resultados que están entre el alma humana y el Altísimo Desconocido o Altísimos Desconocidos con quien o con quienes estamos relacionados. Las corrientes de energía que provienen de esas fuentes están dirigidas a nosotros, y debemos traducirlas a términos de referencia apreciables, a fin de poderlas entender. Supongamos que cierto tipo de lo que llamamos Energía Divina nos afecta hasta el grado de ser conscientes de ella, aun así, necesitamos la objetividad para saber de lo que somos conscientes. Si el grupo de asociación más cercano capaz de responder a la energía inicial es nuestra cadena «maternal» de consciencia reactiva, de una manera u otra, terminaremos con el concepto de un «Dios Madre». En otras palabras, recibimos un mensaje de una Fuente Divina, y éste estimula cualquier parte de nuestra mente y nuestra alma que responda mejor a su naturaleza. Sólo conoceremos a la divinidad a través de lo que está dentro de nosotros.

En una ocasión, un sabio escribió: «Dios creó al Hombre a Su propia imagen, y el Hombre se sintió tan complacido con los resultados que devolvió el cumplido». Nuestros Dioses y Diosas antropomórficos son tanto proyecciones humanas hacia un nivel más elevado, como proyecciones divinas hacia un nivel más bajo, y el resultado del impacto cuando ambas se reúnen es lo que llamamos un «Dios». Estos «Dioses» son construcciones muy reales que la humanidad y la Divinidad forman como puntos de contacto consciente, y desde luego se deben tratar con el respeto que merecen. Para comprender mejor su naturaleza y sus funciones, debemos considerar brevemente su origen y su desarrollo.

Supongamos que tratamos de establecer y mejorar la comunicación con una especie de seres que está tan lejana de la nuestra que es incapaz de entender nuestra existencia o la relación que tenemos con ella. Imaginemos tal vez que tratamos de establecer contacto inteligente con nuestras propias células sanguíneas. Lo único que podríamos hacer sería utilizar unidades simbólicas de su campo de entendimiento que tengan algo en común con las nuestras y tratar de crear un lenguaje inteligible. En un principio, estos símbolos serían muy básicos y primitivos, pero con el paso del tiempo y al tener lugar desarrollos evolutivos, mejorarían y se volverían más avanzados y accesibles. Exactamente este es el problema que existe entre la Gran Consciencia y la nuestra.

Nuestra evolución en la tierra nos presenta ese panorama. El hombre primitivo formó los conceptos de Dios a partir de las cosas que conocía o a las que temía. Los elementos, animales, árboles, aves y demás. A partir de esto, pasamos a Seres antropomórficos y después a conceptos de Esencias, Espíritus y Energías puros, «Dioses» por derecho propio como los que existieron antes que ellos. Todos los «Dioses» tienen validez en el papel que desempeñan en particular. Cada uno de ellos se puede considerar como una letra de un alfabeto divino con el cual, los que conocen la secuencia y el orden correctos, pueden escribir el Nombre Inefable. Tenemos los mismos «Dioses» ahora que los que siempre hemos tenido. En esencia, no han cambiado, aunque alteramos los conceptos formales que tenemos de ellos y, desde luego, no hemos alcanzado las verdades de su naturaleza. Cada cierto tiempo, experimentamos lo que ahora se llama un «descubrimiento importante» y poco después, estamos preparados para otro. Fue un «descubrimiento» llegar hasta un Dios humanizado con todos los atributos divinos en el Concepto de Cristo. Fue la Divinidad hecha hombre. El Concepto siguiente será el hombre hecho Dios.

Esto nos lleva a la función de los Elohim. Su labor consiste en proporcionar los medios y los contactos en nosotros mismos a partir de los cuales surgen nuestros «Dioses». Así como nuestro ser y nuestro cuerpo deben estar hechos con materiales específicos, nuestros conceptos de Dios se deben formar por medio de los Elohim, de manera que podemos considerarlos como el material de Dios en nosotros. Aquí debemos diferenciar entre un Dios y un Ideal. Ambos son vehículos de una Consciencia Superior a la nuestra, pero mientras que un Ideal pertenece al reino del intelecto y la mente, un «Dios» opera con el sentimiento y el alma. De ahí el atribuir los «Dioses» a Netzach.

Ningún ser humano, sea en forma individual o colectiva, puede llegar a ser superior a sus propios Dioses e Ideales. Los Dioses de cualquier pueblo son las almas personificadas de ese pueblo y por unos podemos conocer a los otros. El tiempo es el factor divisor. Los seres humanos que indagan en lo desconocido, encuentran a los Dioses que buscan en forma de lo que buscan. Con el tiempo (en ocasiones, no mucho después) quienes buscan descubren esos Dioses particulares y, posteriormente, evolucionan más allá de ellos; por ejemplo, los pueblos modernos más avanzados han trascendido a algunos de los antiguos tipos de Dioses como el Dios Cabra, el Dios Trueno, etc. El mayor avance logrado por el hombre en este campo ha sido el concepto de un Espíritu Universal, sin forma, sin tiempo, supremo y omniabarcante, que se manifiesta a través de todos los canales, caminos o «Dioses» de acuerdo con su naturaleza específica. Es lo Ilimitado operando dentro de los límites. Incluso hoy, este concepto de un Ser Divino se encuentra más allá de una gran parte de la raza humana.

La ventaja del concepto de Dios como Espíritu Universal es que se abre al desarrollo y el progreso ilimitados. La desventaja es que su propia abstracción hace que sea casi imposible que la mente del hombre promedio lo maneje, o que su alma lo experimente. Un Dios se debe experimentar, sentir, ser conmovido por él, con él y en él, de modo que la naturaleza del Dios en cuestión nos influya. Hay dos factores que mueven al hombre: el pensamiento y el sentimiento. Los ideales mueven nuestra mente, pero sólo los Dioses mueven nuestra alma. Debemos encontrarnos en un estado de empatía con ellos a fin de que sus efectos tengan lugar en toda nuestra alma y vivamos una experiencia real de ese Dios en particular. Esta relación es personal en el sentido más íntimo y, a menos que se pueda establecer y mantener entre Dios y el hombre, ambos estarán perdidos entre sí. Los Elohim tienen la tarea de mantener el contacto de Dios con la humanidad hasta donde sea posible.

Muchos sistemas metafísicos han tratado de salvar el Abismo entre el remoto Espíritu Infinito y su producto final humano mediante una especie de gradación. En la Trinidad Cristiana, éste es el caso del Espíritu Santo indefinido que se condensa en un Padre y Patriarca y del que emana un Dios Hombre que estableció contacto en la tierra. La simple presencia de una iglesia cristiana en la tierra muestra que este concepto resulta práctico para las masas. El sistema cabalista nos proporciona diez Conceptos de Dios como peldaños de una Escalera (o ramas de un Árbol), cada uno de los cuales comprende un ideal y un Dios ante el cual podemos reaccionar, desarrollando nuestra Mente y nuestra Alma en ese proceso. Si no somos capaces de reaccionar ante un Dios, no podremos evolucionar a lo largo de ese Camino. Por esta razón, se dijo: «Amarás a Dios con todo tu corazón y con toda tu alma».

Cada Concepto de Dios existente en el Árbol evoca reacciones específicas en los humanos que se le acercan. La suma total de esas energías, que se equilibran entre sí de acuerdo con la secuencia en el Árbol, da como resultado un ser en proceso de perfeccionamiento. Un cabalista iniciado aprende a utilizar los conceptos de manera apropiada y establece una relación personal estrecha con ellos, todo mientras conserva un control impersonal general. Los Elohim constituyen los cuerpos de los Dioses en nosotros, de modo que son suficientemente pequeños para llegar al alma humana, aunque suficientemente grandes para estar en contacto con toda la Creación. Son una pieza de construcción interdimensional realmente sorprendente. Ante los Dioses del Árbol se puede producir toda reacción emotiva posible, tanto de manera independiente como combinadas entre sí. Es muy notorio que en las Escrituras, a sus lectores se les ordene que «amen», «teman», «adoren» y reaccionen de alguna otra manera ante su

Dios. Todas ellas son respuestas emocionales. Incluso los Demonios se postulan como objetivos del odio, aunque no forman parte del Árbol. Los Dioses y las Emociones van juntos.

Al formar un patrón emocional en términos de Dios, el Árbol de la Vida sostiene y eleva el alma humana hacia su Inmortalidad final. El cabalista sabe dónde buscar lo que necesita. Si carece de amor en su naturaleza, Netzach se lo proporciona, pero si es sabiduría lo que quiere, es preciso llegar a Chockmah y así sucesivamente. La red de Dioses del Árbol de la Vida cubre cualquier contingencia posible. Sólo tenemos que exteriorizarlos y aplicarlos. Incluso nos enseñarán a hacer esto si nos molestamos en pedírselo seriamente.

Sobrevivimos por el Espíritu y la Materia, pero evolucionamos por medio de la Mente y el Alma. Inspirados por nuestros Ideales, crecemos en nuestros Dioses, puesto que ellos son lo que nosotros debemos llegar a ser. Son Energías reales, increíblemente poderosas, que evocan en nosotros respuestas reflejas que, con el tiempo, nos llevarán a la vida consciente en estados del ser que están mucho más allá de nuestra comprensión actual. Las imágenes de Dios que utilizamos se parecen tan poco a sus Realidades como las indicaciones visuales que se ven en la pantalla de un radar a los objetos reales que señalan. No obstante, tanto la pantalla del radar como una Imagen de Dios nos ayudan a manejar la Verdad de acuerdo con nuestra capacidad para establecer contacto con ella. En un sentido metafísico, la imagen de un Dios es un instrumento científico, al igual que la pantalla de un radar. Esto es verdad, y la creación de imágenes de Dios operativas es una técnica que tiene cierta importancia Mágica, y requiere de un trabajo muy hábil combinado desde ambos lados del Velo.

Una vez que los Elohim han creado de un modo efectivo una cadena de imágenes de Dios por medio de la cual podamos movernos en las dimensiones espirituales, lograremos un progreso razonable en el ascenso del Árbol. El

Hombre y sus Dioses son una necesidad mutua en el Plan Perfecto. En la época primitiva, los hombres conocían muy bien su necesidad de los Dioses. Después, el hombre descubrió que, aun cuando la existencia como tal es posible sin ningún Dios formal, son esenciales para lograr un desarrollo evolutivo más allá de los límites mecánicos. Todavía habrá que encontrar Dioses apropiados para las almas humanas tal como son ahora. Cualquiera que sea su forma, sus contrapartes se encontrarán de manera infalible en el Árbol de la Vida, de modo que quizá continuemos ahí nuestra búsqueda de los Dioses. Penetrando aun más en la Sefirath Netzach llegamos a:

## BRIAH, el Mundo Creativo:
### Arcángel HAMIEL, PHANAEL o AURIEL.

En ocasiones, este Arcángel se denomina Hanael, que significa nada menos que «Yo, el Dios». Sin embargo, como uno de los Grandes Cuatro, este Ser es Auriel, la Luz de Dios, que cuenta con los títulos alternativos de Hamiel, Gracia de Dios, y Phanael, el Rostro (la apariencia) de Dios. El significado combinado de estos Nombres se resume en la antigua bendición: «El Señor haga que su rostro brille en ti y te dé la gracia».

Como la Luz (percepción) y el Rostro (lo percibido) de Dios, Auriel nos da la habilidad de crear Imágenes de Dios con la ayuda de los Elohim. Por medio de Auriel, tomamos consciencia de los Dioses. Ésta es estrictamente una facultad del alma, a diferencia de una habilidad de la mente. Conocemos a los Dioses sintiéndolos. Ninguna conjetura intelectual nos llevará al contacto íntimo con Dios. El Amor es el cemento más seguro para unir a la Humanidad y la Divinidad. Ayudados por la Luz de la Gracia que dirige Auriel, podemos ver a la Divinidad en todas partes, incluso en las piedras que se encuentran debajo de nuestros pies; razón por la cual Auriel está asignado a la Tierra, que es un «rostro» o una apariencia de la manifestación Divina.

De acuerdo con la leyenda, Auriel (en su aspecto de Phanael) fue el Ángel que luchó con Jacob y cambió su nombre a «Israel» (Príncipe de Dios). Durante este encuentro, Jacob fue objeto de la mutilación que lo convirtió en el Rey Lisiado. Algunos consideran que este hecho tiene un significado de castración, pero ésta es una interpretación dudosa, pues la mutilación ritual era una costumbre muy antigua (incluso en esa época) entre las tribus de pastores. Lo más probable es que su origen se encuentre en la mutilación de un semental valioso (el «rey» del rebaño), a fin de que no se alejara a gran distancia de su dueño. Otro punto era que, si el animal se alimentaba de forma adecuada y no gastaba energía en correr por todas partes, se inclinaba más a la reproducción. Los ancestros pensaban que lo que funcionaba con un animal debería funcionar con un hombre, de manera que algunas tribus mutilaban de manera intencional a su «Rey semental», cuya función principal se convertía en fertilizar a las hembras seleccionadas, a fin de producir el mejor ganado tribal posible. Israel ciertamente obedeció la orden de ser fértil.

Si la aplicamos en Netzach, esta analogía se ajusta de manera apropiada. Auriel aleja su energía del campo atlético y la acerca al área artística, convirtiendo la exuberancia en alegría. Estamos «mutilados» o limitados en una dirección, de modo que nuestros poderes se pueden aplicar en otra parte. La Victoria se logra por medio del sacrificio y la vida surge de la muerte. Auriel es el Ángel creativo de Netzach y, como consecuencia, el patrón de todas las artes que surgen de los sentimientos del alma. Aquí nos encontramos en el Camino Órfico, y podemos elevarnos a los cielos de la felicidad o hundirnos en los infiernos de la pena con igual velocidad. Ambas experiencias extienden el alma hacia las dimensiones Internas de su propia realidad.

Como el Arcángel del Rostro (Apariencia) de Dios, Auriel es el responsable de nuestras percepciones de la Divinidad incluso en las formas más comunes. Está muy bien que los místicos aislados tengan visiones cegadoras de alturas espirituales inalcanzables para los mortales comunes, pero la Divinidad debe estar más cerca de nosotros. La luz de Auriel trae a la Divinidad hasta la misma puerta de nuestro corazón por medio de la magia del amor. Es de esperar que la mayoría de nosotros experimentemos la maravilla de «enamorarnos» por lo menos una vez en la vida, cuando el Principio Divino que Reside en el Interior de un ser humano común se da cuenta de su contraparte en otro mortal. Esto también es posible en conexión con otros individuos no humanos. Un hecho de esa naturaleza quizá tenga lugar entre el ser humano y los principios Divinos en los factores naturales o artificiales.

Puede ser que en circunstancias favorables de emoción y entorno, se establezca una excelsa armonía entre el alma de un ser humano y el Espíritu Divino que se manifiesta en los niveles material o emotivo. Tal vez los factores que combinan sean una puesta de sol excepcionalmente bella en un entorno ideal con la música adecuada. Cualesquiera que sean las condiciones externas, el hecho es que las Divinidades Externa e Interna se encuentran con una corriente de poder que es preciso experimentar para poder apreciarla. No hay palabras para describir este suceso. De repente, todo «adquiere vida» con una gran claridad, acompañado por una sensación de «precisión» y un conocimiento real de la Presencia Divina que no se pueden describir con ningún medio humano. Literalmente, nos enamoramos de una manifestación de Dios y tocamos el Cielo mientras estamos en la Tierra.

Las experiencias de esta naturaleza son esenciales para el crecimiento y el desarrollo de las almas humanas, puesto que convierten a la Divinidad en una parte real e integral de su naturaleza. Podemos hablar y pensar en los Dioses y los valores metafísicos durante toda la vida sin acercarnos a su realidad. Un solo rayo de Auriel nos acercará más a Dios en un instante que siglos de confusas especulaciones. Una vez que esa Luz nos toca, dejamos de adivinar, *sabemos*, aunque nunca podremos explicar nuestro conocimiento más de lo que podemos explicar el color a una persona invidente. Sólo el amor hace posible ese milagro y, de hecho, éste es el secreto de Netzach.

Podremos apreciar que estas experiencias de amor son cuestión de grados. Pueden ser intensas hasta un punto casi insoportable, o tan suaves y constantes que su efecto apenas se percibe. Todo es cuestión del patrón de estímulos que se aplica a un alma y de la capacidad para reaccionar de ésta. No ganamos nada con exponer un alma a un estímulo que no puede manejar sin lastimarse. El daño del alma es más difícil de reparar que las heridas del tejido físico, y sus efectos son más contagiosos que las enfermedades infecciosas del cuerpo. Los patrones de estímulos necesarios para mantener un alma sana son las Claves de los Misterios y constituyen la base de casi todas las religiones.

Tanto las Iglesias como las Escuelas de los Misterios se preocupan en gran medida por establecer patrones artificiales de estímulos, que se calculan para poner a los participantes en contacto directo con la Divinidad, y así lograr que sus almas evolucionen en lo que deben llegar a ser. Ésta es la única razón del ritual, que utiliza todos los estímulos conocidos para el alma, convirtiéndolos en patrones como un marco de experiencia dentro del cual opera el alma. Dada una combinación equilibrada de rituales herméticos y órficos, cualquier alma tendrá un campo de acción en el cual operará para su propio bien o mal. Las Escuelas de los Misterios tratan de calificar sus ritos de acuerdo con el tipo de almas que participan, de modo que cada alma funciona en su mejor campo. Por otra parte, las Iglesias buscan ofrecer ritos que ejerzan mayor atractivo para las almas promedio, con un daño mínimo, aun cuando el bien máximo sea igualmente imposible de lograr. Ambos sistemas encierran éxitos y fracasos, puesto que el alma humana se encuentra muy lejos de la perfección.

Auriel es el Arcángel de Luz que nos muestra a Dios a través del Amor, aunque el Amor se representa como ciego y se ha dicho: «Ningún hombre ha visto el Rostro de Dios (Phanael) y ha vivido». Esto sólo nos indica que la Divinidad y el Amor no se ven, sino que se sienten y se alcanzan. La vista implica objetividad y una sensación de diferencia entre el vidente y el visto. Por tanto, no debemos ver a Dios, sino que debemos amarlo y estar en unión con Él. El Amado y el Amante se deben volver uno solo. Así lo indica Auriel. Se ha dicho de manera acertada que: «El Amor hace que el mundo gire», y ésta muy bien podría ser la frase distintiva de Auriel, puesto que él es el Arcángel de la Tierra y su fertilidad. Cuando lo invocamos, debemos pensar en él como quien hace que el Amor Divino llegue a nosotros incluso a través de los medios más mundanos y, desde luego, a través de todos los estímulos disponibles en nuestras iglesias, templos, logias o entornos naturales en los que nos acercamos a la Divinidad de forma intencional.

Con el sentimiento de Dios en su interior, el alma puede subir por el Árbol de la Vida; de lo contrario, no tendría sentido hacer el esfuerzo y, deberemos proceder de acuerdo con la Luz de Dios (Auriel) en nosotros,. El motivo de la Luz se encuentra en todas partes del Árbol con diversos significados, pues no sólo es un Árbol de la Vida, sino también de Luz, en el cual ésta empieza y termina. Los Misterios cabalistas son, en esencia, los de la Luz, que también significa Verdad. Las misteriosas placas que el Sumo Sacerdote llevaba en el pecho se llamaban Urim (Luces) y Thummim (Verdades), de modo que se le debe dar la importancia apropiada a la interdependencia de esos dos Principios esenciales y demostrando que la Luz revela la Verdad. Muchas son las especulaciones en cuanto al uso de esas piezas mágicas. Todo indica que la luz natural o artificial pasó a través de Urim, y así iluminó Thummim de modo que fueron posibles las interpretaciones del oráculo. Quizá el Urim fue una lente primitiva capaz de proyectar un rayo de luz por todo el templo, y el mensaje que transmitía a la mente consciente llegó de forma subjetiva por medio de la autohipnosis. Es posible que tanto Urim como Thummim constituyeran un dispositivo óptico de alguna especie, al que los sacerdotes atribuyeron un significado religioso.

Dejando a Auriel para que brille con gracia en el Mundo Creativo de los Dioses, nos vamos a sus espaldas, por así decirlo, y llegamos a:

### ATZILUTH, el Mundo de los Orígenes: Aspecto de Dios IHVH SABAOTH.

Yaweh Sabaoth por lo general se traduce como Señor Dios de las Multitudes, pero aquí significa el elemento Divino Positivo Masculino de todas las almas vivientes. Así como en Hod encontramos la potencia de la Mujer que busca al Hombre, en Netzach tenemos el principio del Hombre que busca a la Mujer. De hecho, la Imagen Mágica es una hermosa mujer desnuda que simboliza muy bien a una ambición masculina.

El hombre en la tierra es una criatura polígama por naturaleza y hay suficientes semillas en un solo hombre para poblar todo el planeta, si cada una de ellas creara un cuerpo. Por lo tanto, un hombre es un Señor de las Multitudes en miniatura, aunque ninguna de estas multitudes podría aparecer físicamente sin una multitud equivalente de mujeres que guarden las semillas. Por tanto, entre Hod y Netzach tenemos la imagen de Uno que produce a Muchos, y los Muchos que están en Uno. La Multitud Divina de las multitudes humanas.

En este punto del Árbol, encontramos al Dios Viviente diferenciado del Dios que actúa y del Dios que Es. La vida es un resultado de la Existencia y del Ser, asignados a la cúspide del Árbol. Al descender, en Tifereth, ésta se divide o se polariza, convirtiéndose en las multitudes de las vidas en Netzach y Hod, que tienen un impacto entre sí en Yesod y se expresan en dirección hacia la tierra en Malkuth. Sin embargo, al subir por el Árbol, el Aspecto de Dios de Netzach presenta la parte Positiva del ciclo de la Vida, a la que podríamos llamar Alma Masculina Eterna.

Es probable que en este punto surja la objeción de que la homosexualidad niega esos Principios, pero no es así. Las potencias Masculina y Femenina buscan expresiones de amor entre ellas mismas en los niveles del alma, sin importar si sus cuerpos son de una polaridad o de otra. El cuerpo humano es bisexual hasta cierto punto, pero no lo suficiente para adaptarse realmente a alguna de las polaridades. Sin embargo, el alma humana es capaz de cambiar de polaridad si se le presiona con la intención de producir este efecto, lo que da como resultado una combinación de alma y cuerpo, de polaridades diametralmente opuestas. Así, pueden darse relaciones homosexuales con otros individuos en un intento por repolarizar, aunque casi nunca son efectivas pues se buscan las combinaciones equivocadas.

Por ejemplo, un individuo con cuerpo masculino y alma femenina casi siempre busca una pareja con alma de hombre y cuerpo de hombre, y los individuos con alma masculina y cuerpo femenino se unen a un ser que es todo femenino. Si las potencias del alma y el cuerpo se unieran en sus propios planos, los resultados serían más razonables. Si se combinaran el hombre con alma femenina y la mujer con alma masculina, el equilibrio funcionaría de manera muy adecuada. El problema sólo se presenta cuando los cuerpos y las almas no armonizan con las polaridades del otro. Las relaciones sexuales del cuerpo son directamente funcionales, pero para un ser humano en desarrollo, el sexo es en gran medida un asunto del alma, y el sexo del alma se vuelve más importante que el sexo del cuerpo. Esto es lo que provoca que las relaciones sexuales entre las almas sin armonía se conviertan en una tragedia del ser humano que sufre por los potenciales desequilibrados.

Yahweh Sabaoth no sólo se debe considerar como el Aspecto Divino Masculino de la vida humana, sino como un fenómeno regenerativo de toda la vida. El máximo potencial positivo del poder reproductivo divino, que hizo a la humanidad a su propia imagen (masculina y femenina) y que, por tanto, es la imagen ideal de ambos. Yahweh Sabaoth es el Dios Masculino de todas las formas de vida, sean humanas o de otro tipo, y es la máxima masculinidad que puede existir para cualquier ser viviente.

Aquí, tendremos que volver a considerar cualquier idea preconcebida acerca del hombre típico como una bestia potente, cuya naturaleza apenas se extiende más allá de la lucha y la fornicación. Éste podría ser un hombre sin alma, pero Yahweh Sabaoth es el Alma del Hombre que produce un ser muy diferente al agresor incivilizado. Estamos acostumbrados a asociar el Alma con la mujer y la Mente con el hombre, pero el Árbol de la Vida invierte estas asociaciones. Es una cuestión de potencial más que de sexo real, porque los seres humanos de cualquier sexo deben desarrollar tanto la mente como el alma a medida que evolucionan. No obstante, si echamos un vistazo atrás y revisamos la historia de la humanidad en general, descubriremos que, relativamente, fue hace poco tiempo cuando la mente femenina y el alma masculina tuvieron ese desarrollo masivo. Sin embargo, casos individuales destacan en todas las épocas, pero Yahweh y Elohim Sabaoth se ocupan de toda la humanidad sin importar las cifras que ésta alcance.

Una y otra vez, el Árbol nos enseña que el progreso desequilibrado causa problemas, y esto sucede en el caso del alma sin mente. La manera apropiada de subir por el Árbol es por el tronco o Pilar Medio, extendiéndonos a lo largo de sus ramas hacia los Pilares de la limitación, el Negro y el Blanco. Los títulos de Hod y Netzach, Gloria y Victoria, nos muestran esto de forma muy clara. Aquellos que eligieron en un principio esos atributos para asignarlos a la Mente y el Alma ni siquiera podrían pensar en una sin la otra. Ganar un alma es, sin duda, la mayor victoria que tendrá la humanidad, aunque la gloria del logro mental debe acompañarla, pues de lo contrario el avance no tendría un gran significado.

Por tanto, podemos considerar a Yahweh Sabaoth como el impulso Divino que nos instruye a fin de que desarrollemos nuestra mente por medio de nuestros conceptos de Dios poniendo en ello todo nuestro corazón y nuestros sentimientos. Éste es el Camino del dolor o el placer. Los místicos nos dicen con razón que, con el tiempo, debemos elevarnos más allá de ambos, pero la verdad es que, hasta que no aprendamos a vivir con ellos, no podremos vivir sin ellos. La experiencia emocional es parte esencial del progreso humano, gracias al cual surge el alma con la fortaleza suficiente para superar todas las emociones y utilizarlas de manera apropiada para su propio crecimiento. El Árbol nos enseña a controlar el crecimiento tanto de la mente como del alma, así como a no evitar el contacto con ellas. En la Cábala no hay lugar para los ascéticos inflexibles que se excluyen de los sentimientos humanos comunes o niegan los sentidos con los que nacieron. El amor, la risa, el afecto y todas las expresiones emotivas que extienden el alma en todas sus dimensiones se incluyen en el Árbol de la Vida en Netzach, y el Yahweh Sabaoth que hay en cada uno de nosotros nos envía en busca de esas necesidades.

Es la Chispa Divina existente en nosotros (que pertenece totalmente al Espíritu Supremo) la que nos convierte en lo que somos, pero son la mente y el alma que ganamos con nuestros esfuerzos las que nos hace ser *quienes* somos. En realidad, nos creamos a nosotros mismos con el material básico que nos proporcionan o que obtenemos por cuenta propia. Éste proviene de todas las fuentes disponibles en el Árbol de la Vida y a través de todas las almas vivas que encontramos durante nuestras encarnaciones. Las almas individuales surgen más allá de la necesidad de un cuerpo, pero la gran masa humana que permanece en la tierra prueba con su presencia lo lejos que estamos de la perfección. No obstante, la perfección es, en esencia, un asunto individual. Cada uno de nosotros es responsable ante el Yahweh Sabaoth que tenemos en nuestro ser, de lo que hacemos con nuestra alma, a medida que cada vez nos parecemos más a la Imagen de Dios según la cual fuimos diseñados a fin de que el Dios de las Multitudes, humanas y celestiales, se manifieste en mayor medida en nosotros y en todos y cada uno de los seres.

Con la unión de la Mente y el Alma de Hod y Netzach en el Pilar Medio, las dos energías se dirigirán hacia arriba o hacia abajo. Puesto que subimos por el Árbol, debemos permitir que se fundan y aumenten su poder a fin de que nos ayuden a subir un peldaño más de la Escalera. Esta combinación perfecta de cualidades nos llevará hasta el punto máximo de desarrollo que puede alcanzar el ser humano conservando su naturaleza esencialmente humana. Al fin, hemos llegado al punto de equilibrio de toda la estructura del Árbol.

## Capítulo 7

# La Sefirath Tifereth, belleza, armonía, 6

### ASSIAH, Mundo de la Expresión: El Sol.

Al meditar con libertad sobre un Árbol de la Vida con proporciones y colores correctos, por lo general es Tifereth el que llama la atención y la mantiene cautiva. Tifereth es para el Árbol lo que el Sol es para el Sistema Solar, el centro vital y el corazón. Su Nombre, Belleza, significa la belleza que surge de la armonía natural de las cosas entre sí, como partes de un todo. Es el punto de poder alrededor del cual se crea el Cosmos, y si quitáramos a Tifereth del Árbol, sobrevendría el Caos. Quizá todo emana a través de Kether, pero es Tifereth el que mantiene todo eso en una relación significativa.

La lección inmediata que aprendemos de Tifereth es que, a menos que nuestras vidas estén centradas en un punto adecuado, nos perderemos en el caos. Sin un Sol Interno que nos ilumine, nos dividimos y nos disolvemos en el desorden. Para cada uno de nosotros, este Sol es nuestra razón de ser, sin importar cómo le llamemos. Cuanto más perfecta sea la forma en que creamos nuestro ser alrededor de Éste, mejor será para nosotros y para todos. Cualquiera que sea su nombre, este centro real en nosotros es nuestro Dios Interior, nuestro Ser Supremo o Punto de Perfección. Desde luego es el punto supremo hasta el que podemos evolucionar como seres humanos. El funcionamiento cabalístico del Sol se ocupa, en primer lugar, de encontrar este Principio Interior Divino, y en segundo, de relacionar el resto de uno mismo con Éste, de acuerdo con el Patrón del Árbol.

Por instinto, la humanidad rinde culto al Sol, de una forma u otra. El antiguo símbolo de la cruz solar es la base de la mayor parte de las Religiones. Un círculo alrededor del fuego, ya sea de seres humanos, piedras o ambos, fue el primer intento del hombre por formar un cosmos social, y las logias, iglesias y templos todavía utilizan este principio. Ya sea de manera literal o figurada, la Luz se identifica con el progreso del ser humano hacia un estado avanzado de perfección. Nos describimos como los Hijos de la Luz, a diferencia de aquellos de la Oscuridad, y relacionamos la Luz con la Vida y la bondad. Aunque literalmente no es cierto que la oscuridad por sí misma sea sinónimo del mal, la ausencia de luz permite el crecimiento o la perpetración de gran parte de lo que daña una vida sana y feliz. Por otra parte, demasiada Luz quizá sea aun más destructiva para la vida. Con la Luz, como con cualquier otra cosa, es necesario un equilibrio, y eso es lo que significa Tifereth. La Luz adecuada para la Vida adecuada.

Tifereth es el punto vital del Árbol en el que la Luz y la Vida intercambian energías. En el mito de la creación, la Luz llegó primero y después vino la Vida. En el Árbol de la Vida, la Luz original de Kether brilla directamente sobre el Pilar Medio y se convierte en la Luz Vital de Tifereth. Al descender aun más por el Árbol, la Vida se convierte en vidas, como ya vimos a través del resto de las Sefirot. Al bajar por el Árbol, traspasamos Tifereth y nos convertimos en existencias de energía conscientes, más allá de la necesidad de encarnación. Sin embargo, no es muy probable que esta condición del ser alcance al ser humano medio, al menos durante un periodo bastante indefinido.

Nuestras vidas en el Sistema Solar están limitadas por la vida del Sol. Cuando finalmente explote, todos compartiremos su extinción. En el nivel microcósmico, la vida de los seres humanos depende de la «chispa vital», que es el Sol existente dentro de ellos mismos. En el cuerpo, esto se expresa en los innumerables núcleos de los átomos con los que está construido nuestro cuerpo. Podemos sentirlo en el calor natural de nuestra carne, controlado por un proceso tan maravilloso como el que mantiene el Sol y los planetas en una situación de equilibrio entre ellos. La interrupción de la Luz y la Vida significa la oscuridad y la muerte, ya sea para uno o para todos los individuos.

Sin embargo, el Sol físico solo es insuficiente para nuestras necesidades más profundas. Debe estar respaldado por sus equivalentes mentales y espirituales, es lo que se conoce como el «Sol existente detrás del Sol». Si no recibiéramos la energía de esa «Luz Interior», no seríamos otra cosa que formas de vida en éste o cualquier otro planeta. Así es el Sol hacia el cual Tifereth atrae nuestra atención en el Árbol de la Vida, y ésta es la Luz que debemos encontrar y seguir en nosotros. En la Cábala tanto teórica como práctica, es imposible sobrestimar la importancia de esta tarea.

No es necesaria mucha imaginación para ver que todo el Árbol se centra en Tifereth. Cada Sefirath, excepto Malkuth, está directamente conectada a Tifereth por un camino. Sólo tenemos que proyectar el diseño en forma circular, en lugar de los Pilares paralelos, y ahí estará el Sol central y sus satélites planetarios. Al tomar Kether como punto central, Chockmah como el perímetro del zodiaco y Malkuth como el punto de observación que forma el eje opuesto, el resto de las Sefirot se agrupan alrededor del Sol de Tifereth de manera muy natural. Es posible hacer algunas combinaciones interesantes con este diseño, aunque no incluye a Neptuno, Urano ni Plutón en el esquema planetario. Sobre todo, demuestra la función vital de Tifereth.

La vida en cualquier nivel es imposible sin un núcleo. Por ello, gran parte de la capacitación cabalística inicial se dedica a ejercicios de construir mentalmente el Árbol y las Sefirot alrededor de la persona del practicante, con Tifereth emanando hacia todos los puntos desde el corazón. Desde luego, además de esto, encontramos el Círculo Creativo, una vez más con el Sol central en el corazón. Una vez que se establecen estos parámetros de las dimensiones internas, el iniciado puede funcionar con la consciencia que contienen. Es necesario repetir una y otra vez, a lo largo de toda la capacitación oculta, que la Gran Obra de todos los iniciados es la creación de sus propios Cosmos y éstos sólo se pueden construir siguiendo el Patrón Universal.

Las instrucciones elementales son muy sencillas. Primero, debemos buscar la Luz Divina en el centro de nuestro ser. Después, relacionar todas nuestras características externas con Ella, como lo indica el Árbol o la Rueda de la Vida. Ésta es toda la esencia de la Cábala. La relación de Tifereth con el resto del Árbol dará todas las respuestas a quienes las buscan con sinceridad y están dispuestos a invertir tiempo y esfuerzo en el trabajo.

Al igual que el Sol, Tifereth es el punto alrededor del cual gira todo el poder del sistema. La energía pura de la Luz y la Vida surge de Tifereth y, después de procesarse a través de Hod, Netzach y Yesod, se convierte en manifestación en Malkuth. Así, podemos pensar en el Árbol de arriba hacia abajo, en cuatro etapas generales.

Las Tres Superiores como el PRINCIPIO
Chesed y Geburah como la POLARIDAD
Tifereth, Hod                               } del SER
Netzach y Yesod como el PODER
Malkuth como la PRÁCTICA

El poder que se encuentra detrás del fenómeno de la Luz es incalculable, puesto que se trata de energía que irradia del que podemos llamar Núcleo Universal y, por tanto, es el Único Poder a partir del cual se derivan todas las fuerzas menores y tipificadas. Al final, debemos derivar todo el poder que este mundo necesita directamente de su fuente Solar, a través de satélites convertidores, aunque pasará mucho tiempo antes de que se descubra cómo lograr que sean seguros. De lo contrario, la tierra estará rodeada de bombas nucleares potenciales que tendrán un poder tal que las actuales parecerán pistolas de juguete.

Cualquier niño en edad escolar sabe concentrar la luz del sol a través de una lente, y encender así fuego en un material combustible. Para manejar un rayo láser capaz de hacer un orificio en el acero es necesario un operario muy hábil. Ambos comparten los principios comunes de ser rayos de luz intensificados y concentrados de modo que localizan y proyectan su poder. Son lo que podríamos llamar luz comprimida. La cantidad de luz que proporciona iluminación normal a un área extensa se reúne, por así decirlo, en un espacio diminuto. El resultado es un incremento en la intensidad, que produce un efecto determinado en tiempo y área limitados de manera correspondiente. Por ejemplo, en lugar de alumbrar y calentar un área de tamaño mediano en la tierra durante varias horas, la misma cantidad de luz, enfocada de manera eficiente, quemaría la mayor parte de los materiales sólidos en cuestión de minutos, formando un profundo orificio. Todo es cuestión de control y aplicación. Precisamente las mismas leyes se aplican a la Luz Interna en los niveles mental y espiritual.

Esta concentración de energía solar espiritual puede producir un efecto igualmente desastroso a su contraparte física. La Regla de Oro de la Luz es que la Ley del Amor debe guiarla. En otras palabras, el Poder debe someterse al propósito del Plan y nunca debe utilizarse de forma indiscriminada. El lugar que ocupa Tifereth en el centro del Árbol muestra lo anterior con claridad. Es cierto que libera energía entre sí misma y las otras Sefirot, pero al mismo tiempo éstas actúan como factores controladores o limitantes que mantienen esta energía equilibrada. Las Sefirot periféricas son tan necesarias para Tifereth como los planetas para el Sol o el disco para el giroscopio. De esta manera, se mantienen el equilibrio y la armonía, que son sinónimos de la Belleza.

Los estudiantes entusiastas de lo Oculto harán bien en acercarse a su Luz Interior con la misma precaución que tienen al tratar con el Sol o al exponerse a la radiación. No estamos en condiciones de hacer esto sin los filtros adecuados. Estar ciegos físicamente es muy malo, estar ciegos espiritualmente o quemados es peor, y el efecto dura más que la vida misma. Sólo es seguro buscar la Luz que necesitamos para iluminar nuestro Camino entre los Pilares a medida que avanzamos. Aquí, la única Clave es el EQUILIBRIO. Debemos obtener la Luz suficiente que nos dé el poder de mantenernos dinámicamente equilibrados como un rotor en su eje, pero es preciso evitar cualquier exceso capaz de producir desviaciones violentas del curso, comportamiento errático o cualquier otra calamidad. Después de perder el equilibrio, nos perderemos con él. Tifereth nos enseña esto sin lugar a equivocaciones.

Este equilibrio vital se mantiene de la misma forma en que se mantiene el equilibrio físico, compensando los extremos en relación con un centro común. El Patrón del Árbol resuelve el problema de qué debemos compensar y con qué. Todos los complementos del equilibrio se muestran con claridad. Todos los aspectos y facetas posibles de la vida pueden clasificarse con algún punto del rango sefirótico. Para conocer el contrapeso de algo, sólo tenemos que identificar su posición en el Árbol y, utilizando Tifereth como punto de referencia, encontrar el factor de equilibrio. Por ejemplo, supongamos que surge un estado de desequilibrio importante en Geburah (Severidad); éste se puede compensar aumentando el valor de Chesed (Piedad) o reduciendo el excedente de Geburah canalizándolo a través de Binah (Comprensión) y Hod (Esplendor, etc.).

En la práctica, la corrección del desequilibrio no siempre es tan sencilla, debido a la gran variedad de factores que intervienen, y al hecho de que el desequilibrio es un estado de alteración continua. Sin embargo, el Plan del Árbol muestra que se trata de un Sistema que se corrige por sí mismo con canales de autocompensación integrados. Éstos son los «Caminos» y ése es su verdadero propósito. Quizá sea mejor considerar lo anterior de modo breve.

Una vez que aclaramos la confusión de los «atributos» alfabéticos y de otro tipo que agrupan los Caminos del Árbol, su uso se vuelve más evidente. En un principio, sólo estaban numerados con letras hebreas que servían como referencia e identificación, como nosotros numeramos las páginas de un libro. Toda la confusión mística del Tarot y otras atribuciones innecesarias provienen de conclusiones de quienes no entendieron o pretendieron oscurecer la importancia de los Caminos. Simplemente son las rutas en circuito de las energías que surgen de las Sefirot o a través de las Sefirot relacionadas. El único propósito de los números es indicar el tipo y la ubicación de la energía en cuestión. La verdadera importancia de los Caminos es su *función* y su *naturaleza*. Si es posible encontrar una simbología precisa para esto, muy bien; de lo contrario, el asunto se vuelve irremediablemente confuso.

Se notará que hay dos circuitos principales. El primero es el del Poder, que es distribuido de forma interna entre las Sefirot a través de Tifereth; y el segundo es un patrón de intercambio de energía entre las propias Sefirot. Ésta es una consideración muy importante al tratar de entender el propósito y la función de Tifereth sobre el Árbol y en el Árbol. El Origen del poder viene de lo Desconocido que está más allá de Kether, desde luego, pero su punto central y práctico en el esquema del Árbol es Tifereth. En lenguaje antiguo, a Kether se le llamaba la Serenidad Mayor y a Tifereth la Menor, para indicar su identidad funcional en distintos niveles.

Para tener una idea que ilustre lo anterior en cierta medida, elaboremos o imaginemos las Sefirot, menos Kether y Malkuth, en un círculo alrededor de Tifereth. Después, insertemos una aguja en el centro, de modo que salga de igual manera hacia cada uno de los lados, permitiendo que gire. La fuerza que aplican los dedos en la parte de arriba de la aguja es la energía que proviene en Kether, todo gira sobre el pivote inferior de Malkuth, pero la fuerza centrífuga que lo hace girar se basa en Tifereth, que lo equilibra todo. Ahora, los Caminos se convierten en líneas de fuerza que relacionan todo el Universo en miniatura con sus circunstancias internas y externas. El poder se proyecta del centro a la circunferencia, pero ésta última debe estar equilibrada en relación consigo misma y con el suelo. El desequilibrio pone en peligro el movimiento (o la vida) de todo. Mediante el intercambio automático de energías a través de los Caminos compensados, las Sefirot mantienen su Cosmos perfectamente posicionado alrededor de Tifereth.

Éste es el tipo de Cosmos que se espera que el cabalista cree y conserve como un medio de su propia existencia. Lo logra al aplicar el Plan del Árbol de la Vida a sí mismo a través de todos los medios conocidos (y muchos que va a aprender) hasta que todo su mundo interno funcione de acuerdo con el Patrón del Árbol. Una vez que el conjunto empiece a funcionar, lo hará según sus propias funciones, como el cuerpo físico lo hace de acuerdo con las suyas. Si el Patrón del Árbol queda grabado profundamente en los niveles básicos de la consciencia y el ser, producirá resultados propios en la formación de un alma humana perfecta, corrigiendo su propio desequilibrio a medida que progresa.

Para el cabalista, todos los llamados «pecados», «males», «equivocaciones», etc., son cuestiones de desequilibrio. También lo es la enfermedad. El bien se considera una situación de armonía equilibrada, y el mal una falta de armonía, un desequilibrio. Los ángulos morales y éticos son otro asunto. Para alterar un estado indeseable de los asuntos humanos, el cabalista considera inmediatamente la cuestión del equilibrio, más que la culpa. Esta situación ideal sólo se produce mediante la distribución apropiada de las energías a través de los caminos, y Tifereth es el punto de referencia de Equilibrio y Poder.

Por tanto, la conexión entre Tifereth y el Sol es muy estrecha, y el Símbolo Solar es el más significativo para esta Sefirath. A menos que entendamos los principios generales de este tema, tendremos pocas esperanzas de entender el resto del funcionamiento del Árbol. No debemos pensar en el Árbol como un diseño en papel, sino como un Cosmos vivo, dinámico y en movimiento por derecho propio. Es tan real como el Universo y está tan vivo como las células y los sistemas nervioso y circulatorio de nuestro organismo. El Árbol tiene más significado para un cabalista que sus sistemas corporales, porque es el sistema de su alma y el campo en el que el espíritu se mueve y vive. Ésta es su realidad esencial.

Desde el aspecto solar de Tifereth, debemos ahora pasar al Mundo Angelical que está conectado a éste y que es:

### YETZIRAH, el Mundo Formativo:
### Orden de ángeles, MALAKIM.

La palabra «Malakim» literalmente significa Reyes, Gobernadores, Maestros o Controladores. Representa la importancia de aquellos que tienen autoridad para gobernar en su propia esfera o «reino». Quizá un término más moderno para referirnos a ellos sería Adaptadores Nucleares, ya que ésta es su función.

Debemos recordar que los Ángeles son Formadores que operan en sus propios campos de existencia diferenciada. El trabajo de los Malakim consiste en proporcionar y conservar las condiciones de centralización. En los estados atómico o celular, es el núcleo, pero en términos no físicos, un centro puede ser cualquier cosa, desde un principio hasta una persona. En todos los casos, es como el Sol, un Punto de Equilibrio alrededor del cual giran varios puntos o planetas.

En una escala macrocósmica, los Malakim ayudan a que los sistemas solares y las galaxias se mantengan relacionados entre sí. En una escala microcósmica, mantienen la vida hasta en la punta de la antena del insecto más pequeño. Si fracasan (o los hacemos fracasar) en mantener en equilibrio todas las partes de nuestro cuerpo, nos enfermamos o morimos. Si ese control fracasa en nuestra mente, perdemos la razón. Si esta calamidad ocurre en nuestra alma, nos volvemos viciosos o malos, dependiendo del grado de desequilibrio.

No es que los Malakim mantengan las formas de existencia organizada en una situación estática. Todo a su alrededor se encuentra en un estado constante de cambio. Su trabajo consiste en proporcionar puntos de equilibrio para que tenga lugar el propio cambio, a fin de que exista un mínimo de falta de armonía. No evitan lo que consideramos como desintegración o muerte, sino que crean un proceso de regeneración simultánea encontrando puntos focales en nuevas áreas de existencia para cualquier cosa que haya cumplido su propósito en otra parte. El término «muerte» que nosotros utilizamos, con su sentido de interrupción, no significaría nada para los Malakim. Para ellos, no existe interrupción alguna, sólo una continuidad en la danza eterna de la vida. Nada se detiene, las cosas sólo se alteran; lo mismo que las personas en todas sus etapas de existencia.

Y al igual que las personas, las ideas cambian de forma continua. Aquí, una vez más, los Malakim son responsables de la formación de centros mentales alrededor de los cuales los sistemas de pensamiento se relacionan de manera dinámica.

En los antiguos Misterios Mitraicos se les llamaban Señores del Eje y ésta es una buena descripción. Si el centro era suficientemente inestable, el conjunto periférico continuaba un progreso cíclico durante un largo periodo, con buenos resultados. Una vez que el centro se volvía inestable, la circunferencia se rompía. Por esta razón, los Sistemas y religiones necesitan un Punto central muy estable, si quieren seguir existiendo. Así es el concepto de Dios para una Religión, el concepto del Santo para un culto o el concepto de un héroe para un país. Los Malakim ayudan a crearlo y conservarlo, pero están sujetos al cambio con el tiempo. Cualquier cosa que se forma desaparece o se reforma. Las formas no son otra cosa que vehículos temporales de los fundamentos.

Es por esta razón por lo que las Sefirot del Árbol llevan los nombres que tienen. Todas son Fundamentos Inalterables de la existencia, relacionadas en términos que la humanidad puede entender. Por tanto, permanecerán juntas al menos mientras exista la consciencia viviente, y si ésta cesa, nosotros también lo haremos. Los Malakim, como nosotros, tienen todo el Sistema Sefirótico de los Fundamentos para recurrir a él al establecer sus centros de acción, y haríamos bien en aprender sus métodos si podemos hacerlo.

Debemos recordar que los Malakim no son centros o núcleos reales, sino la forma que adoptan esos núcleos. Mecánicamente, serían ambas cosas, el eje y la manga en el que gira. Mentalmente, podrían ser la formación de la idea principal y su relación inmediata con el exterior. Espiritualmente, podrían ser el patrón de impacto de una emoción o sentimiento alrededor del cual ocurre un ciclo de la consciencia humana. Por así decirlo, no son la causa principal de su poder, sino que son la forma, el tamaño y el tipo de resorte que se relaciona con el mecanismo al que hace funcionar. Si está bien, todo lo demás funciona de manera adecuada; de lo contrario, los resultados son negativos.

Cada unidad de la Creación, sin importar cuál sea su naturaleza, posee su propia centralización, al tiempo que tiene una relación periférica con el exterior. No conocemos el grado de estas dimensiones de la existencia, pero apreciamos la función de los Malakim al ajustar el exterior de un tipo específico de existencia con el interior de otro, de manera que tenga lugar un intercambio de energía entre los dos. Por ejemplo, podría ser que algún tipo particular de pensamiento requiera de diversos objetos en el orden material para establecerse como un núcleo. En realidad, los Malakim no proporcionan esos objetos, pero se preocupan por establecer los contactos entre éstos y los pensamientos. Cada Ángel con su función.

Desde luego, el valor incalculable que los Malakim tienen para los seres humanos radica en su ayuda para mantener el equilibrio entre la vida Interna y Externa. La mayor parte de las enfermedades del ser humano se deben, de una manera u otra, a algún tipo de falta de armonía o antagonismo entre el Yo y su expresión en distintos niveles. Siempre y cuando los seres humanos involucrados estén dispuestos a vivir en armonía, los Malakim ofrecen medios para relacionar entre sí los componentes de una situación, hasta el punto en que resulta práctico. Es preciso entender que los Ángeles no son, ni nunca han sido, milagrosos. Operan de acuerdo con las leyes naturales, y no manejan, ni pueden manejar, situaciones imposibles. Por tanto, si los factores de cualquier condición de desequilibrio no se pueden relacionar entre sí de manera armónica por cualquier medio inmediato o sencillo, los Malakim tendrán que abandonar los patrones nucleares existentes y reformar otros. Este proceso puede ser doloroso para las almas involucradas. Un ejemplo sencillo de esto es la regeneración del tejido humano después de sufrir una herida o enfermedad.

En la curación, sea física o espiritual, los Malakim son absolutamente esenciales. No inician el impulso de la curación, pero hacen posible su progreso creando caminos de poder entre el punto de equilibrio y la condición negativa. A menos que funcionen de manera apropiada, la curación total es imposible. En los casos en que pueden volver a establecer un patrón de armonía en todo el organismo y en todos los niveles al mismo tiempo, se dice que tiene lugar una curación «milagrosa». El milagro no está en la curación, sino en el corto circuito de tiempo que percibe la consciencia humana.

La autocuración es un proceso natural que consiste en una realineación nuclear y periférica a través de una condición de desequilibrio total. En el caso de un ser humano, este proceso incluye una estructura espiritual, mental y celular. En realidad, los tres estados son uno solo, como el principio, el punto medio y el fin de una cosa. La enfermedad se manifiesta como una falta de armonía, que se puede corregir al volver a equilibrar los circuitos de energía del organismo como un todo; de lo contrario, esto no sería posible debido a los componentes que faltan en la destrucción o el deterioro más allá del punto de la restauración. Por ejemplo, ninguna curación espiritual puede normalizar a un retrasado mental ni hacer que vuelva a crecer una extremidad. Para volver a equilibrar esas condiciones, los organismos involucrados tendrán que separarse mediante el proceso de la muerte y volverse a crear desde los niveles espirituales.

Para que ocurra la llamada curación «milagrosa», es preciso que tenga lugar un equilibrio inmediato de las energías en los niveles espirituales básicos del organismo vivo. Después de esto, los resultados en los niveles mental y físico se presentan casi automáticamente. Sin embargo, esta alteración total del alma en tan breve tiempo es un suceso que se presenta muy rara vez y necesita de un gran poder, además de representar un riesgo mínimo de daño para el organismo, debido al impacto. Es más común que se emplee un proceso más seguro, aunque más lento. Los Malakim, operando de forma natural, pueden ajustar las alineaciones nucleares entre las expresiones de energía espirituales y físicas.

En ocasiones, este proceso aparece en la consciencia del individuo. Fue Carl Jung quien se dio cuenta de que, cuando la curación se establecía en los niveles psíquicos, el paciente casi siempre empezaba a tener visiones o experiencias del patrón de la Cruz Solar Circular, o Mandala. Este hecho parecía casi un *sine qua non* de la curación. Desde luego, era la aplicación del equilibrio Solar al inconsciente del paciente que, entonces, empezaba el proceso de curación. Éste es el principio práctico de la que solía llamarse curación mágica y ahora se conoce como «paranormal». Si revertimos esta acción, tiene lugar la desintegración. La Cruz Solar es la clave de todo ello.

Los Malakim son los agentes con los que Tifereth se relaciona con las otras Sefirot, pero no constituyen su fuente de poder. No dirigen, sino que son dirigidos. Todo su propósito y su práctica se resumen en la personificación de su Arcángel, a quien encontramos en el siguiente Mundo:

### BRIAH, Mundo de la Creación: Arcángel MIGUEL o MIKAL.

Miguel no necesita presentación para los esotéricos occidentales. Su nombre significa «el Perfecto de Dios» o «El que se Parece a Dios». Líder de las huestes celestiales, Príncipe de la Luz, Conquistador de la Oscuridad, sus títulos son numerosos y siguen la misma línea. Por lo general, se visualiza como un Ser armado en el acto de dominar al Enemigo, al Mal. Su arma no es una espada, sino una lanza.

Algunos cabalistas (aunque son pocos) colocan a Rafael en la posición Solar, pero éste es un error. Es obvio que la naturaleza de Miguel es solar. La equivocación surgió por la función de Rafael como sanador. Miguel es el que cura las enfermedades, y el punto de equilibrio solar que inicia la curación está bajo su jurisdicción. Hace que el mal sirva al bien o, en otras palabras, restaura el equilibrio perdido.

El instrumento mágico de Miguel es, sin duda, la Vara (la Lanza). Existen varias razones para esto. Las primeras estacas endurecidas con fuego de los pueblos primitivos fueron las primeras lanzas. Manejaban el fuego controlándolo con los extremos de las estacas. Un bastón era el símbolo de la autoridad, y Miguel gobierna el Cielo. En un principio, el bastón tenía un extremo hendido y el otro puntiagudo. En ocasiones, el extremo hendido tenía forma de cuernos o de pezuña hendida, pero su propósito principal era simplemente tener una muesca. Si se llevaba con la punta hacia arriba, el bastón significaba hostilidad, pero con la punta hacia abajo quería decir amistad. La lanza de Miguel apunta hacia abajo como símbolo de paz para el observador humano, pero hacia arriba para el enemigo que está tendido bajo sus pies. Una estaca clavada en el suelo fue el primer reloj solar del hombre, y una lanza clavada en la tierra significaba paz y voluntad.

La leyenda de la guerra celestial con la victoria de Miguel sobre Sammael (Veneno de Dios) es demasiado conocida para citarla aquí. Sin embargo, también debemos recordar que el castigo para Sammael fue la Humanidad. Los comentaristas suponen que la tarea del Malvado (o Desobediente) fue atormentar al hombre. Al parecer, nos olvidamos de que, las «penas de Satán» las provocamos nosotros mismos. La leyenda dice que muchos de los Ángeles se quejaron y reprocharon a Dios la creación del hombre. Incluso está escrito que: «Dios se arrepintió de haber hecho al hombre». Todo el Cielo se dividió en este punto, ¿valía la pena el hombre o no? Miguel pensó que el Hombre lograría algo con el tiempo, y Sammael lo consideró como el mayor error de Dios. Todavía no han llegado a un acuerdo.

Miguel es el poder solar cohesivo, que mantiene unida a la Creación, y Sammael es la fuerza solar destructora que la separa. Por tanto, Sammael también es el Ángel de la Muerte.

Ambos son necesarios en el esquema total de las cosas, pero como es natural, consideramos a Miguel una garantía de vida. Conquista a la muerte al igual que la luz elimina la oscuridad. De manera que lo convertimos en nuestro amigo, así como Sammael es un enemigo. Quizá esto no sea muy correcto, pero es totalmente comprensible.

El hecho de que Miguel tenga el poder suficiente por derecho propio para mantenerse casi sin cambios en su paso de una fe humana a otra a través de las épocas, es muy significativo. Cualquiera que sea el nombre que le demos, el Buen Ángel de Luz surge triunfante en cada cambio de los conceptos humanos. Ésta por sí misma es su victoria más importante sobre la oscuridad. Nada ha derribado a Miguel como el guardián de la Bondad, para la mente del Hombre. Independientemente de cuánto estimemos a otros Ángeles, su brillo se opaca al lado del brillo radiante de Miguel como Ser Solar. La Luz no se puede negar ni ignorar, y Miguel gobierna el punto meridional de Luz máxima, en cualquier ciclo mágico.

Como un compromiso entre la Cristiandad y el paganismo, Miguel se convirtió en el patrón de los antiguos lugares de adoración en la cima de las montañas. La mayor parte de las iglesias antiguas que se construyeron sobre santuarios paganos en las montañas se dedicaron a Miguel. La cima de un monte o una montaña es un lugar de luz máxima puesto que es la primera que el sol ilumina por la mañana y permanece iluminada después de que los valles se oscurezcan al anochecer. De modo que Miguel reina ahí. Algunas iglesias antiguas construyeron una pequeña capilla sobre sus techos o atrios, llamada desván de Miguel, porque a ella llegaban las primeras y las últimas luces. Miguel no se puede extinguir. El día de su festividad es en el Equinoccio de Otoño, cuando se busca su protección durante los días que se oscurecen con rapidez a partir de esa fecha y hasta el Solsticio de Invierno.

Podemos asociar a Miguel con las tres «P»: Protección, Perfección y Poder. Éstos son sus atributos. Su función consiste en crear condiciones en las cuales el poder se pueda aplicar para lograr la perfección de la Vida y la evolución del alma. En tiempos pasados, siempre se le consideraba el Gran Intercesor de la humanidad. Él mismo habla en el «Apocalipsis Apócrifo de Pablo, y dice: «Soy aquel que siempre está en la presencia de Dios. Puesto que Dios vive frente a aquellos ante los que estoy en pie, ni de noche ni de día dejo de orar por la raza de los hombres, y en realidad rezo por aquellos que están en la tierra. Les digo que si algún hombre hace aunque sea un bien menor, yo lucharé por él y lo protegeré hasta que escape del juicio de la tormenta». ¿Quién podría prometer más? En algunos grabados antiguos, a Miguel se le representa luchando contra el Mal por la posesión de un alma humana posada en la Balanza del Juicio. Incluso después de la muerte, él lucha en beneficio de la humanidad. Miguel no suele perder una pelea.

Miguel es reconocido como el Gran Maestro de los Misterios de la Luz, pero no debemos confundirlo con el Logos Solar, del cual Miguel es el vicerregente. Los distintos Sistemas tienen nombres o títulos diferentes para Miguel, pero todos los asume con una gracia perfecta, pues en verdad es la personificación de la perfección. Algunas escuelas de pensamiento ven a Miguel y a Lucifer como oponentes en un campo dividido en cuadros de luz y de oscuridad, con el mundo y la humanidad como una especie de partido de fútbol entre ellos. Hasta ahora, Lucifer parece haber anotado una cantidad impresionante de goles, aun cuando Miguel tiene asegurada la victoria final. Un cínico incluso podría preguntarse por qué Lucifer se molesta en seguir jugando.

La escuela dualista considera a Miguel y a Lucifer (o a Cristo y a Satanás) como hermanos gemelos que luchan entre sí por el dominio del Reino de su Padre, quien (al igual que Urano después de la castración), parece seguir siendo neutral y benevolente. Cualquiera que sea la interpretación de estos mitos, nadie puede negar que el alma humana tiene un lado de luz y otro de oscuridad. La historia lo demuestra con suficiente claridad. El cristianismo ortodoxo considera el Mal como una Fuerza dirigida por el Diablo en persona, siendo su objetivo destruir a la raza humana y establecer el reino del Infierno (la regresión al caos). El cabalista considera al mal como una situación de desequilibrio más o menos grave. Admite la existencia de los seres encarnados y no encarnados que causan esas situaciones de forma deliberada para sus propios fines, pero sabe que incluso estos seres no se arriesgarían a la destrucción total sin causar su propia extinción. Por tanto, el mal tiene un límite automático, por muy horrible que éste parezca. En ningún lado aparece la sugerencia de que los ángeles malvados buscan destruirse a sí mismos. Más allá de un punto de presión determinado, el desequilibrio estalla como una bomba atómica.

Sin embargo, el concepto cabalístico del Bien como un equilibrio perfecto y armónico no tiene esos límites. Una vez que el equilibrio se logra y se mantiene, no hay razón por la que no se pueda extender de manera indefinida, siempre y cuando esas extensiones tengan lugar dentro de los límites de sus propias leyes. Ésta es la tarea de Miguel en nuestro universo. Su lanza se convierte en el fiel de la balanza del Juicio que apunta hacia arriba, y en su punta, se equilibra nuestro destino. Si puede poner las cosas a nuestro favor, seguramente lo hará.

Sin embargo, no existe un equilibrio total, a menos que haya una coexistencia de fuerzas que lo generen. Éstas son necesarias y fundamentales. En el mito, esto se encuentra señalado con la esperanza de que los demonios sean encadenados y confinados al abismo después del triunfo final del Bien sobre el Mal. No existe referencia alguna sobre su total abolición, sino sólo acerca de su confinamiento o control. No hay otra cosa que los haya hecho más peligrosos para el Hombre que sus actividades sin control. Con frecuencia, conocemos relatos de Ángeles que «someten» a los demonios, y la totalidad de la historia trata del dominio de diversas energías y de cómo hacerlas operar con buenos propósitos. Miguel es el Maestro de esos métodos.

Es muy recomendable que los cabalistas en desarrollo dediquen mucho tiempo a meditar sobre Miguel cuando diseñen un programa de trabajo. Miguel es un contacto muy fiable con el Plano Interno y responde con presteza a las llamadas conscientes de la humanidad. Su efecto es muy benéfico. Para comprenderlo mejor, debemos buscar la Fuente Divina de su Poder, que proviene de:

### ATZILUTH, el Mundo de los Orígenes: Aspecto de Dios ELOAH va DAATH.

Este Nombre de Dios posee diversos significados puesto que tiene un valor tanto femenino como masculino. Al tener la potencia del Pilar Medio, es el punto entre ambas polaridades, y no pertenece a una más que a la otra. De ahí su nombre. «Daath» es conocimiento en el sentido de comprensión más que de los distintos significados de sabiduría y entendimiento. Quizá la traducción más razonable de Eloah va Daath sea «El Omnisciente».

Una vez más, aparece el concepto del control central. Aquí el Divino es Quien Todo lo Sabe, por estar situado en el centro de todo. El cosmos y el orden dependen de este principio, y todo Tifereth se relaciona con él. Como sabemos, al girar un trompo, cuanto más cercano esté un punto del centro, menor es la cantidad (pero no el grado) de movimiento. En teoría, el centro absoluto del movimiento giratorio o cíclico permanece inmóvil. Puede parecer extraño que un movimiento infinito surja a través y alrededor de una inmovilidad total, pero éste es el secreto de Eloah va Daath. Es la Inmovilidad en medio del Movimiento, y el Silencio en el Sonido.

Desde luego, éste es el secreto de la comprensión o el conocimiento, simplemente permanecer inmóvil y relacionar todos los factores móviles con ese único punto. Así es como se unen los cosmos, y lo mismo debe suceder en los asuntos de la humanidad. Una vez más, encontramos la máxima: «Quédate en calma y sabe. YO SOY DIOS». La Calma y el Conocimiento son las Claves de Eloah va Daath.

En el Árbol de la Vida, Eloah va Daath es el punto a partir del cual surgen nuestros principios del alma. Podemos ver el descenso rápido de la Vida a través del Pilar Medio y su Símbolo de la Espada. El Espíritu del que respira en Kether, el alma del que abarca en Tifereth y el cuerpo del que vive en Yesod. Todos ellos proyectados en Malkuth, donde se reúnen cuerpo, alma y espíritu. Surgimos de Eloah va Daath como almas, en busca del conocimiento y de la experiencia y volvemos a Eloah va Daath con la consciencia acumulada de toda una vida. Todo este material es transmutado en energías puras, que iniciarán nuevas vidas.

Podemos pensar en Eloah va Daath como una especie de depósito central de consciencia. Toda entidad individual está constantemente aportando impulsos de energía procedentes de sus propias experiencias y al mismo tiempo está recibiendo energía de ese depósito colectivo. De este modo están conectadas todas las vidas tanto individuales como colectivas. Las implicaciones que esto conlleva son extraordinarias. Todo impulso vital que ha existido alguna vez, formará parte de todo lo que alguna vez vaya a existir. Eloah va Daath es Una Vida en la que concurren todas las vidas y al mismo tiempo es la fuente de su consciencia común, como seres vivos.

Las imágenes mágicas de Tifereth nos lo explican. Son tres: un niño, un rey-sacerdote y un Dios sacrificado. El niño indica nuestro punto de nacimiento como individuos humanos. El rey-sacerdote es un gobernante mediada la vida y el Dios sacrificado nos muestra que debemos abandonar nuestras vidas separadas si es que queremos lograr la unión con Dios. Bajamos del Árbol con el niño, vivimos con el rey-sacerdote y finalmente ascendemos más allá de Tifereth a través del sacrifico de nosotros mismos. Aquí vemos el misterio de la encarnación y de la excarnación, en el punto en que la Divinidad y la humanidad se reúnen.

En nuestra vida microcósmica, Eloah va Daath es nuestra autoconsciencia centralizada, que nos hace ser quienes somos. Es el Dios-en-nosotros que conoce. No la Chispa divina sino la Luz de esa chispa. Nuestro intelecto de Hod y nuestras emociones de Netzach se combinan en Tifereth como un gobierno razonable, equilibrado entre las dos polaridades. Para gobernarnos a nosotros mismos de una manera adecuada, debemos hacerlo desde el punto central de Tifereth, convirtiéndonos en omniscientes en miniatura dentro de nuestro pequeño sistema. Ciertamente serán necesarias muchas vidas para lograr este equilibrio y dichas vidas serán tomadas de todas las gradaciones de la vida. Si son necesarios millones de años para que la vida microscópica evolucione hasta llegar al hombre, ¿cuántas vidas humanas serán necesarias para evolucionar hasta Dios?

Con Eloah va Daath comenzamos y finalizamos nuestra humanidad. Por encima nos convertimos en entidades, y por debajo, en personalidades. Es el punto de partida del sexo, en cuanto a almas en desarrollo que se diferencian entre varones y hembras. En Eloah va Daath surgen, en el camino descendente y se combinan en el ascendente y ese es el punto en el cual pueden cambiar de polaridad. Generalmente las almas permanecen del mismo sexo durante sus vidas evolutivas pero a medida que su autodeterminación se incrementa pueden pasar de un sexo a otro, en busca de experiencias. Finalmente, ambos sexos deben equilibrarse en todo individuo, pero para alcanzar ese punto de perfección debemos pasar más allá de Tifereth, en sentido macrocósmico.

Como Omnisciente, Eloah va Daath, es a veces llamada «la mente universal». Cualquier cosa que pensemos o conozcamos experimentalmente no sólo se origina allí sino que también va hacia ese punto. A través de Eloah va Daath tenemos acceso a las mentes y a las consciencias de todos los demás, estén encarnados o no. En Eloah va Daath existe toda posible combinación de pensamiento. Literalmente, sabe todo lo que nosotros podemos llegar a saber. No sólo está allí nuestro pasado, sino también nuestro futuro en el sentido de que todo aquello con lo que va a ser construido nuestro futuro, está esperando en Eloah va Daath, hasta que nosotros lo evoquemos. El buen o mal uso que de él hagamos dependerá enteramente de nosotros.

Aquí es donde entran en escena las llamadas «llaves» o «claves». No son ni más ni menos que patrones simbólicos que están conectados con cadenas completas de consciencia en los ordenadores de Eloah va Daath. Cuando leemos que un practicante «utiliza las claves» ello no significa otra cosa que evocar mentalmente un «símbolo-clave» y aplicarlo a la mente a fin de que «abra» toda una serie de conexiones de consciencia. En cierta forma, todos utilizamos «claves», aunque las claves ocultas suelen ser custodiadas por ciertos grupos para su trabajo privado. De cualquier forma, muchas de dichas claves en la actualidad son sobradamente conocidas. El símbolo del Árbol es una clave importante. También lo es la cruz inserta en un círculo. El Tarot es toda una colección de claves, mayores y menores. Las imágenes mágicas y los aspectos de Dios son también claves importantes.

Si se utilizan los métodos correctos, tanto mágicos como en la meditación, las claves son de hecho llaves que abren puertas o canales que nos comunican con dimensiones internas de consciencia. De alguna forma Eloah va Daath, que conecta a todas las Sefiroth salvo Malkuth, es la respuesta a todos los problemas y la suma de todo el conocimiento. Se dice que «el conocimiento es poder» y esto es exactamente lo que nos demuestra Tifereth. Las claves del conocimiento son simplemente símbolos que enlazan la consciencia objetiva con su interminable suministro de la Mente única, que es accesible a todos.

A San Pedro se lo ha relacionado siempre con las «Llaves del Reino», esto significa que se le enseñó cómo utilizar fórmulas y símbolos mágicos para entrar en contacto con el mundo interior comúnmente llamado «Cielo». Pero ello no quiere decir que esas mismas claves funcionarán para cualquier otra persona. Aunque existen claves accesibles a cualquiera que se tome el trabajo de utilizarlas, a fin de llegar al «lugar que nos está destinado», cada uno de nosotros debe crear su clave propia y particular. Así, el «pentáculo mágico» o «clave» particular de una persona o de una logia, sólo servirá para que dicha persona o dicho grupo puedan acceder a «su lugar» o su «Cielo». No es fácil descubrir los patrones de dichas claves particulares pues las «cerraduras» entre los mundos no pueden forzarse sin causar gran daño en ambos lados y las claves o llaves que abran dichas cerraduras tienen que ser hechas al mismo tiempo por los seres que están a ambos lados de la Puerta. La Puerta puede ser abierta desde dentro, o bien, se pueden dar instrucciones a los de fuera para que hagan la clave o llave que les permita entrar a ellos. Por eso, el puesto de portero era tan importante en las logias de los Misterios. Era al mismo tiempo tiempo el más humilde y el más excelso de toda la logia. Pedro el humilde fue convertido en Pedro, el líder, aunque luego el Misterio se perdió y los seguidores de la Iglesia extraviaron su misión espiritual.

Al igual que el Árbol es una clave importante, Tifereth es una clave importante dentro del Árbol. Como el aspecto divino de Tifereth, Eloah va Daath es el principio y el poder central que suministra identidad, significado y propósito al ordenamiento sefirótico. Responde a las naturales preguntas: ¿De qué trata el Árbol? ¿Para qué sirve? Eloah va Daath responde: «Es Conocimiento y Experiencia». Seguidamente nos muestra la mejor manera de vivir en equilibrio con todo cuanto nos rodea. El propósito de la Iniciación en cualquiera de los Misterios siempre es el conocimiento, y el autoconocimiento o auto-gnosis es la finalidad de los Misterios actuales. Esto no significa un elaborado sistema de auto-estudio introspectivo y esquizofrénico. Significa la capacidad de saber desde uno mismo y por uno mismo. Es el hecho de que el ser se halla conscientemente conectado con el Gran Ser de Eloah va Daath, de donde procede todo el conocimiento. Esto es realmente conocerse a sí mismo, según la frase grabada sobre las puertas del templo griego de los Misterios. Todo lo que hacían los rituales del templo era despertar la consciencia de los participantes. Fuera del Templo, estaba claramente expuesto *qué* había que conocer; dentro del Templo, se enseñaba, *cómo*. Y lo mismo ocurre en el Árbol. Las sefiroth externas son los «qués» mientras que la interna Tifereth es el «cómo» del misterio cabalístico.

Eloah va Daath nos muestra el principal secreto de los Dioses y su funcionamiento. Además de ser ellos mismos, son sus propios atributos en la vida consciente. La «Gran Madre», por ejemplo, es el instinto materno que existe en toda mujer que haya vivido o que vivirá. El Ser Fuerte y Severo es el coraje y la valentía del hombre, necesarios para luchar por la supervivencia y la protección de los más débiles. Estos poderes son reales y son Dioses existentes en nuestro interior. Negar a los dioses es negarnos a nosotros mismos. Cuando oramos a algún Dios o Diosa en particular, estamos poniéndonos en contacto con esos atributos especiales de la vida humana y consciente, ya sea que se hallen encarnados o no. Como seres humanos no somos mucho, pero como Hijos de los Dioses tenemos de nuestro lado todo el poder, si nos mantenemos en contacto con ellos.

La Cábala tiene sus diez aspectos divinos que son, necesariamente también, diez aspectos humanos. Los Pilares Externos muestran las extremidades y el Pilar Medio lo central, tanto de la vida humana como de la divina. El concepto de Dios de Dioses en quien todos los demás aspectos se combinan está mostrado en principio en Kether y en la práctica en Tifereth. Esto no significa que cualquier Sefirath central invalide a las de los extremos y que no necesitemos acercarnos a otro que no sea el Único Dios. Ciertamente debemos acercarnos al Dios Único, pero el método y la finalidad de ese acercamiento es decidido por el Aspecto implicado. El «trabajo en los Senderos» es la forma en que el cabalista trata con la energía divina, y los senderos son lo suficientemente claros para que cualquiera los pueda seguir.

Sin embargo, ninguna oración o práctica dirigida hacia la Divinidad es estéril ni debe ser desechada como mera superstición procedente del pasado. Al tratar con los Dioses estamos tratando con nuestros propios poderes procedentes de los niveles más profundos de nuestro ser y esas energías son totalmente reales y auténticas. Las únicas cuestiones pendientes son las relativas a los métodos y a los sistemas prácticos para manejar dichos poderes. Deben aprenderse de la mejor manera posible, buscando siempre la guía de la Inteligencia. Cabalísticamente, esto es Eloah va Daath.

Al dejar a Tifereth para seguir subiendo por el Árbol, inmediatamente después nos encontramos con una especie de cortina o velo llamado Paroketh, que significa «pantalla de separación» y cuyo significado es el mismo que el de las cortinas del templo que recordaban al participante que estaba pasando de una estancia a otra, y por lo tanto, debía hacer una pausa y ajustar su mente y su alma a las circunstancias existentes al otro lado de la cortina. Una cortina o velo es una separación, pero al mismo tiempo, permite el paso y ésta precisamente es la función de Paroketh. Nuestra actitud con respecto al Árbol debe variar a partir de este punto. Dejamos atrás personas y personalidades y vamos, desde ahora, a tratar con Poderes y Principios. En cierto sentido es como habernos ocupado de un aparato electrónico durante cierto tiempo y ahora pasar del aparato real al diagrama teórico de su funcionamiento y de sus componentes. Es lo mismo pero en otro nivel. Y llevando esta analogía todavía un paso más allá, al cruzar el Abismo, sería como dejar los diagramas del aparato para ocuparnos de las matemáticas puras que lo hacen posible. Todo es una cuestión de ajuste.

Un antiguo nombre dado a Tifereth era Kav ha Emtzai, «la Línea Media», y se decía que tanto las inclinaciones buenas como las malas, comparten una raíz común en Tifereth. De todas formas, una vez cruzado Paraketh, lo bueno y lo malo carecen del sentido que les damos mientras somos seres mortales y nunca debemos pensar en los poderes y los principios que están sobre Tifereth como buenos o malos en sí mismos, cualesquiera que sean sus efectos remotos sobre nosotros.

Aunque sólo fuera por este motivo, nunca deberíamos omitir a Paroketh en nuestras meditaciones acerca de la subida del Árbol. Nos da la oportunidad de hacer una pausa a fin de adaptarnos a las diferentes circunstancias que esperamos encontrar al otro lado, del mismo modo que debemos hacer una pausa antes de cruzar la puerta que nos lleva a un lugar sagrado, a fin de preparar a nuestra consciencia para lo que nos espera al otro lado. No debemos desaprovechar la oportunidad de hacer lo mismo ante Paroketh, y en caso de no hacerlo, sólo nosotros perderemos. Tras haber cruzado a Paroketh y sus guardianes ocultos, debemos seguir hasta la siguiente Sefirath.

## Capítulo 8

# La Sefirath Geburah, fortaleza, justicia, severidad, temor, 5

**ASSIAH, Mundo de la Expresión: Marte.**

A pesar de que hemos superado los límites personales, nuestro estado consciente humano actual sigue personificando los diversos Poderes de la Creación a fin de comprenderlos. Siempre y cuando seamos conscientes de esta necesidad, no hay motivo por el cual no podamos manejar dichos conceptos. Aun en ese momento, Geburah (que más bien se pronuncia «Gevurah») nos puede llegar a impresionar pues nos enfrentamos al mismo tiempo con la Justicia Retributiva, la Severidad, la Fortaleza y el Temor.

Sin embargo, y por última vez, debe quedar muy claro que Geburah no tiene que ver con ningún rastro de malicia o maldad. En la astrología antigua, a Marte por lo general se le consideraba un planeta «maléfico», pero sólo se debe a que sus efectos eran drásticos y dolorosos, cuando se hacían necesarios. Por terrible que parezca, las guerras se vuelven inevitables cuando la humanidad, por necedad, se niega a aprender a través de cualquier otro medio. Nada lleva a la humanidad a las guerras y sus males sino el hombre mismo. Ningún Dios insiste en dichas medidas sin alternativas. El hombre, y sólo él, es quien conduce a cualquier extremo de destrucción. Marte no es el que inicia sino el que termina las guerras con sus poderes explosivos. En una ocasión, una adorable dama criticó al Duque de Wellington por su «desagradable ocupación» como soldado. Wellington le respondió con rudeza: «Nada de eso, señora. Los soldados no inician las guerras. Los políticos, sí. Los soldados las terminan». Esto explica muy bien la función de Geburah. Corrige el desequilibrio a través de métodos marcianos y de medios estrictos, sin los cuales el Árbol no podría continuar con vida.

Debemos recordar que Geburah y Chesed están detrás del Sol de Triphereth como polarizaciones del Poder Solar, ya sea como un destello o como una bendición. Podríamos llamarlos Poderío y Piedad, y por sí solos son los puntos de equilibrio de los dos Pilares externos, cada uno de ellos indispensable para el otro, al igual que Visnú y Siva, el Preservador y el Terminador de la Vida. El primero crea y el otro destruye, en un círculo infinito de análisis y catálisis cósmicos. Si la vida continuara extendiéndose de manera incesante en este planeta, no tardaríamos en convertirnos en una putrefacción supurante, como un enorme hongo; con vida, pero asqueroso. El equilibrio de la naturaleza sólo se mantiene con la constante limpieza de la la materia decadente y de las estructuras vivas desgastadas. La acción de Geburah en nosotros como purgador nos asegura buena salud mental, corporal y espiritual, al evitar el estancamiento y dar paso a la nueva vitalidad.

El equilibrio justo y preciso entre Geburah y Chesed es casi vital. La acción de esta ley se observa en cualquier punto de la naturaleza, y a pesar de que la influencia de Geburah parezca dura o intransigente, por ningún motivo debemos pensar que sea hostil hacia nosotros o que sea nuestro enemigo.

Sin Geburah, no podríamos continuar con vida. Geburah es destructor, mas no aniquilador. Sólo desarma cosas y personas para que puedan volver a crearse en conformidad con mejores líneas.

Marte se representa como un ser con fuerza muscular más que pensante. Esto es indicativo de que la guerra, según la conocemos, es la forma en que la gente poco inteligente soluciona los problemas, en lugar de resolverlos de otra manera. Nadie podría decir que la guerra es resultado natural del desequilibrio entre personas que poseen sabiduría y entendimiento verdaderos. Si la sabiduría no conserva la armonía, sólo Marte puede recuperar el equilibrio perdido. Cuanto más se tambalee la rueda giratoria, mayor será la energía necesaria para restablecer su equilibrio.

A lo largo de nuestra historia, hemos visto cómo sucede una y otra vez. Seguimos procreando sin pensar en los medios para mantener esas vidas, y las guerras, las plagas y la hambruna son la única forma de restablecer el equilibrio. Continuamos fomentando situaciones de pobreza espiritual y caos, y de ruptura entre religiones. Lo mismo sucede en los niveles mental y social. Las tensiones crecen hasta el punto en que la única posibilidad es un reajuste drástico. Los mismos factores de estupidez, indolencia y confusión están siempre presentes. El Marte de Geburah es la única fuerza capaz de sacarnos de esos embrollos, que de otro modo serían irremediables. La gravedad de los resultados depende de la forma y el momento en que se aplique la fuerza. Desde un punto de vista estricto, Geburah y Chesed deben tener una relación cíclica entre sí a fin de mantener juntos el equilibrio. La cuestión es de proporción. Mientras más tiempo se le permita a uno actuar sin el control del otro, más insoportable será el resultado desde el punto de vista humano. Para entender lo anterior podemos considerar en el nivel físico, las cosas buenas como los alimentos y nutrientes que alimentan el cuerpo a través de la influencia de Chesed. A menos que la contraparte de eliminación de

Geburah controle esta ingestión, muy pronto enfermaríamos y moriríamos de indigestión. Lo contrario también sería cierto si Geburah no se controla.

La espada de Marte también es el bisturí del cirujano que corta la corrupción siempre y cuando se utilice como tal, mientras todavía sea posible. Si Marte no tiene éxito como cirujano, se convierte en eliminador, y en cada caso su misión es la de Salvador. Como soldado, tiene una valiosa lección de disciplina que enseñarnos, por lo que a Geburah se le aplica el símbolo de Azote, tanto metafórica como literalmente. Si no nos disciplinamos, fracasaremos de manera rotunda en cuanto a la forma de controlar el poder de Geburah, y sufriremos las consecuencias, que pueden ser terribles.

La pregunta obvia que surge con respecto a Geburah y Marte es ¿por qué aplicar un atributo así al Pilar Negro Femenino? Algunos lo han interpretado como una consecuencia sexista de los barbadoa rabinos, (olvidan que la Cábala es una herejía para dichos maestros) o alguna transposición misógina parecida. No es cierto. Geburah está en el lugar correcto. ¿Cuál de los sexos es el economista, el hombre o la mujer? La semilla del hombre es muy pródiga, en tanto que la mujer sólo madura uno o dos de este amplio número. El hombre puede tener mayor fuerza muscular, pero la mujer sobrevive donde el hombre muere. El atributo engañoso es que Marte, el Dios Guerrero, se considere un concepto de Dios totalmente masculino. Sin embargo, es indudable que los demás atributos de Geburah son femeninos.

En hebreo, Marte es MADIM, de la raíz MAD, Fuerza o Poderío, que conlleva el sentido de poder de una manera enérgica y rápida. Es un aspecto de Geburah muy positivo, a pesar del sexo. Ahora podemos preguntarnos cuán hombre fue en verdad Marte (o Ares). Se supone que es hijo de Zeus y Hera, junto con su hermana gemela Eris (Problema). No obstante, existe una leyenda acerca de que su hermana y él eran productos partenogénicos que nacieron del contacto entre su Madre-Diosa y una flor en el campo. Es muy probable que su origen no sea guerrero. De hecho, es el complemento que equilibra el poder de Venus en el Pilar Masculino, donde él es el factor masculino en una feminidad básica. En el Panteón hindú, éste es el Aspecto Destructor de Kali. De hecho, la naturaleza esotérica de Marte es femenina, aunque se oculta tras una máscara masculina. Con los siglos, Marte se ha convertido cada vez más en un concepto masculino, sobre todo desde los días de Roma. Sin embargo, al principio no era el Dios de la Guerra que tipifica la energía solar destructiva (o catabólica), sino la Diosa de la Guerra, o la polaridad negativa del poder Creativo.

Si consideramos a Geburah y Chesed como los complementos negativo y positivo del mismo ciclo de energía, su trabajo es bastante sencillo. En cuanto se eliminan los obstáculos mentales y se acepta a Marte como un principio negativo femenino, es más fácil entender el funcionamiento del Árbol en este punto. Por desgracia, se nos ha condicionado a pensar que la energía negativa de cierto modo es inferior a la positiva, y con frecuencia empleamos la palabra negativo como sinónimo de impotente, insípido o de menor valor a algo positivo. La realidad es más bien lo contrario. Una batería eléctrica normal o de jardín representa de manera adecuada este ejemplo.

La dirección del flujo de corriente de una batería eléctrica es del lado negativo al positivo, y la desintegración del electrodo negativo proporciona todo el suministro de energía. En este caso, vemos en acción a Marte-Geburah separando la materia a fin de convertirla en polvo. Ésa es la verdadera función de Marte. De hecho, es la separación (o explosión) de masa acumulada liberando energía con el objeto de lograr una finalidad diferente. Puede ser muy tranquilo, como un reactor atómico, o muy violento, como una bomba. Todo depende de cómo queramos que sea.

Chesed une cosas y Geburah las separa, y todo por el mismo objetivo: la Vida. Deben trabajar de manera recíproca o no trabajar. Chesed hace que la fruta del Árbol crezca y madure, Geburah la divide para alimentar a otras vidas y posibilitar el crecimiento de una nueva semilla. Debemos dejar de pensar en Marte sólo en relación con guerras que implican tormento y sufrimiento humano. La muerte sólo ocurre para incrementar la Vida. Tal vez Chesed sea el acelerador de la energía de la Vida, pero Geburah es quien aplica el freno tan necesario. La extensión sólo se puede controlar con el mismo grado de contracción. Si pensamos en Geburah y Chesed como los vértices de triángulos cuyas bases están en los Pilares opuestos, con Triphereth al centro, tendremos un glifo interesante, que sin duda proporcionará material para la meditación.

Marte no sólo es un soldado, o una Diosa de la Guerra, sino que tipifica las cualidades de valor, obediencia a las órdenes, disciplina y sentimientos semejantes. Para aprovechar al máximo la influencia marciana, lo mejor es aplicarla en la guardería y no en toda la nación. Una pequeña cantidad de la fuerza de Geburah al principio del desequilibrio evitará la desastrosa cantidad requerida a fin de corregir un aspecto que de otro modo sería incontrolable. «No uses la vara y malcriarás al niño», aunque no tenemos que interpretar este dicho con demasiada dureza. La crueldad y la brutalidad son bastante ajenas al concepto de Geburah, y no tienen nada que ver con éste. Ambas pertenecen al reino del comportamiento humano y no al decreto divino. El irascible y vengativo Yahvé es un concepto erróneo de mentes que vertieron sus propios odios y aversiones en el Nombre Divino. En cierto grado, la culpa se debe a una traducción errónea. La palabra Pachad quería decir «temor», aunque en el fondo su significado era ser precavido.

Por tanto, el conocido texto: «El temor al Señor es el principio de la Sabiduría» no se refiere a un humano asustado que se humilla ante Dios. Sólo quiere decir tener precaución y asimilar la experiencia a fin de evitar futuros males. No cabe duda que se trata de una sabiduría primitiva. Sin embargo, ¿por qué debemos dudar de la sabiduría de dicho temor, cuando hoy en día todos los humanos viven bajo el temor nuclear? El temor al Señor sólo indica un respeto normal ante energías capaces de desintegrar nuestra forma de vida. Pachad también significaba trémulo o palpitante. Se trata de un temblor físico debido a un impacto psíquico lo bastante profundo para afectar a todo el sistema nervioso. Es un complemento normal de ciertos estados de experiencia estática o mística, y se describe como una extraña clase de pavor parecida al temor que precede a una manifestación divina importante. Con frecuencia, leemos «y estaban temerosos», en relación con las apariciones divinas o los sucesos extraordinarios. La sensación de este peculiar cuasi-temor era un síntoma definitivo de que algo suprafísico estaba a punto de ocurrir.

Ese es el «temor» al cual se refiere Geburah, muy diferente en significado a su interpretación moderna. Incluso podríamos compararlo con «aprensión», lo cual quiere decir un precavido contacto con energías que se acercan. El único «temor» que debemos asociar a Geburah es la precaución inteligente. De hecho, ése es el principio de la Sabiduría.

La presentación marciana de Geburah debe ser para nosotros una advertencia de que debemos seguir una disciplina con buen juicio, y permanecer alertas y atentos a fin de corregir un desequilibrio en nosotros mismos en caso de que éste surja. Si pudiéramos pelear y ganar pequeñas batallas a medida que se presentan ante nosotros, jamás nos veríamos obligados a tolerar los horrores de la guerra universal. Lejos de ser un enemigo, Marte debe ser nuestro mejor amigo, ya que debemos luchar del mismo lado contra un enemigo en común.

Entenderemos mejor a Marte en este punto del Árbol cuando nos acostumbremos a ver la figura marciana de

Geburah como una Diosa Guerrera que defiende a sus hijos de los peligros a los que ellos insisten en comprometerse, y al mismo tiempo les permite lastimarse a sí mismos ya que no hay otra forma de que aprendan. Por ningún motivo debemos asociar los fracasos humanos, la rabia o la impaciencia, con el espíritu de Geburah. Quizá sean nuestra reacción a su influencia, pero surgen de nosotros, no de Geburah. La culpa es nuestra por no controlar el poder de Geburah, quien nos enseña la forma de mejorar nuestras técnicas, por el camino difícil.

La expresión marciana de Geburah no es una especie de furia divina dirigida en contra de la raza humana. Pero sí demuestra la acción del karma retributivo, en el sentido de que quemarnos es una retribución por poner los dedos al fuego. No se trata de un factor de castigo como un acto reformador por parte de una Divinidad enfurecida. Lo único que se puede atribuir al Marte de Geburah es que corrige el desequilibrio a través de medios expeditos. Si durante este proceso nos lastima, quizá nos reconforte saber que con el tiempo nos llegará el consuelo por medio de otras Sefirot, porque inevitablemente continuarán donde lo dejó Geburah. Marte sólo lucha hasta el punto del agotamiento, aunque se acerque al de extinción.

La lucha es una parte intrínseca de la existencia consciente, y es indudable que Marte lo indica en Geburah. Si no luchamos y nos esforzamos por continuar, es poco probable que ascendamos en el Árbol de la Vida. Se requiere del poder y la energía que ofrece Geburah, con la precaución de que debemos ser inteligentes para utilizarla de manera correcta. Si nos condicionamos a pensar en Geburah bajo esta perspectiva, nos dará el poder equivalente al extremo infrarrojo en el espectro espiritual. Chesed tipifica el extremo ultravioleta. Al subir por el Árbol encontramos a Tifereth frente a Geburah, lo cual nos debe indicar que necesitaremos de conocimientos y experiencia antes de manejar las peligrosas y mortales energías, tan necesarias para nuestra evolución posterior.

No podemos vivir sin Geburah, y cualquier intento por inhibir su acción al final sólo empeorará las cosas. Mientras sus energías se canalicen de manera correcta, son vitales para nosotros, y la obstaculización de sus funciones provocará que enfermemos de gravedad en todos los niveles de nuestro ser. Los mismos anticuerpos existentes en nuestra sangre, por naturaleza, son de Geburah, y sin ellos no viviríamos mucho. Por algo Geburah tiene el color rojo del torrente sanguíneo. Nuestra salud está muy ligada a su funcionamiento en la frecuencia correcta del espectro solar y espiritual. En el nivel corporal, Geburah se relaciona con la sangre y Chesed con los nervios. Los colores rojo y azul que se les atribuyen pueden utilizarse como técnicas de curación.

Por tanto, el planteamiento correcto del lado marciano de Geburah es el de un camarada en armas. Si se percibe alguna sensación de antagonismo hacia Geburah, algo está mal, y se debe identificar y equilibrar, antes de que Geburah nos pueda proporcionar algún bien. Todo esto nos ayudará a progresar al estudiar con mayor profundidad a Geburah en el siguiente estado de su ser que es:

### YETZIRAH, el Mundo de la Formación: Orden Angelical, LOS SERAFINES.

Los Serafines han sido descritos como «Serpientes Ardientes», porque parece ser que así es como los ve un clarividente. La mejor forma de pensar en ellos es como el poder fisionable del fuego, por ejemplo, el ardor de la llama o el calor del sol. La raíz SRF significa quemar con fuego. Después del exilio de Adán, se colocó como guardián frente a las puertas del Paraíso a un Serafín.

La tarea de los Serafines es llevar el principio del calor a cualquier parte a la que se dirijan en la creación. La energía solar, por lo general, se divide en luz y calor. Los Serafines en Geburah trabajan el aspecto del calor, y sus opuestos, en Chesed manejan la Luz. De hecho, ambos principios son inseparables, pero debido a sus diferentes efectos se pueden considerar de manera individual.

A pesar de que los Serafines tienen poderes destructivos, no deben considerarse como tales. Siempre existe la duda del grado de aplicación de sus energías. Al aplicar cualquier energía, lo ideal es que se utilice justo lo suficiente para lograr la finalidad propuesta. Ni más ni menos. Como Formadores de energía de Fuego, los Serafines tienen la responsabilidad literal y metafórica de la producción de sus efectos en los planos de la mente y el espíritu. Pueden definir los límites de un fuego abrasador o de una discusión acalorada.

En estos niveles internos, los Serafines actúan de una forma muy valiosa, quemando la acumulación de desperdicios mentales y espirituales que guardamos. Lo delicado es que deben seleccionar sólo el material que ha de ser destruido. Si ese material fuera físico, podríamos ubicarlo en un lugar como un fogón, donde pudiera manejarse uno a uno. En las dimensiones interiores, no podemos hacerlo con esa precisión. Como no tenemos la capacidad de ubicarnos en un plano espacial, debemos separar las malas semillas de nuestro grano espiritual, primero con una identificación consciente, y luego alejándonos de ellas de modo que podamos invocar a un Serafín para quemarlas sin que nos lastime. Debemos recordar que en el interior, nuestros vínculos no deseados son más reales que los objetos físicos del mundo exterior. Por tanto, dentro de lo razonable, podemos tratarlos con métodos equivalentes.

Viejos rituales en los que los demonios representaban nuestros peores aspectos se consignaban a una hoguera donde el dramatismo atraía a los Serafines a ejercer sus llamas purificantes. En la actualidad, podríamos hacer lo mismo escribiendo en un papel nuestros errores, para después quemarlo. No cabe duda de que son los Señores del Fuego purgatorio. Nos castigan, purifican, y si fracasamos en corregir nuestros fallos a través de otros medios, los Serafines no nos permitirán entrar en el Paraíso sin antes usar sus ardientes espadas sobre nosotros. Nuestra única esperanza de evitar el dolor de esa experiencia es abandonar lo que queman los Serafines. Éste es el verdadero «desapego». El simple hecho de dejar ir lo que ya no sirve, en nosotros y los demás.

En las dimensiones interiores, nuestras energías emocional y consciente desarrollan un mundo muy real. Parte de ese mundo es bueno, otra parte es malo y otra más grande es indiferente. Tiene existencia real, vivamos o no en cuerpos mortales. A no ser que eliminemos lo indeseable, no avanzaremos mucho. En este punto, participan los Serafines con sus ardientes espadas y nos abren paso, si es que no podemos hacerlo nosotros mismos. La destrucción del desperdicio espiritual en nosotros es el Purgatorio por el cual debemos pasar antes de llegar al Paraíso. Es inevitable que suceda pero no tenemos la obligación de sufrir, siempre y cuando aprendamos a desapegarnos del suceso. El infierno eterno es sólo para aquellos que prefieren permanecer eternamente en él.

Si en realidad emergemos de manera correcta desde Tifereth liberados por completo de secuelas de personalidades anteriores, los Serafines no nos pueden lastimar, ya que existiremos como espíritus purificados capaces de resistir y disfrutar la energía de los Serafines. Así como el pez respira agua, a nosotros se nos capacita para vivir en una atmósfera de resplandor interior, que es el elemento natural de los Serafines. Si lo encontráramos en su estado puro siendo mortales, nos destruiría como si hubiéramos caído en un alto horno. Sería lo peor para nosotros, a menos que los Serafines modificaran sus energías al dirigirlas a nuestro paso.

Aun así, no tenemos por qué sentir mayor temor a los Serafines que a la electricidad o al gas de nuestra casa, o al reactor atómico que está a unos cuantos kilómetros. Son poderes controlados y a menos que descubramos el terrible secreto de irrumpir en ese control, los Serafines no nos harán un daño irreparable. Son Ángeles, no demonios. Si tenemos la tentación de averiguar cuál es la diferencia entre los dos, obtendremos la extraña respuesta de que no existe diferencia alguna, salvo los factores de control. Los Ángeles trabajan bajo la dirección de una divinidad preocupada por la construcción y el mantenimiento del Cosmos donde evolucionamos como almas. Los demonios (que son la misma especie de Ángel), son aquellos que no están a total disposición del Creador del Cosmos, y constituyen el llamado factor aleatorio de energías que rompen con los patrones. Desde luego, todos se encuentran dentro de los límites del sumo control del Gran Desconocido, en Quien todo existe.

El concepto de los demonios como desagradables criaturas con cuernos y pezuñas no es común en la Cábala. De hecho, la palabra demonio no se empleó hasta la Edad Media, y como una forma conveniente de establecer una distinción entre los Ángeles de Luz y los de la Oscuridad. Uno se pregunta por qué cuando los Ángeles rebeldes (o incontrolables) fueron excluidos del Cielo, no los destruyó un Dios a quien se le consideraba Todopoderoso. Aun cuando se envió a los Ángeles Celestiales a la tierra con la misión de salvarla de aquellos que la destruían, no se pudo destruir a los rebeldes, y hubo que conformarse con su confinación. Existen interminables e inútiles argumentos teológicos alrededor de esta leyenda. Su contenido esotérico, que pocos procuran afrontar, es que la Deidad Creativa en realidad no era Omnipotente, sino que se encontraba en un cierto estado de Evolución, al igual que nosotros. Las energías (o Ángeles) con las que el Cosmos se convirtió en ser, fueron y son emanaciones provenientes de la misma Fuente Suprema que nuestro Creador. Una vez que el Ser Supremo vino a la manifestación, automáticamente limitó sus propios poderes dentro de ese estado de Existencia, y por tanto no pudo controlar por completo las energías de Su situación Original.

No hay nada extraño en ello. Nuestro comportamiento es muy parecido al nacer, cuando nuestras capacidades se limitan a las de un bebé. A medida que crecemos, controlamos una función tras otra, hasta que evolucionamos de forma adecuada. Lo mismo sucede con el Ser que llamamos «Dios», en una escala infinitamente superior. Debido a que nuestro bienestar y el de la Deidad es uno y el mismo, también nosotros debemos aprender a controlar a los ángeles a nuestra manera, y sólo lo lograremos si identificamos nuestra voluntad con la Voluntad Divina. De ahí la oración que pide que la Voluntad Celestial se haga en la Tierra.

Por tanto, los Serafines son Ángeles de Fuego sujetos al control Divino y procedentes de la misma Intención Consciente que nos produjo; por eso están de nuestra parte. Debemos esperar, orar y trabajar para que permanezcan así, y la mejor manera de garantizarlo es mantener bajo control nuestras energías de Geburah.

Todas las funciones de los Serafines se entienden mejor en su Jefe Supremo, a quien encontramos en el siguiente nivel Interior de Existencia y que es:

### BRIAH, el Mundo de la Creación: Arcángel KHAMAEL.

El nombre de este Arcángel, por lo general, se considera como «El Quemador de Dios», y su significado literal puede ser, o quiere decir, aquel que quema con afecto y fervor. Asimismo, existen varios atributos ocultos. La raíz KHAB significa sentir dolor, sufrir, entristecer y hacer la guerra. Son todas las experiencias en Geburah de aquellos incapaces de tolerar su poder. Una antigua alineación cabalística con Geburah en el nivel de los Arcángeles era Satanás, cuyo nombre literal quiere decir «Excremento», aunque quizá sea una atribución secundaria para indicar la naturaleza infernal de la fuerza del fuego sin control.

La Justicia y la Severidad se relacionan con Khamael y con el terrible Sammael, el Ángel Destructor de la Muerte cuya tarea es borrar las imperfecciones del Tablero de Dibujo Divino. Estos Arcángeles no son viles ni malos. Desempeñan la tarea esencial de trabajar en la economía de la Existencia, y podemos observar con facilidad su trabajo en toda la Naturaleza, a pesar de que sus actividades espirituales sean más difíciles de seguir.

Es indudable que existe un Ser o un Poder que podemos considerar como Khamael o Sammael que suministra resistencia a la energía divina pura, ya que sin resistencia no puede haber reacción. La materia tiene dos cualidades eléctricas principales, la resistencia y la conducción. Si vemos a Geburah como Resistencia, y a Chesed como Conducción para el Poder del Pilar Medio, obtendremos algunas ideas de utilidad en las que pensar. La resistencia a una corriente eléctrica es el factor que provoca que el cable se caliente lo suficiente para cocinar los alimentos o calentar la casa. Si la resistencia se redujera lo suficiente, el cable se quemaría y ocasionaría un fuego en la casa. Esto nos enseña lo necesario que es el control divino de su propia Energía. Khamael es la resistencia integrada, que modifica el Poder Divino de forma que se pueda usar con seguridad en las etapas descendentes del Árbol de la Vida.

Hemos conocido el aspecto tentador de este Ser en Hod, en el Pilar Negro, y ahora conocemos su complemento destructor en Geburah. En Binah lo encontraremos de distinta manera. En muchas ocasiones, el hombre se ve tentado a considerarse capacitado para manejar los poderes de Dios antes de estar preparado para ello, y como consecuencia se encuentra con la destrucción. La antigua idea de un Diablo que obliga a una persona buena a realizar algo contra su voluntad es simplemente una forma cobarde de pasar la responsabilidad al fantasma más cercano. En cuanto a la suposición de que el hombre mortal puso al Omnipotente de tan mal humor que ocurrieron terremotos y plagas en la tierra, no sólo es una idea descabellada, sino un insulto absurdo a la inteligencia humana y a la Divina. La Cábala no se ocupa de dichas ideas.

Es cierto que a lo largo de nuestra evolución encontramos sufrimiento, muertes, rivalidades y toda una serie de aflicciones. El hecho de que «Dios los enviara para ponernos a prueba» jamás fue de manera deliberada o con alguna finalidad malévola. La verdad es que mientras no podamos o no deseemos aprender de estas amargas experiencias, nos enfrentaremos a ellas. El temor es el principio real de la sabiduría, que nos aleja de las causas del mismo. Si la bomba atómica nos puede enseñar todo eso, también será nuestra salvación. Conocemos la alternativa, y Khamael tiene la capacidad de ofrecerla.

A veces, a Khamael se le denomina: «La Mano Derecha de Dios», y desde luego es la mano de la espada de la Justicia, no de la Venganza. A la Justicia sólo le interesa el restablecimiento del equilibrio y de la armonía perdidos, en todo el Árbol, y el motivo de la Justicia es la Necesidad. Ésta devuelve la energía en términos relativos a la naturaleza de su resultado. De ahí parte el sublime concepto de devolver el bien al mal. Si la humanidad fuera lo bastante parecida a Dios para transmutar la naturaleza de las fuerzas que regresan de sí mismas, todo el mundo y el futuro de la raza humana podría alterarse para bien. Ningún simple mortal lo logra, pero la Divinidad que actúa a través de la humanidad lo consigue de una u otra manera.

Esto significa que el poder de Khamael nunca debe invocarse más allá de lo necesario, y en ese momento debe alternarse con el poder de equilibrio de Chesed, su complemento natural. Devolver el bien por el mal no significa un permiso pasivo a una actividad nociva. Khamael debe manejarlo hasta alcanzar un punto de equilibrio, pero no más allá de esa marca. Sería un error compensar de más cualquier mal con demasiado bien, y Chesed debe ejercer el mismo cuidado de no desequilibrar lo que Khamael corrigió. En la actualidad, ningún poder se debe usar sin el otro, de ahí que la espada y la vara se sostengan en las manos derecha e izquierda. La espada impulsa aquello que rechaza la dirección de la vara.

Existe una bella simbología de lo anterior en las conocidas siglas I.H.S. La I es el Pilar Medio; la H son los Pilares Negro y Blanco unidos en su punto de equilibrio de las Sefirot, que es Geburah-Chesed, el Poderío y la Misericorida; mientras la S es el Sendero de Sabiduría de la Serpiente a través de la Iniciación. En conjunto, es un pentáculo jesuita muy ingenioso. El significado de «In Hoc Signo, (Vincit) (con este signo vencerás)» o «Iesu Homines Salvator (Jesús Salvador de los Hombres)» es un evidente disfraz. Ningún cabalista iniciado podría equivocarse en su significado.

Khamael resume las actividades de los Serafines, y debe considerarse como una forma superior de Marte, que trabaja en los niveles espirituales. Nada puede ascender por el Árbol a menos que esté purificado por el poder que dirige Khamael. A pesar de que Tifereth puede eliminar la personalidad humana, existen imperfecciones que deben ser eliminadas por Geburah. Nada capaz de destruir debe atravesar el punto que controla Khamael. Este Arcángel en realidad libra una batalla para dar fin a la guerra.

Observando el diseño del Árbol, podemos apreciar la leyenda de la lucha entre Sammael y Miguel, y el concepto dual de Jesús y Lucifer como almas gemelas, uno que salva y el otro que destruye al mundo. Chesed y Geburah en acción. Según la leyenda, cuando Lucifer, el Arcángel más hermoso del Cielo cayó, su belleza cambió al color del hierro derretido. Es decir, la Luz se convirtió en Calor. Nuestro planeta pasó de ser gas luminiscente a una masa de materia ardiente y explosiva, y la vida no pudo comenzar hasta que su superficie no se enfrió lo suficiente para que funcionara la magia de la Luz del Sol. Lucifer está encerrado en el centro de nuestro planeta como Calor, y todavía tiene bastante poder como para hacerlo volar. De todas formas, cuando el calor del centro de la tierra se enfríe por completo, moriremos; de modo que es conveniente que aprovechemos lo mejor posible el tiempo que estemos aquí.

Khammael gobierna todo lo que arde, y por tanto puede invocarse para ayudarnos a controlar nuestras tendencias destructivas. Sin Khamael, no habría límites en los efectos de la desintegración producida por el fuego. Siempre debemos recordar que Khamael reina en el mundo de la Creación, y por ello emplea el poder de Geburah de manera constructiva destruyendo lo que no es necesario. Ahora, pasemos al final del Mundo de Geburah para aprender cómo se conduce Khamael:

### ATZILUTH, el Mundo de los Orígenes: Aspecto de Dios ELOHIM GIBOR.

Por lo general, la traducción de Elohim Gibor es «Dios de las Batallas», pero no es la correcta. Sin duda, fue el Aspecto de Dios invocado antes de las batallas, ya que su nombre quería decir «Toda fuerza conquistadora», o el Dios que sobrevivió y ganó las batallas en lugar de alentarlas. Elohim Gibor conlleva el sentido de estar exaltado por encima de los demás, heroico, poderoso, y abrumador. Su significado más aproximado sería: «Dios Todopoderoso». Como se encuentra en el Pilar Negro, debe llevar el nombre femenino de «Giborah» o «Dama de los Reinos».

No es de todos sabido que algunos de los antiguos Semitas aceptaron una Diosa de la Guerra y el Amor. Era ANAT, o ANATHA, de quien se decía también que era la esposa de YAHVÉ, aunque uno de sus nombres raros era: «La Virgen Misericordiosa». Al igual que los soldados de Wellington, ella no hizo las guerras, sino que las combatió y les dio fin. De nuevo vemos esta cualidad de Geburah, de no ser la causa, sino la cura del desequilibrio. Eloh Giborah, por llamar de manera correcta a este Aspecto Divino, utiliza la enfermedad como su propio remedio.

La esencia de Eloh Giborah es el Juicio práctico, anteponiendo el fin a los medios, y buscando como objetivo los resultados en lugar del método. Es como fundir un fusible para evitar un incendio mayor, o sacrificar algo en interés de una causa mayor, cuando no se dispone de ningún otro medio práctico. Como una espada, Eloh Giborah ataca con rapidez y seguridad el núcleo del problema, usando tácticas de choque, a fin de lograr su objetivo. Esto no significa siempre el empleo de energías de manera explosiva, a veces es necesario reducir el calor a fin de producir ciertos resultados, esto es también un atributo de Geburah.

La Imagen Mágica aceptada de Geburah es un Dios Guerrero estricto, pero contiene el concepto más antiguo de la Diosa que devora a sus hijos. Esto, en la Naturaleza, es evidente en todos lados, en especial entre los peces e insectos, donde vidas menos importantes alimentan a vidas más importantes.

En una escala más evolucionada, nuestras vidas alimentan a Seres Divinos en niveles espirituales, y aquí encontramos a la Madre que nos «come» a fin de darnos un nacimiento fresco en formas diferentes, y esperamos que mejores. Chesed produce en exceso una generosa exuberancia, y

Geburah elimina todo lo innecesario para mantener el equilibrio a través de Tifereth. Así continúan los ciclos de la Creación.

Eloh Giborah es la Naturaleza «roja en diente y garra», es la imagen de una de las especies de la vida que se alimenta de otra especie para mantener viva a la suya. No existe crueldad en ello, sólo una ausencia de Misericorida. Sobrevive el más fuerte no sólo en cuerpo, sino en alma y espíritu. A pesar de que los seres más débiles aparentemente son el alimento de los más fuertes, sus almas se unen al fuerte y le proporcionan esta misma fuerza. Ése es el misterio de Geburah. A aquel que es incapaz de sobrevivir por sí solo, otro ser capaz de contener otras especies parecidas o diferentes lo absorbe o se lo «come», y todos sobreviven en lo que ahora se denomina «Gestalt».

Esta situación se presenta en todo momento en nuestro mundo. Nos «comen» políticos, religiones y compañías comerciales. ¿Quién es lo bastante fuerte o rico para subsistir por sí solo? Incluso el ser humano más rico y déspota en vida es «comido» por la propia preocupación que le proporciona el poder. Por ello, los antiguos ermitaños intentaron alcanzar las alturas de la riqueza espiritual viviendo de los pocos comestibles que producían sus huertos, teniendo sólo contacto con los seres de otro mundo. Esta situación resultó demasiado poco práctica y fracasaron porque no tenían a quién comer sino a ellos mismos, ¡un plato poco apetecible!

En el antiguo (y moderno) rito de la Comunión, el Hombre simbólicamente se alimenta de su Dios. Pero esto no funcionará a menos que el Dios también devore al Hombre. Debe ser recíproco o no funciona. Un símbolo adecuado sería el de la serpiente que se devora a sí misma. Una vida que se alimenta del otro extremo de sí misma. Eloh Giborah, como la Madre Devoradora, continúa el proceso de vida donde lo deja Tifereth, y reúne a aquellas almas que hasta ese momento han ascendido por el Árbol, a una etapa más próxima a la

Divinidad. ¿Cuántos humanos constituyen un Dios? Quizá todos los que hemos existido y que existirán.

La Iniciación de Eloh Giborah puede ser la más terrible que jamás suframos, pero nos brindará la fuerza esencial para la autolimitación, sin la cual no podemos continuar existiendo. Hasta no aplicar dichas medidas en nosotros mismos, no estaremos preparados para ser confiados con la abundancia de Chesed. Este es nuestro Armagedón o última batalla, que es sólo el fin de la guerra original del Cielo que empieza y termina con Eloh Giborah. Cuando la ganemos, podremos trabajar a salvo dentro de los límites necesarios para la Vida en el estado de perfección, que ahora conocemos como Paraíso. Antes de convertirnos en «Deus ex machina» por derecho propio, debemos aprender a controlar y evitar que la máquina se desvíe de su curso.

En términos generales, al descender por el Árbol hacia la manifestación mortal como seres humanos, se nos aplican los procesos de las diversas Sefirot mediante la influencia Divina. Sin embargo, al ascender por el Árbol en nuestro camino hacia Dios, debemos aprender por nosotros mismos la aplicación de dichos procesos. Entramos a las Sefirot ascendentes como Aspirantes, y emergemos como Iniciados. Eloh Giborah nos enseña la prudencia que nace de la pobreza antes de que se nos permita ser pródigos con la abundancia de Chesed, pues así es como deben ser las cosas. Cuanto más difícil sea aprender una lección, menos probable será que la olvidemos.

Eloh Giborah es el límite hasta el que puede llegar la abundancia de Chesed piadoso y generoso, y a menos que dicho límite esté impuesto, la Creación podría ahogarse a sí misma en una solidez estática. El término «Omnipotente» sólo debe aplicarse al Gran Ser No Manifestado. La manifestación sólo es posible a través de los medios de la Limitación, y esto incluye a la energía del Poder Divino. A menos que el Ser Infinito trabaje dentro de límites finitos, no deberíamos existir. Cuando NO SOY se convierte en SOY, se produce una limitación inversa donde Hacer se convierte en subordinado de Ser. La fórmula se puede presentar en principio así:

NO SOY      PUEDO
SOY           NO PUEDO

Desde luego, todo depende del orden en que se coloquen los factores LO HARÉ y NO LO HARÉ. Para poder ser o hacer algo, no debemos ser o hacer otras cosas. Esto es Eloh Giborah en acción.

Podemos considerarla como el escultor que, admirado por los espectadores que alababan su trabajo, dijo: «Esta figura siempre estuvo en la piedra. Yo sólo piqué los pedacitos que no necesitaba». Eso es justamente lo que hace Geburah con el material del cual estamos hechos, elimina todo lo que hay entre nosotros y la perfección. Ningún otro poder puede hacer lo mismo.

Cuando empecemos a entender la gran necesidad y la naturaleza de Eloh Giborah, daremos la bienvenida al contacto con ella en la delicada balanza de la Justicia, antes de que su energía acumulada llegue a un punto en que la convierta en una terrible marea de justo castigo. Si pudiéramos aprender a corregirnos a nosotros mismos, Geburah y sus asociaciones no harían más que ayudarnos. El secreto del éxito con Eloh Giborah es hacer ese contacto muy profundo, para que sus efectos se manifiesten hacia el exterior.

En este punto confluyen todos los problemas del Karma. Sólo recibimos aparentes recompensas o castigos debido a que no hemos progresado más allá del punto de dichos efectos, ya sea de manera individual o colectiva. Si se eliminara en nosotros mismos la causa original, no habría efecto alguno. Sólo Eloh Giborah puede eliminarla y alterar así nuestra naturaleza de forma adecuada. Lograrlo sin destruir para siempre a la raza humana es una tarea formidable, con el tiempo el resultado será el éxito o el fracaso. No habrá puntos intermedios.

Aquellos que emerjan triunfantes de Geburah con la bendición de Eloh Giborah serán expertos en la autodisciplina y autocorrección del desequilibrio. Poseerán la salud, la armonía, y la felicidad por derecho propio, porque todas las causas de las situaciones opuestas se habrán quemado en los fuegos de Geburah. Quizá parezca extraño que el camino hacia el Cielo pase a través del Infierno, pero así es.

Una vez que hayamos conocido a Geburah y hayamos sobrevivido, nos hallaremos en el estado mental adecuado para aproximarnos a la Sefirath que la complementa y equilibra.

Capítulo 9 ### La Sefirath Chesed, misericordia, compasión, 4

## ASSIAH, el Mundo de la Expresión: JÚPITER.

En este punto, alcanzamos una etapa de generosidad y benevolencia. Chesed no sólo significa Misericordia y Compasión, sino buena voluntad, bondad amorosa y todo lo asociado con un flujo divino de providencia ilimitada. Evidentemente, la conexión planetaria es Júpiter.

A pesar de que Chesed (se pronuncia Gesed) es la cuarta Sefirath, es la primera en nuestro lado del Abismo y podemos considerarla como la fuente de la cual fluyen nuestras bendiciones. Al descender por el Árbol, la posición de Chesed nos muestra que el Ser Divino se manifestó como Misericordia antes de que la Severidad se convirtiera en algo necesario. A medida que ascendemos por el Árbol, aprendemos que no podemos esperar entrar en la Misericorida de la Providencia sin pasar antes por la Justicia Divina. Aun así, se nos asegura que, independientemente de lo severas que sean nuestras pruebas, al final nos esperan la Misericordia y la Caridad. Geburah es el palo y Chesed la zanahoria, los incentivos más antiguos para que algo se haga.

La mayoría de los seres humanos están muy ansiosos por tener contacto con el afable y generoso Júpiter, que reparte su generosidad con ilimitada magnificencia. Sólo los verdaderos sabios son capaces de ver los peligros de la abundancia ilimitada y de descubrir el secreto para manejar los arrolladores poderes de Júpiter. Las pistas nos las dan el motivo y el objetivo. En la actualidad estamos ya tomando consciencia de este problema en el nivel material. La tecnología y la economía nos brindan una riqueza jamás soñada en términos de bienes y oportunidades. Pero, ¿para qué? ¿Qué hará la mayoría de la humanidad con sus nuevos lujos, sus placeres y oportunidades? ¿Vagar sin rumbo fijo por el mundo en sus flamantes coches? ¿Sentarse a ver la televisión? ¿Apostar? ¿Morir de enfermedades no más graves que el aburrimiento, quizá el más mortal de los trastornos? Sobrevivimos a la experiencia de Geburah durante las dos guerras mundiales pero, ¿podremos superar la igualmente desafiante prueba de Chesed? Si la humanidad no logra afrontarla de manera apropiada, el resultado será volver a Geburah y pasar pruebas aún más terribles.

El dicho de que sólo un abstemio es el adecuado para estar a cargo de una bodega de vinos es cierto. Su principio quiere decir que es esencial contar con la capacidad de controlar el poder antes de adquirirlo. Por ello, en nuestro ascenso por el Árbol, se nos concede el premio de Chesed después de haber pasado por Geburah. Desde el punto de vista divino, Chesed es el resultado de la Sabiduría y del Entendimiento en niveles excelsos; por consiguiente, esos principios son los que lo gobiernan. En teoría, todavía no tenemos la capacidad de usar los principios excelsos en su propio plano del ser, de ahí que busquemos la Misericordia divina, para que nos lo permita. Esa debería ser nuestra motivación para establecer contacto con Júpiter y Chesed, la Sabiduría y el Entendimiento, de modo que podamos vincularnos de forma directa con lo divino en la Corona y en la Cumbre de nuestra Creación, en Kether. Éste es el único motivo que la Cábala reconoce para buscar a Chesed.

Bajando por el Árbol, Chesed representa la exuberancia de la Juventud Divina. Tras cruzar el sombrío Abismo dejando la matriz de los Tres Excelsos, el Ser irrumpió como Hacer. Un Universo vacío espera que el Ser Vivo lo ocupe, y Geburah todavía no ejerce su limitación. Se trata de Dios que avanza al principio de la Vida Divina, y como mortales apenas podemos comprender lo que esto significa. Tal vez si recordásemos la forma en que este poder nos tocó brevemente durante nuestra propia juventud, esos recuerdos serían más de lo que somos capaces de soportar.

Subiendo por el Árbol, Chesed es la compasión de la edad, consecuencia de la experiencia. La tolerancia y la bondad provenientes del conocimiento y la buena voluntad. Recordemos que Chesed se halla al filo del Abismo donde se reúnen las almas en su ir y venir de los Excelsos. El entusiasmo del joven combinado con la experiencia del anciano llena de alegría a ambos en el espíritu de Compasión de Chesed. La edad y la juventud son estados similares del alma, en distintas dimensiones.

En el punto central del Pilar Blanco, Chesed es el flujo típico de energía masculina, independientemente de cuál sea el resultado. Geburah conserva esa energía limitándola, pero en primera instancia, el flujo de la fuerza proviene de Chesed. La mágica imagen de un rey benévolo es un concepto jupiteriano que se asocia con la risa y el bienestar olímpicos, en un ambiente de caridad ilimitada. En la astrología, a Júpiter se le conocía como el Gran Benefactor, pero los investigadores modernos han descubierto que esta descripción es muy imprecisa. Júpiter sólo es benéfico para quienes pueden elevarse por encima de sus irresistibles beneficios. De lo contrario, sus bendiciones pueden provocar confusión y no aseguran ganancias permanentes. Debe observarse la posición de la Misericordia en las Sefirot, entre el Entendimiento y la Justicia. Estos dos atributos son muy necesarios. En el Pilar Blanco de la Misericordia, sus extremidades son, la Sabiduría arriba y la Victoria, abajo. Al igual que las demás Sefirot, Chesed está equilibrada por todos lados, con los senderos adecuados.

La palabra semítica para Júpiter es Tzedek, que significa rectitud, prosperidad y felicidad, como resultado de una conducta correcta, íntegra y bondadosa, de ahí que estos atributos de Chesed sean indudables. En la Cábala, nos encontramos una vez y otra con la advertencia de que si alguna vez hemos de disfrutar de la felicidad verdadera, deberemos librarnos de errores y estados de desequilibrio. Chesed representa tanto a la situación original de abundancia existente en el paraíso antes de la caída, como el estado de perfección final, cuando el virtuoso emerge de la última prueba de la humanidad cruzando el fuego de Geburah para reunirse con Chesed antes de cruzar el Abismo. Por «virtuoso» debe entenderse aquel que vive de manera correcta o dócil, siguiendo el sendero de la Mano Derecha, el Camino de la Luz, que en el Árbol conduce a la Luz Ilimitada del vértice. La expresión cabalista «Sendero de la Mano Derecha» no debe asociarse con pilar alguno, pues ambos pilares son Derecho e Izquierdo, dependiendo de la forma en que se miren. Sólo significa el Camino de la Luz, como algo opuesto al Camino de la Oscuridad. Nada más.

El conocimiento moderno nos indica que el aspecto jupiteriano de la Naturaleza constituye un almacén que contiene todo aquello que pudiéramos desear en este mundo, siempre y cuando aprendamos el secreto para pedirlo. Parece no existir motivo físico, para que nuestros deseos materiales no deban cumplirse, si de hecho nos harían felices. Júpiter ya no sonríe sobre unos cuantos, sino que más bien abarca multitudes con una nueva abundancia. Pero ello no es suficiente. La riqueza material nunca compensa a la pobreza espiritual, y no viviremos felices en una casa llena mientras nuestro corazón esté vacío. Júpiter debe proporcionarnos algo más que ganancias lucrativas, antes de convertirse en un verdadero benefactor. La Misericordia de Chesed debe extenderse a toda alma humana.

En la Cábala, Chesed, la cuarta Sefirath, se considera la suma de los precedentes Excelsos, conteniendo en sí todas sus cualidades. Subiendo por el Árbol, es la séptima etapa, y comprende las experiencias de las demás. Cuando el Hombre llega a este punto, debe haber acumulado en sí mismo lo suficiente como para verter sus energías adicionales en beneficio de seres menos adelantados. De cierta manera, es como reunir una fortuna durante toda la vida, y luego disponer de ella de manera caritativa antes de atravesar el Abismo de la Muerte, más allá del cual dicha moneda ya no tiene valor. El lado jupiteriano de Chesed funciona de manera análoga. Al cruzar el Abismo, no podemos llevar con nosotros sus beneficios reales, aunque podemos conservar la benéfica experiencia que nos deja el hecho de transmitirlos.

El mayor y el auténtico beneficio que quizá Júpiter nos brinde en esta tierra es cubrir nuestras necesidades materiales, a fin de que nuestra mente y nuestra alma estén en libertad de buscar objetivos más nobles, en lugar de trabajar arduamente para simplemente sobrevivir. Liberado de la pobreza física, el ser humano debería buscar la riqueza espiritual, pero muchos fracasan en esa búsqueda y son víctimas de su propia avaricia por acumular cada vez más posesiones materiales. El método de Chesed para mantener el equilibrio es suministrar deficiencias. Si nos imaginamos que Chesed incrementa el platillo más ligero de la balanza divina, en tanto que Geburah resta del más pesado, no estaremos muy lejos de la realidad.

Así como Geburah sólo debe operar en el grado en que sea necesario, Chesed debe hacer lo mismo. Una vez que cualquier ser vivo alcanza el estado de suficiencia de Chesed, no debe intentar acumular más allá de un cierto margen de excedentes. Esto es de suma importancia para la economía humana y para la divina. En estrictos términos materiales, quiere decir que cuando alguien logra un equilibrio adecuado para su propio estándar de vida, sus continuos esfuerzos deben brindar a otros los medios para alcanzar para sí mismos por lo menos una parte de éste. Quienes ganan más de lo necesario para satisfacer sus necesidades deben entregar a otros la riqueza jupiteriana de Chesed. No se trata de derrocharla, simplemente aplicarla con inteligencia.

Éste es el significado del texto: «Porque a aquel que tiene se le dará..». Quienes no tienen no pueden dar, y sólo aquellos que llegan a Chesed pueden estar en posición de beneficiar a su prójimo de una u otra forma. Todo flujo de energía es un intercambio entre las extremidades, por lo que el dar y el recibir dependen uno del otro. En cuanto logramos a Chesed debemos entregar sus beneficios, pues los hemos recibido para mantener la continuidad en el flujo de la fuerza, la cual circula por los canales o Senderos asignados. Si intentáramos acaparar la riqueza de Chesed, nos asfixiaría. El mejor valor que podemos comprar y llevar más allá del Gran Abismo, es el efecto de una vida bien vivida, pues la vida misma es el capital y la moneda de Chesed.

Bajando por el Árbol, Chesed es la herencia con la que iniciamos la vida, derivada de existencias anteriores. En nuestro camino de regreso, la suma de nuestra vida vuelve a Chesed para ser emitida de nuevo. Es nuestro depositario, cuya función es parecida a la de un banco con cuentas individuales y conjuntas donde depositamos y retiramos. Los «intereses» son lo que otros seres han hecho de nuestras contribuciones, ésta es la base de las llamadas «indulgencias», que la doctrina de la iglesia cristiana ortodoxa malinterpretó y utilizó indebidamente.

La sustancia de las «indulgencias» es la siguiente. Cada alma requiere sólo lo suficiente para mantener su progreso, evolucionando hacia la Divinidad. (En la terminología cristiana, esto sería «merecer la Salvación»). Muchas, o quizá la mayoría de las almas, pertenecen a esta categoría. Sin embargo, algunas tienen la capacidad de superarla, y pueden producir un exceso de lo que podríamos llamar capital espiritual. De hecho esto es lo que sucede, y este tipo de excedente ayuda a los necesitados funcionando como lo que podría llamarse una «buena influencia». Un alma verdaderamente grande puede dejar un legado en la tierra que perdure durante mucho tiempo después de que su cuerpo se convierta en polvo. El error de la Iglesia fue su intento de confiscar ese capital espiritual para propósitos propios. Lo único que en realidad podía hacer era proporcionar un vínculo psíquico con dichas fuentes de riqueza interior, y éstas de ninguna manera eran exclusivas.

En Chesed, podemos contactar con todo el bien que la humanidad ha hecho, así como con el bien que la Divinidad pretende que hagamos, aunque de nada nos servirá si no nos adaptamos debidamente. De nada sirve tener lo que no podemos conservar. Por eso, primero avanzamos a través de otras Sefirot. Para mantener un equilibrio absoluto en esta etapa del Árbol necesitamos tanto de Chesed como de Geburah, al igual que Alicia de sus botellas de «Cómeme» y «Bébeme». Con el uso juicioso de ambos, conservamos la dimensión correcta y apropiada a nuestro estado de vida.

Chesed es también conocido como la «Esfera de los Santos» o Seres Justificados, porque es el nivel donde permanecen las almas muy avanzadas en este lado del Abismo, alejadas de la Misericordia y la Compasión, para beneficiar a todos los demás que estamos muy distantes de ellas. De ahí que actúen como vínculos o mediadores del Poder Divino en nuestra dirección, y se dice que en muchas ocasiones su influencia ha salvado a nuestro mundo de la destrucción. No tienen obligación alguna de llevar a cabo la tarea que han asumido. Nada las obliga, excepto su propia compasión.

No cabe duda de que la humanidad recibe los impulsos para ser y hacer lo que llamamos el «bien» a través de Chesed. La más pura de las filantropías proviene de esta Sefirath. A menudo pensamos que sacrificarse a sí mismo es el mayor bien que podamos imaginar, pero en un nivel superior, es mucho mejor permanecer existiendo para el bien de los demás. La muerte por Crucifixión u otros medios no es el verdadero sacrificio de un Rey Divino. el verdadero sacrificio es su Encarnación en un cuerpo humano. El nacimiento lo compromete y la muerte lo libera de una obligación aceptada. En el sentido estricto de la palabra, el símbolo de la Cruz como sacrificio es un error. Debe ser la cuna.

Por su situación en el Árbol, Chesed nos ofrece el incentivo de subir cada vez más. Incluso desde el aspecto mundano de Júpiter, inspira en los humanos sentimientos de generosidad hacia los demás. Un hombre rico dona una escuela o un hospital, y una persona humilde adopta un niño no deseado o incluso un animal. Esta influencia jupiteriana genera en nosotros la urgencia casi divina de convertirnos en seres humanos «más grandes y mejores». Pero si caemos en la tentación de creernos un Dios antes de estar totalmente calificados, ello puede ocasionar problemas; sin embargo, sin dicho impulso en nosotros nunca habremos de elevarnos. Chesed está en el punto más alejado de Malkuth, en este lado del Abismo. Tanto Chesed como Geburah son las cualidades «sobrehumanas» que nos llevan más allá de nuestra simple mortalidad y hacen de nosotros algo más que simples moradores en cuerpos animales. A pesar de que la perfección humana se alcanza en Tifereth, las etapas superiores de nuestra

Iniciación las empezamos en el nivel Geburah-Chesed. Benditos sean aquellos que controlan tanto el Poderío como la Misericordia, y aun así, van siempre del primero a la segunda.

Aprenderemos más sobre Chesed si les pedimos a sus Ángeles información adicional acerca de su trabajo en:

### YETZIRAH, el Mundo Formativo: Orden Angelical, los CHASMALIM.

La mejor traducción de la palabra «Chasmalim» es Seres Brillantes. Se dice que son seres sublimes con el poder del habla, y se encuentran alineados en el extremo ultravioleta del espectro de la luz espiritual. Podemos considerarlos como el aspecto cálido y reconfortante del Fuego en su forma más amable. Así como los Serafines eran las llamas de la fisión, los Chasmalim son las llamas de la fusión que, por así decirlo, unen la Creación en sus costados a fin de mantener todas las cosas intactas, como un Todo.

Trabajan con el poder de unión del Fuego, ya sea con una llamarada cálida que atrae a un número de personas a su alrededor, o como una luz, muy significativa para muchos. Internamente, se aplica a los sentimientos cálidos y altruistas entre las almas. Los Serafines nos separan de nuestros enemigos, en tanto que los Chasmalim nos unen a nuestras amistades. Son los constructores, no los destructores. Su responsabilidad es producir para beneficio de los consumidores, aun cuando la diferencia entre ellos y los Serafines es muy inferior a la que podría suponerse.

Los Chasmalim están relacionados con el humor, un atributo muy importante de Chesed. El Hombre es la única criatura en la tierra que ríe de alegría. Se han realizado interminables intentos de analizar el sentido del humor y ninguno parece satisfactorio, por lo que no es de sorprender el hecho de que el verdadero humor sea un don Divino. Una simple risa nos puede acercar más a la Divinidad que cualquier solemnidad deprimente. La risa es una de las formas de culto más elevadas; sin embargo, es triste ver que carecen de ella la mayoría de las religiones ortodoxas de este Mundo. Al mismo tiempo, cuando la aplicamos de manera irónica o dañina puede ser una expresión de nuestra peor naturaleza. Es una «línea directa» única entre el Cielo y el Infierno.

La risa celestial que provocan los Chasmalim surge del reconocimiento consciente entre los seres divinos y los humanos, y funciona en un nivel muy superior al que puede alcanzar el alma humana. El secreto del «Impronunciable Nombre de Dios» era el que menos se podía sospechar. ¡Era el sonido de la risa! Esto es lo que unió al Hombre y a Dios en un lazo común. En el nivel de Chesed, la risa es la llamada que une a la humanidad con la Divinidad. De las lágrimas de Geburah emergemos a las sonrisas de Chesed, y llegamos a las puertas del Cielo.

Cuando un ser humano se aproxima a lo mejor de sí mismo, decimos que está de «buen humor», lo cual significa que ha alcanzado un estado de jovialidad donde tiene la capacidad de comportarse como Jove (forma romanizada de IHWH), el Dios más supremo. Una vez más se relaciona el elemento de la risa con la Divinidad en el nivel superior. Los Chasmalim son los comediantes del Drama de la Existencia y provocan que todo tenga mayor valor. Se observará que todas las Sefirot, excepto los Excelsos, están relacionadas con cierta forma de emoción o sentimiento humano, y el hecho de que el humor esté por encima de todos los demás es muy significativo.

Mentalmente, siempre asociamos el Cielo con la felicidad, y sin embargo, es extraño que la religión haga que la gente sea tan desdichada y melancólica. El patrón del Árbol establece con claridad que mientras más se acerque la humanidad a la Divinidad, más feliz será. Las personas tristes, infelices y poco caritativas están alejadas de la parte superior del

Árbol, cualquiera que sea la fe que profesen, y necesitan que los Chamalim «eleven su ánimo». Sin su ayuda, nadie puede llegar a las alturas divinas, además de que ellos tienen las llaves que nos conducen a salvo a través del Abismo. Con frecuencia, se reza por una muerte feliz, y el deseo de «morirse de risa» es común. Estas sencillas frases encierran una gran verdad mística.

¿Qué nos acerca más uno al otro que las alegres sonrisas y la risa? Se dice que una pena compartida es media pena, sin embargo una alegría compartida es doble alegría. Los Chasmalim nos unen en la gran dicha que debe provenir de la Vida misma, ya que ésta se inicia y finaliza con Chesed. Los Chasmalim nos dicen que, dado que procedemos de la dicha celestial, podemos esperar volver a ella.

Los Chassidim, extraña secta judía de Europa oriental cuyos miembros son reconocidos por llevar una vida de santidad, consideran que lo más importante es el regocijo y la despreocupación en nuestra actitud hacia la Divinidad. Algunos de sus Maestros incluso manifestaron que un pecador alegre está mucho más cerca de Dios que una persona amargada que no comete transgresión oficial alguna. La mayoría de los Chassidim creían en la Cábala, y les encantaba relatar historias y cuentos con un toque único de ingenio judío, totalmente faltos de malicia. Su mayor ambición era hacer reír a Dios Mismo. Decían que Dios perdonaría a cualquier humano que Lo hiciera reír, agregando de manera irónica que ello rara vez sucedía debido a las penas que la raza humana en general le provoca al Ser Divino.

Una de las enseñanzas de los Chassidim es que todas y cada una de las almas humanas se unen formando una sola alma, llamada «Alma de Adán». No se puede lastimar o beneficiar a un alma sin afectar a todas las demás. Desde luego, esto se debe a los Chasmalim, cuyo trabajo es mantenernos unidos de alguna manera con la esperanza de que con el tiempo lleguemos a ser un Ser perfecto, motivo de orgullo para nuestro Creador.

Los Chasmalim nos ofrecen mensajes de consuelo y esperanza durante nuestras peores experiencias. Quizá no los escuchemos muy bien en medio de nuestro sufrimiento, pero intentan indicarnos la salida del Infierno. Si tratamos de escucharlos, es probable que sus voces nos hablen de mejores cosas por venir. Son ellos quienes extienden la línea de la Esperanza de la vida hacia la humanidad, sin la cual nunca saldríamos de la desesperación. No importa lo mal que vayan nuestros asuntos, los Chasmalim actúan como mensajeros divinos, que nos alientan a seguir ascendiendo en el Árbol. La mayoría de las religiones consideran como un gran pecado abandonar la esperanza en la Misericordia Divina porque con ello nos separamos del punto de contacto con nuestra fuente de beneficio más importante. Si nos negamos de forma deliberada a escuchar a los Chasmalim, ignoramos al Ser cuya voz representan.

Los Chasmalim hablan de la felicidad y el optimismo en niveles muy elevados, y sin embargo podemos percibir el eco de sus palabras en las formas más sencillas. Es el lenguaje que se expresa en la sonrisa de un bebé, en la luz del sol, en el estrechar una mano querida, los Chasmalim nos hablan a través de más de un millón de bocas. Quizá hablen con suavidad y en voz baja, pero son insistentes. Cuando se apaga el ruido y la confusión de las demás fuentes, nos damos cuenta de que los Chasmalim se han estado comunicando con nosotros en todo momento, aunque no hayamos sido conscientes de ello. Para lograr un contacto consciente e intencional con ellos, debemos ser muy silenciosos en otros niveles (distintos a los de ellos), en ese momento los escucharemos con bastante claridad.

Todos los Ángeles son seres de Luz, pero existen muchas frecuencias de Luz. Las frecuencias inferiores no parecen Luz para nosotros porque están por debajo de nuestro rango de visión y las percibimos a través del tacto. El calor que sentimos del Sol es un ejemplo de ese contacto con la Luz. En el otro extremo, pasamos del contacto visual a un sentido de comprensión espiritual que un gran porcentaje de la humanidad todavía no ha desarrollado de manera correcta. Los Chasmalim son quienes nos iluminan en este punto de nuestro progreso. Mandan su Luz hacia la humanidad y también a través del Abismo. Gracias a su ayuda percibimos un punto de luz, incluso en medio de la más terrible oscuridad.

Se dice que la Ley Sagrada se escribió en fuego blanco sobre fuego negro, y que en el mundo por venir son los espacios existentes entre las Letras de la Ley los que habrán de leerse como la Ley secreta existente tras todas las leyes. En este misterio se esconde una profunda verdad, ya que muestra la polaridad inversa de la Existencia. La Nada en la cual existimos se vuelve Algo en otro estado del ser, y allí, nosotros y nuestros Cosmos somos la Nada. Si seguimos a los Ángeles luminosos, ellos nos conducirán de la Oscuridad hacia la Luz que hay detrás de la Luz.

Reaccionar con alegría ante la adversidad es propio de los humanos más avanzados. A los niños, cuando se caen y se lastiman, se les enseña a reír en lugar de llorar. Un padre inteligente no muestra preocupación por el niño, sólo una sonrisa amable y una palabra de aliento mientras atiende la lesión. El miedo y el terror son trascendidos. Es una actitud muy de Chesed, y demuestra que los Chasmalim ponen lo mejor de su parte entre los humanos. Su intención es guiarnos a ascender con ellos hacia el Cielo. El control de sus funciones proviene de:

## BRIAH, el Mundo de la Creación: Arcángel TZADKIEL.

Tzadkiel significa el «Justo de Dios» en varios sentidos. Implica rectitud tras todas las pruebas aplicadas, o también aquel cuya naturaleza es recta porque es esencialmente correcta. Hay numerosos significados secundarios como «noble», «bueno», «piadoso», «generoso», etcétera, todos ellos de una naturaleza que esperaríamos encontrar en el Arcángel de Chesed. «Tzaddik» es un término hebreo que designa a una persona sagrada o un Santo.

La palabra «Rectitud» no es muy común hoy en día, y aun así la mayoría de nosotros intentamos y hacemos lo correcto de acuerdo con nuestra percepción. Tzadkiel es quien alienta este instinto en nosotros, ya que se trata del Arcángel que Hace lo correcto. Podemos imaginarlo de pie junto a nosotros diciéndonos lo que debemos hacer porque es lo correcto, mientras su colega Khamael está de pie al otro lado indicándonos qué debemos evitar por ser incorrecto. Son los Guardianes de los Pilares, que nos llevan por el Sendero que discurre entre ellos.

Descendiendo del Árbol, Tzadkiel nos «informa» sobre el comportamiento que se espera de nosotros durante la encarnación, y en nuestro viaje de regreso, lo que debíamos haber hecho se compara con lo que en realidad hicimos. Tzadkiel y Khamael son los Ángeles del Juicio, pero Tzadkiel nos recuerda que la Misericordia está más cerca de la Divinidad que el Poderío. Con la orientación de Tzadkiel, el alma encarnada puede ver todas las pruebas y las tribulaciones que le esperan durante su vida terrenal. Al mismo tiempo, verá todos los motivos y propósitos, y percibirá el bien escondido en el mal aparente. Estos conocimientos no se recordarán durante la encarnación, aunque permanecerán como una especie de sentimiento instintivo, percibiendo que los sucesos dolorosos, angustiosos o infelices deben en el fondo servir para algo bueno. Esto sólo se puede seguir conscientemente desde el nivel de Tzadkiel.

El trabajo de Tzadkiel es convertir lo incorrecto en correcto. Se dice que dos cosas incorrectas no pueden hacer una correcta. Esto es una verdad muy parcial. Con el transcurso de los años y los cambios, los males deben convertirse en bien o de lo contrario no habría esperanza alguna para la humanidad. Tzadkiel, como Justificador, tiene la responsabilidad de sacar lo mejor de lo peor. Un antiguo dicho ilustra la tarea de Tzadkiel: «Si caes en un desagüe tal vez salgas con media corona en la mano». Aunque, por lo general, no funciona tan rápido.

Es notable que mientras más ascendemos por el Árbol desde Malkuth, menos evidentes son en la tierra los efectos de los Seres Angelicales, en términos de tiempo o acontecimientos. El origen de nuestro bien está más lejos de nosotros que las causas de nuestras enfermedades, y Tzadkiel sólo tiene contacto directo con el mejor lado de nuestra naturaleza, el cual, no muy a menudo emerge de lo más profundo de nosotros. No es fácil que hagamos el bien de manera deliberada en la tierra porque rara vez estamos en una posición de juzgar qué está bien y qué está mal. Tzadkiel nos ayudará a distinguir la diferencia, si lo invocamos en nosotros mismos. Incluso entonces debemos escuchar su voz a través del grosor divisorio del ego, interpuesto entre su nivel y nuestra consciencia normal, a menos que usemos métodos cabalísticos para lograr un contacto más cercano. Esto significa subir por el Árbol en la secuencia apropiada hasta llegar a Tzadkiel.

En la práctica, es un buen ejercicio. Desde nuestra posición en Malkuth, vemos el punto o problema que nos preocupa, luego subimos por las Sefirot, etapa por etapa, hasta donde podamos esperar una respuesta. Después bajamos de nuevo del Árbol mediante una ruta alterna. Por ejemplo, imaginemos que nuestra duda tiene que ver con un viaje; entonces, deberemos llevarla a Hod, a menos que se trate de qué tipo de viaje debemos emprender, entonces deberíamos dirigirla a Chesed y Tzadkiel, a través de Hod. Si aprendemos a dirigir nuestras dudas de manera correcta, las Inteligencias del Árbol las contestarán, aun cuando no siempre estemos de acuerdo con lo que escuchamos.

Indudablemente no siempre sabemos qué es lo mejor para nosotros y para los demás, y sólo nuestro vínculo con Tzadkiel nos conducirá a este conocimiento, aunque ni siquiera él puede obligarnos a actuar en dicho sentido. Aquí no se contemplan en absoluto cuestiones de moralidad convencional. El principio de orientación es la famosa sentencia: «Una cosa no es correcta porque Dios así lo quiera, sino que más bien Dios la quiere porque es lo correcto». ¿Qué estándares de rectitud nos puede imponer Tzadkiel?

La rectitud esencial de algo se define por su relación con lo que no lo es. Algo correcto en una serie de circunstancias bien puede ser incorrecto en otras. Todo depende de los patrones básicos del ser, ya que es posible estar en lo correcto en relación con un todo, y aun así estar incorrectamente relacionado con la existencia superior de la cual ese todo es una sola parte. Por ejemplo, en la palabra DAAN, las tres líneas de la letra N están relacionadas de manera correcta entre sí, pero si la finalidad es formar una palabra, la propia letra está en una posición incorrecta; ¡y aun así, en otro nivel está bien colocada pues las letras de la palabra están en el orden necesario para ilustrar este punto! Lo incorrecto y lo correcto se intercambian con sorprendente complejidad, y sólo Tzadkiel los puede ver en su perspectiva apropiada, contra el fondo del no ser.

A fin de lograr una mayor comprensión, veamos el ejemplo del arte japonés del jardín de rocas. Cada piedra se elige por su forma, su tamaño, su color, su textura y por la relación que guarda con los demás elementos del jardín. Se toma en cuenta el efecto de la piedra sobre las emociones de quienes la observen y muchos otros detalles. Es probable que se paguen grandes sumas de dinero por lo que una persona occidental consideraría como una piedra sin valor; sin embargo, los especialistas saben que es la roca correcta para su posición y finalidad. El sentido de toda esta rectitud los pone en contacto con el Cielo. De hecho, esa misma puerta no se abrirá para todos los demás. Ése es el trabajo de Tzadkiel.

Una vez que las cosas son las correctas, son perfectas, y en el Cielo no se admite nada imperfecto. Sin embargo, existen varias etapas de perfección, así como existen distintos Cielos. El trabajo de Tzadkiel es dirigir todo hacia el estado correcto del ser, y ello es un proceso constante. Su símbolo es la vara o el cayado, y si somos inteligentes, aprendemos a seguirlo. Imaginemos todas las letras del alfabeto metidas dentro de una bolsa, la agitamos y luego las vaciamos sobre una mesa. Sólo las podrá ordenar de manera sensata alguien que conozca sus patrones y sus combinaciones. Esto puede llevarse a cabo de dos maneras. La primera, dejándolas como cayeron y señalándolas de manera individual, y la segunda, cambiándolas de lugar hasta lograr que transmitan un mensaje intencional. Tzadkiel lleva a cabo la primera forma por nosotros y nosotros debemos hacer la segunda por él.

Como seres humanos, nuestra unidad individual del ser está rodeada en el exterior, al tiempo que nosotros mismos la rodeamos internamente. Ésta se conecta con otras a través del Macrocosmos y el Microcosmos. En un punto determinado, habrá cierto factor en nosotros que se adapte de manera correcta a otros de otra parte. Si se pudiera seguir una línea progresiva de un contacto a otro a lo largo de estos puntos de entrada y salida correctos, nada estaría mal en ninguna parte. La vara de Tzadkiel es la guía de dicho objetivo. Aunque una línea totalmente recta sólo es teórica en un sentido plano, la línea más directa que conocemos es la de la Luz. De ahí la conexión entre el Sendero de la Luz y la Rectitud.

Detrás de Tzadkiel se encuentra el Gran Poder que lo mueve en:

## ATZILUTH, el Mundo de los Orígenes: Aspecto de Dios EL

El Aspecto de Dios de Chesed se muestra con profunda sencillez como AL (se pronuncia EL). Por lo general, se traduce como «Dios», pero en esencia quiere decir EL Dios o el Ser Divino. Una forma conocida es BEL o BAAL, que sólo significa el jefe o el líder. En la antigüedad, cada tribu e incluso cada ubicación tenía su «Bel» particular, quien se creía se manifestaba a través del jefe de la tribu en vida, lo cual dio origen al culto al Rey Dios. El Bel Divino era quien otorgaba a la tribu todas las cosas buenas de la vida, y hasta la fecha existen fiestas en honor a este antiguo concepto de Dios. La Imagen Mágica de un Rey benévolo alcanza su máxima expresión en EL.

EL es el Dador Divino. Somos muy propensos a pensar en este atributo en términos materiales, y de culpar a la Deidad por nuestra falta de beneficios materiales. Más aún, buscamos de reojo a los evidentes hacedores del mal que amasan fortunas y criticamos al Benefactor Divino por otorgar favores a aquellos que, en nuestra opinión, no los merecen. Al obrar así, nos equivocamos totalmente. Los bienes materiales no son, ni han sido nunca, dones divinos directos. El don radica en la capacidad o la habilidad aplicada para producir o manipular ciertos aspectos materiales. Si poseemos el don de la astucia, la rudeza e incluso la capacidad para el trabajo arduo, contamos con los medios para el enriquecimiento, sólo tenemos que dirigirlos hacia las oportunidades. Lo que hagamos con nuestros dones es responsabilidad nuestra, y no debemos culpar a la Divinidad por lo que los demás hacen con los suyos.

Este EL de Chesed no se dedica a dar dones gratuitamente a todo ser vivo. EL puede ser un Distribuidor Divino, pero no es Papá Noel ni el Hada Madrina. Hay mucha verdad en el dicho que se atribuye a la propia naturaleza: «Toma lo que desees, ¡y paga!» Esto demuestra muy bien la combinación de Geburah-Chesed. Chesed dice: «¡Toma lo que desees!», y Geburah agrega de manera inflexible: «¡Y PAGA!» Al subir por el Árbol, Geburah guarda la caja, en tanto que Chesed nos entrega las compras que hemos hecho con nuestra vida. Si intentamos escaparnos con las compras, hay un práctico Abismo en espera de nosotros.

Es probable que EL sea el Aspecto de Dios más incomprendido de todos. La humanidad en masa es una bestia holgazana, y el concepto de un Proveedor Divino que debe hacernos todo como si fuera nuestro sirviente maravilloso es una idea agradable, si no es que exacta. El resultado es un Dios fácil de culpar por nuestros fracasos. En la actualidad, el antiguo Rey Nube-Cuco-Tierra ha sido sustituido por un Estado Benefactor, que algunos consideran igual de absurdo, pero al menos se puede lanzar la culpa donde corresponde, sobre los hombros del ser humano.

El don más grande y maravilloso que ofrece EL es nuestro potencial para alcanzar la Divinidad. Llegar a la vida a través de formas inferiores a una ameba y finalmente regresar a la Divinidad como un Ser perfecto. Esto es lo que la Vida significa en Chesed. Debemos recordar que ello no quiere decir que cada alma será Divina, ya que el alma no es inmortal por derecho propio, sólo obtiene este principio desde el Espíritu. Bajando del Árbol como manifestación mortal, el esquema general es que el Espíritu produce al Alma, el Alma produce a la Mente y la Mente produce el Cuerpo. No obstante, al evolucionar hacia la Deidad este proceso, como tal, se repliega en sí mismo de modo que la Mente absorbe al Cuerpo, el Alma absorbe a la Mente y, por último, el Espíritu absorbe al Alma. Aunque este plan funciona como un Todo, se dan innumerables fallos de unidades individuales que automáticamente son absorbidas por los canales más convenientes. Nada se desperdicia ni se pierde, sólo se convierte para darle otro uso.

Durante nuestras vidas fuera de la encarnación, nuestra tarea es evolucionar en orden inverso a la materialización. Podemos seguir el esquema si entendemos que así como las Sefirot aparecen una tras otra, deben invertirse una en la otra hasta llegar a su Fuente única. Se puede hacer un juego de meditación útil con discos de colores para las Sefirot, unidas con material flexible y plegable de forma que puedan apilarse todas juntas en el orden correcto, y desplegarse una a la vez, al tiempo que se lleva a cabo la meditación hasta que el Árbol aparezca completo. Luego el proceso puede continuar a la inversa hasta que todas las Sefirot desaparezcan debajo del disco plano marcado con «Ain», la Nada. Podemos observar que AIN (nada) y ANI (yo) se forman con las mismas letras. Aquí tenemos otra meditación útil en la cual se debe trabajar.

Por tanto, el Aspecto Dios de EL en Chesed es aquel donde el Alma está preparada para absorberse en el Espíritu de modo que pueda sobrevivir al Abismo. La antigua doctrina del llamado «pecado mortal», que daba como resultado la pérdida o la muerte de un alma, se basaba en una verdad fundamental, si nos separamos del Espíritu de Inmortalidad no podemos esperar que nuestra alma se reúna con este Principio Divino. Cabe mencionar que toda la esencia de este pecado mortal es la acción de separar consciente, intencional y deliberadamente al alma de su unión Divina. Por tanto, se trata de un suceso extraño. Un ejemplo adecuado sería la hoja que se desprende de su árbol de forma deliberada y espera seguir creciendo. Las hojas no se pueden caer sin morir; sin embargo, las semillas (que representan a un Espíritu evolucionado) deben caer a fin de convertirse en árboles.

Como hojas del Árbol de la Vida, es probable que tengamos tantas vidas como etapas tiene el Árbol, es decir, innumerables, y aun así no obtendremos la verdadera inmortalidad hasta convertirnos en Semillas por derecho propio. Y sólo en ese momento estaremos preparados para una existencia independiente de nuestro Padre Divino. La historia de las semillas, la gestación y el nacimiento se puede expresar tanto en términos macrocósmicos, como humanos. Sólo la semilla del Hombre o Dios transmite la inmortalidad en el sentido real. Para nacer del Hombre, tenemos que unirnos con la semilla humana, y para nacer de Dios nos debemos unir con el equivalente Divino. Éste es el segundo nacimiento místico, que se menciona en las Escrituras y está simbolizado en el Rito Bautismal.

Al bajar por el Árbol, Chesed y el Aspecto Dios EL tipifican la Semilla Divina que vierte su plétora de poder para la producción de vida desde el nivel del Alma. Luego se procesa a través de las Sefirot restantes hasta llegar a la expresión individual en Malkuth. Ahora, en el viaje de regreso, tenemos que identificarnos con la semilla espiritual que pasa al otro lado del Abismo donde el Excelso Padre-Madre une el doble arroyo de la vida para que, o bien caiga de nuevo hacia Malkuth, o continúe elevándose por Kether hacia el Universo existente detrás del Universo, del que ya no sabemos nada (AIN).

Por tanto, aun cuando es cierto que las almas sobreviven a la muerte física, es probable que nunca alcancen un estado de inmortalidad como seres individuales. Llega un punto en el que las encarnaciones no pueden acercarlas más al Espíritu Divino como tales, y por ello, como un cuerpo desgastado, se disuelven, pierden su identidad y son de nuevo reabsorbidas. Esto sucede de manera constante y sin dolor en toda la Naturaleza. No obstante, como eran almas imperfectas, sus estructuras transmiten sus imperfecciones, y cuando se disuelven, cada alma que absorba alguna de sus partículas tendrá que continuar el proceso de perfección en este material defectuoso. Del mismo modo, tomamos sobre nosotros los pecados de nuestros semejantes, procedentes de vidas y generaciones pasadas. Eso es el Karma, y es inevitable porque estamos creados con materiales que se usaron con anterioridad. Nuestro Espíritu es nuevo, pero nuestra alma es de segunda mano, y nuestro deber es perfeccionarla.

La tan malinterpretada doctrina de la «Salvación», o paso de un alma a través de una etapa tras otra hasta que se espiritualiza en un nivel de Divinidad, es básicamente correcta. La única forma de lograrlo es seguir los rayos de Luz Divina, que nos guiarán hasta llegar a su Fuente. Podemos comparar esto con el hecho de hallarnos en el fondo del mar, con un suministro limitado de aire. Para llegar a la superficie y seguir con vida, debemos seguir la dirección de la luz que se filtra a través del agua, porque sabemos que donde hay luz, hay vida para nuestra especie. Debemos recordar que somos seres espirituales viviendo en un mundo material que no es nuestro estado perfecto de existencia, y tratar de ver las cosas en su proporción correcta.

Sin embargo, la naturaleza esencial de EL en Chesed está basada en la Misericordia, y aunque no todas las almas se «salvan» automáticamente como individuos, también es cierto que dicha pérdida se debe a su propia voluntad. La única razón por la que se pierden a sí mismas es porque así lo quieren. Con su extinción, sólo se niegan a continuar con vida. Nada más. Si surge la duda de cuántas almas existen, la respuesta es un número incalculable. Las almas que dejan de existir en su propia identidad por decisión propia no se consideran un caso extraordinario. De hecho, la acción de cesación es total y absolutamente voluntaria. No obstante, cuanto más desarrollada sea el alma, más difícil es la cesación.

El motivo de la propia interrupción depende de los individuos. Nadie está obligado a vivir contra su propia voluntad. Es probable que las almas sólo pierdan el interés de continuar con vida, o quizá elijen de manera deliberada evadir su responsabilidad de existir. Sea cual fuere la razón, es exclusiva de ellas y la aceptan con toda libertad. Para que un alma continúe de una vida a otra a pesar de todas las adversidades y tropiezos, avance a lo largo de su Sendero hacia la Divinidad y cruce con éxito cada etapa de Iniciación, necesita un grado de fortaleza que sólo puede proporcionarle el vínculo continuo con la energía Divina.

Cuando lleguemos (si llegamos) a EL en Chesed, deberemos confiar nuestra alma a la Misericordia Divina en tres formas. Podemos regresar a la vida humana en la parte inferior del Árbol, podemos ser proyectados a los Excelsos, o podemos perdernos en el Abismo. Suceda lo que suceda, nuestra verdadera voluntad será el factor decisivo.

Suponiendo que todos sobrevivimos hasta ese punto donde nuestra alma es absorbida por el Principio Inmortal de nuestro espíritu y podemos vivir en la Misericordia Divina de Chesed, habrá llegado el momento de lanzarnos a las Aguas de la Compasión y aventurarnos en busca de la Esencia, a través de:

Capítulo 10 _El abismo y la Sefirath «Daath»_

A fin de alcanzar desde Chesed la cúspide del Árbol, tenemos que atravesar el terrible Abismo para llegar a la misteriosa Sefirath «Daath».

Es una empresa difícil en muchos aspectos, ya que se conoce o se ha escrito muy poco al respecto. El Abismo es lo que separa a los Excelsos del resto del Árbol, y Daath es el medio por el cual se puede crear un puente sobre este Abismo.

Un abismo es una grieta o una fisura profunda en la tierra cuya amplitud es conocida, pero su profundidad es desconocida. Aquél que no logra cruzarlo, se pierde dentro de éste, y lo absorbe lo Desconocido. Por eso se usa el símbolo del Abismo en este punto del Árbol. Éste y Daath representan el Conocimiento que crea un puente por encima de la Ignorancia.

Los antiguos cabalistas daban al Abismo el nombre de Masak Mavdil, que significa un lugar para los fracasos rechazados, y era precedido por una especie de Ángel o genio cuyo nombre era Mesukiel, o Ridya, es decir «El Velador de Dios». Existía la enseñanza de que Dios hizo por lo menos tres

Creaciones anteriores a la nuestra, y no estando satisfecho con ellas, el Supremo las lanzó a una especie de basurero divino, al Abismo.

Esto no sólo es interesante, sino que también explica por qué se menciona tan poco el Abismo en las escrituras cabalísticas. Lo que se deduce es que el Ser Divino no sólo es capaz de producir un trabajo no satisfactorio, sino que incluso asignó a un Ángel especial para ocultar el hecho. Con ello se admite que Dios comete errores. Los devotos semíticos jamás se atreverían a expresarlo en ninguna forma de lenguaje sencillo. Quienes acusaban a los simples monarcas mortales de errores o fallos era muy probable que perdieran su vida o su libertad de una manera bastante desagradable. Por tanto, imputar falibilidad al Rey de Reyes Divino era, en su opinión, arriesgarse a la destrucción espiritual. De modo que jugaron a lo seguro y ocultaron todo por medio de alegorías. Recordaban la leyenda de Lucifer que fue arrojado del Cielo por culpar al Todopoderoso de crear al Hombre, lo cual era dudar de la infalibilidad Divina. Sólo bajo el secreto más estricto y para los pocos iniciados, se proporcionaba un indicio de que quizá la Divinidad era capaz de cometer errores. Dicha sugerencia la podemos observar en los Misterios egipcios, en el susurro apresurado al oído del iniciado atónito: «Osiris es un Dios Negro».

El rechazo a ver errores o imprecisiones imputables a Dios ha cegado al hombre a muchas verdades internas. Las religiones ortodoxas no han sabido captar la importancia o el significado de esta enseñanza oculta. Además de explicar muchas anomalías evidentes, indica con bastante claridad la asombrosa función que la Humanidad tiene en el Plano Divino. Quizá seamos uno de los errores más grandes de Dios, pero somos el que a la larga, puede corregirse por sí mismo; si bien nunca debe olvidarse que a pesar de lo que ande mal, la Intención Divina Perpetua no es otra que la Perfección

Absoluta, y todo aquello que no logre llegar a ese Punto, con el tiempo será desechado en el Abismo. Nada esencialmente malo podrá cruzar ese Abismo.

Según la leyenda, el Abismo actúa como un filtro entre los Excelsos y el resto de las Sefirot. El Abismo absorbe todos los horrores, aspectos detestables, abominaciones y males que pudieran ser incongruentes con un Dios cuya esencia tiene que ver con la Bondad absoluta, allí, permanecen en un estado caótico, pendientes de su eliminación final. Por eso se considera al Abismo como una especie de cloaca para el desagüe espiritual. Estas terribles y espeluznantes monstruosidades pueden ser traídas a la superficie por quienes lo intentan con una cuerda bastante larga, aunque los verdaderos inteligentes jamás harían algo así.

En realidad, también en nosotros existe un Abismo así, donde todo lo incorrecto cae por una extraña grieta subconsciente, existente entre nuestra consciencia normal e interna. Un terrible error que muchos psiquiatras modernos cometen es la apertura deliberada de este Abismo y la liberación de lo que debería sufrir una descomposición espiritual. Su destino ya no es ser regurgitado a través de la consciencia central, de la misma manera en que el contenido en las entrañas regresa por la boca. Dichos aspectos deben ser expulsados de nosotros por los canales interiores que, al igual que nuestros intestinos, los mandan a su propio nivel Abismal.

Lo que no se mencionaba con respecto al Abismo es que el Ser Divino posee una función equivalente a la de la secreción humana, (¿no estamos hechos a imagen de Dios?) que no es punto de discusión o comentario, en especial por escrito. Todo lo que no puede incorporarse al Cuerpo de Dios se expulsa a través de ese medio. Como consecuencia, caer en ese Abismo era ser reducido a excreciones Divinas, que gobernaba Shaitain (excremento). Si un alma desafortunada caía en las garras de Shaitain se consideraba perdida, del mismo modo que uno podría hablar de las funciones intestinales humanas. Éste era el significado original de la frase que ahora se considera una grosería moderna: «Piérdete». Para los antiguos cabalistas, nada más vil o más horrible podría ser concebido.

El Abismo se personificó bajo el nombre de Abaddon, quien reinaba sobre las cosas y las personas perdidas. Su función era hacer que los humanos y sus almas se perdieran. Abaddon era el culpable de la pérdida de contacto con las influencias divinas. Su Abismo y él nos separaban de Dios y de la Bondad. En todos lados acechaba con la esperanza de llevarnos hacia su terrible Precipicio. Al menos eso decían los antepasados. De hecho, podría ser un recuerdo real de los primeros días en la tierra, cuando las fisuras sísmicas se abrían sin advertencia y de repente se tragaban y llevaban a las criaturas vivas hacia una muerte horrible. Existen ejemplos de esto, y es muy probable que heredáramos de nuestros antepasados lejanos un temor a estos accidentes abismales. Lo cierto es que ninguno regresó con vida del Abismo para relatar la historia, y aquellos que permanecieron en tierra habrían advertido a sus hijos acerca del abismo de la manera más atemorizante que pudieran imaginar.

Como lugar para los seres perdidos, el Abismo ha sobrevivido en la Iglesia Cristiana como el sombrío «Limbo» donde se supone que llegan las almas de quienes no fueron bautizados. Aparte de la vaga esperanza de que puedan recuperarse el Día del Juicio, la Iglesia no tiene muchos comentarios al respecto, y evita las preguntas sobre este tema. La Cábala no detalla el mecanismo exacto del Abismo, pero es muy definitiva al enseñar que es un método para desechar aquello que no es apto para unirse a la Divinidad. ¿Qué sucede con dicho material? Lo mismo que sucede con cualquier excreción, que es reducida a fertilizante para una nueva vida en otra parte. En el Esquema Divino, los fracasos no se desperdician sino que se usan de nuevo de diferentes maneras. Si algo no se puede aprovechar en un Esquema Creativo, servirá en cualquier otra parte. Cierta enseñanza dice que el Abismo está conectado a través de una especie de tubo de desagüe subterráneo con el Universo desconocido existente detrás del Universo, (universo construido de lo que ahora se denomina «antimateria») así, la materia rechazada continúa fertilizando vidas en otras dimensiones. Es muy probable.

Otra forma de ver el Abismo es como una división entre la Consciencia y la Acción. Las Sefirot Excelsas son tipos de Consciencia absoluta, pero una vez que se cruza el Abismo hacia abajo, el Ser se convierte en Hacer. Cada vez que traducimos nuestros pensamientos en hechos cruzamos un Abismo. Para nosotros, es conveniente que exista dicho Abismo porque si todos nuestros pensamientos se expresaran inmediatamente en términos físicos, este mundo se habría destruido hace mucho tiempo. El precipicio existente entre el pensamiento y la acción ofrece una protección contra toda invasión de cualquier mundo o estado, invasión por parte de habitantes o fuerzas de otros, que pudieran ser inadecuados. El valor práctico del Abismo se vuelve aparente si lo consideramos como una zona restringida entre dos tipos de existencia, y aun así, se permite el paso a través de un canal seleccionado por Daath (Conocimiento). Es tan necesario para la Mente Divina como para la nuestra. De hecho, como somos una creación de la Mente Divina, de no existir el Abismo hace muchos milenios que habríamos sido «des-pensados».

El símbolo del puente tan estrecho como el filo de una espada que cruza el Abismo indica con claridad que sólo las fuerzas con un equilibrio perfecto podrán cruzar el Precipicio. El filo de la espada por la que debemos pasar sobre el Abismo es justo el centro entre los dos Pilares. Es el Sendero Perfecto, el punto de equilibrio exacto donde se estabiliza todo tipo de energía opuesta. Los Iniciados de Conocimiento

(Daath) no usan sus propias energías para mantenerse en equilibrio sobre el Puente, más bien utilizan las fuerzas de los Pilares Derecho e Izquierdo, a fin de sostenerse mientras avanzan guardando el ángulo correcto. Éste es el Sendero Medio. En los antiguos rituales, esto se realizaba de un manera práctica con pozos de fuego u otros peligros sobre los que el aspirante debía pasar caminando sobre una espada real u otro filo angosto. Sólo era posible lograrlo con mucho entrenamiento, gran valor e intensos poderes de concentración. El secreto para mantener el equilibrio en dichas circunstancias, así como para cruzar con éxito el Abismo, era fijar la atención en un solo punto al frente. Procediendo con Conocimiento y equilibrando la Sabiduría de la Derecha con el Entendimiento de la Izquierda, debemos mantener nuestra atención fija y constante en la Luz de la Verdad que se halla en la cúspide (Kether) frente a nosotros. Siempre que nos acerquemos al Abismo de este modo, no nos presentará peligros ni problemas.

Todas las Ciencias Ocultas, incluyendo la Cábala, advierten contra la invocación de los demonios del Abismo. Esto significa evitar tener contacto en niveles conscientes con las corrupciones y horrores que están en su camino hacia la eliminación de nuestro estado de existencia. Es decir, ello sería ir en contra de la Evolución Divina, es lo que en ocasiones se llama Magia Negra. Los moradores del Abismo son seres de desequilibrio, insensatez, inestabilidad y confusión absoluta. Es una locura invocarlos artificialmente, ya que sólo arrastrarán a quien los contacte hacia la destrucción, con ellos. Y tampoco se pueden «salvar», excepto al ser finalmente excretados de la existencia. Ningún alma humana cae en el Abismo por accidente o porque la hayan empujado. Las que perecen en las profundidades fueron las primeras en lanzarse de manera intencional. Al saltar, la Espada las separa del Espíritu Inmortal. Su filo representa la opción final y absoluta que debe tomarse entre la Divinidad (como Cosmos) y el

Desorden (como Caos). Aquí, en el Árbol, estaremos frente a este verdadero Juicio Final, que no se refiere a que el Ser Divino llega a una conclusión respecto a nosotros, sino que es nuestro propio Juicio Final en el que o bien buscamos la unión con la Divinidad o rechazamos la Corona de la Creación en Kether. Se llama el Juicio Final porque es nuestra última oportunidad de decidir entre el Espíritu y el Ego. Una vez comprometidos en nuestro propio rumbo, el regreso sería tan imposible como el revertir a mitad de su caída la acción de quien acaba de saltar.

Este Juicio Final lo encontramos en menor nivel después de la muerte, cuando alcanzamos nuestro cenit momentáneo de cercanía al Espíritu absoluto y se presenta el instante decisivo respecto a si podemos permanecer en dicho estado o debemos volver de nuevo a adquirir un cuerpo a través de la encarnación. Aquí no existe la condena ni la aprobación, sino el simple conocimiento de nuestro estado espiritual. Si no estamos preparados para entrar en los reinos superiores del Espíritu, nos excluiremos a otros terrenos donde viviremos, buscando las circunstancias más adecuadas para nosotros. Eso es todo. El Juicio lo hacemos nosotros en el nivel de la Voluntad Verdadera, siendo formulado por el Conocimiento (Daath). Ningún alma es enviada a ningún tipo de Infierno. Simplemente deberá vivir o existir en circunstancias adecuadas a su categoría en particular. Nada más. Si queremos alterar esas circunstancias, primero debemos cambiar nosotros.

La función del Abismo como lugar de desecho de las impurezas y las imperfecciones que ya no pueden corregirse, debe hacer que nos demos cuenta de que nuestras profundidades abismales tienen la misma finalidad. El Abismo del Árbol debería asustarnos tanto como los desagües debajo de nuestra casa. De hecho, si utilizáramos el Abismo de manera correcta, seríamos más sanos en alma, mente y cuerpo. Existe para ayudarnos, no para lastimarnos, siempre y cuando

aprendamos a utilizarlo. Todo depende de si nos identificamos con la basura que se lanza al Abismo o con el Principio
Eterno que se levanta por encima de él. Más vale que en este
punto nuestro juicio sea el correcto, ya que es la última oportunidad que tenemos. La situación no es diferente a la de una
persona que salta un Abismo. Se deberá considerar la capacidad de la persona para cruzar el precipicio, la carrera, toda la
mecánica del salto e incluso la dirección del viento. Una vez
que los pies dejan de pisar el suelo, ya no hay regreso. Más
aun, nadie puede ayudar a la persona a medio vuelo, en ese
momento está totalmente solo. Se necesita la máxima confianza en sí mismo para correr un riesgo físico de esa categoría, al igual que se debe confiar en el Ser Divino para
enfrentarse al Gran Abismo, si es que subimos por el Árbol de
la Vida a suficiente altura como para encontrar este riesgo
entre nosotros y la Divinidad.

Desde el punto de vista metafórico, para cruzar el
Abismo debemos caminar sobre el filo de una espada que pertenece a Geburah, por lo que haríamos bien en usar la vara de
Chesed como pértiga de equilibrio. En esta alegoría existe
una meditación muy útil. El arte de cruzar el Precipicio no es
algo que deba intentarse a la ligera, si bien llegada la ocasión
puede salvarnos la vida. Si alguna vez intentamos cruzar con
éxito el Gran Abismo, deberemos antes practicar con otros
más pequeños a los cuales nos enfrentamos todos los días de
nuestra vida. La técnica es muy parecida.

A pesar de que no podemos medir la profundidad del
Abismo, en el Árbol se definen con claridad sus límites. Por
un lado, los límites están entre el Entendimiento y la Justicia,
y por el otro entre la Misericordia y la Sabiduría. Nuestra
línea de cruce, en el centro se encuentra en el Conocimiento
entre el Equilibrio y el Logro. ¿Se pueden simplificar más las
cosas? Con una estructura así para orientarnos, ¿por qué
habremos de equivocarnos si no es por nuestros propios fallos?

Muchos de nuestros problemas en todos los niveles nos llegan debido a que retenemos material inútil y deteriorado en nuestros sistemas espiritual, mental y físico. En lugar de eliminarlo y obtener suministros de energía fresca, lo guardamos para que se descomponga y extienda venenos de corrupción hasta matarnos. Por lo general, las enfermedades corporales empiezan en el alma y en la mente, donde enconados odios y resentimientos se unen con otras impurezas y producen combinaciones peligrosas. Debemos aprender a evacuarlos totalmente de nosotros y lanzarlos al Abismo, a fin de que nos liberemos de su contaminación y podamos adquirir energías frescas y limpias para sustituirlos. Éste es el verdadero «Perdón de los Pecados», con el que depuramos de nuestra cloaca espiritual viejos resentimientos.

Si en el nivel físico permanecemos estreñidos durante una semana o más, buscamos rápidamente atención médica. Sin embargo, ¿cuántas veces hacemos el mínimo intento por purgar nuestra mente y nuestra alma de sus excrementos? No debe pasar un solo día sin que hagamos un esfuerzo por expulsar parte de lo que acumulamos en nuestro interior, y que nos daña. El proceso no es distinto a la función excretora, y de hecho, si unimos todos los niveles de la misma función, trabajarán mejor en conjunto, ya que estarán correlacionados e incluso sincronizados. Ante todo, debemos recordar que el Abismo, al igual que nuestro sistema digestivo, debe funcionar en un solo sentido. Por ningún motivo debe devolver lo que se desecha. La frase «Dejad que los muertos sepulten a sus muertos», significa que debemos dejar en paz al Abismo, a fin de que lleve a cabo su trabajo sin interrupciones. Por tanto, dejémoslo a un lado y continuemos con el estudio de Daath.

La palabra «Daath» quiere decir Conocimiento adquirido a través de la experiencia y el esfuerzo. Asimismo, puede significar conocimiento de sí mismo en el sentido de consciencia.

Daath es el objetivo al que se refiere el reconocido aforismo: «Conócete a ti mismo». Se trata de un conocimiento adquirido más que una facultad inherente.

Las dudas respecto a la autenticidad de Daath como una Sefirath por derecho propio surgen en especial del texto del Yetzirah: «Diez y no nueve, diez y no once», etc. Uno siente instintivamente que una Sefirath adicional deteriora por completo el patrón del Árbol, que de otro modo sería perfecto, aun cuando Daath se represente con un simple contorno sombrío. La verdadera explicación es sencilla. Daath no es una Sefirath adicional, sino la posición original ocupada por Malkuth, la «Sefirath caída».

Para entender esto, debemos retroceder al principio de las cosas, cuando empezó a crecer el Árbol de la Vida. El Tetragrama creativo original produjo el Patrón Perfecto, los cuatro puntos que son Ser (Kether), Sabiduría (Chockmah), Entendimiento (Binah) y Conocimiento (Daath). Un orden ideal de Consciencia Pura que no se centra en Nada (Ain Soph Aur) salvo en la Energía. Sin embargo, en esta etapa no existía creación objetiva de la cual ser consciente. Dios era concebido, pero no había nacido. El Conocimiento buscaba Experiencia, que difícilmente podía obtenerse sin material. Así, Daath «cayó», o nació en la materia, donde se convirtió en Malkuth, dejando un espacio en su lugar inicial, que ahora es el Abismo.

Así se inició todo el diagrama de la Redención, que para nosotros significa que el Hombre debe volver a Dios a través del Sendero del Conocimiento, y por último Malkuth volverá a su propio lugar en el Árbol, como Consciencia Total. La «Caída» original no fue del Hombre, sino de Dios, que Buscó el Conocimiento a través de la Experiencia del Hombre. Ésta fue la «expulsión del Paraíso». El Hombre fue arrojado de la existencia subjetiva en la Consciencia Divina hacia un estado de objetividad independiente, y se convirtió en un ser con una autodeterminación limitada. Podríamos imaginar esto como si una persona solitaria desarrollara una personalidad subjetiva, la cual creciera luego hasta lograr una existencia propia que se materializara en una vida independiente de su creador.

Ése es nuestro «libre albedrío». De ser un pensamiento controlado en la Mente Divina, el Hombre se exteriorizó como imagen refleja de la Divinidad y con una autoexpresión similar en su propia esfera. Esto significó que la parte Hombre de la Divinidad Expresa requería de la capacidad de decidir por sí misma y de manera independiente de la parte Dios. De lo contrario, no podría haber un intercambio mutuo de consciencia en la Creación. El Hombre debe tener la capacidad de estar en desacuerdo con la Mente Divina o desobedecerla si así lo siente; de no ser así no podría actuar como un simulador reactivo de la Consciencia que lo creó.

Y «caímos del Paraíso» de igual modo que Lucifer «cayó del Cielo». Las dos «Caídas» en realidad son una misma experiencia vivida por dos tipos de ser. El Hombre cayó por el Árbol del Conocimiento (Daath), y sube por el Árbol de la Vida. Lucifer cayó por negarse a reconocer al Hombre, y sólo puede subir a medida que la Humanidad lo libere. Tanto el Hombre como Lucifer se mantienen cautivos entre sí en distintos niveles, y Daath marca el punto de nuestra caída y de nuestra Redención. Dios puede redimir al Hombre, pero el Hombre redime a Lucifer. Mucho puede aprenderse de este Misterio.

Nada se logra al intentar hacer de Daath una Sefirath complementaria de otras con sus propias Atribuciones y Personificaciones. En esencia es Malkuth antes y después de perfeccionarse mediante la experiencia. Lo podemos considerar una Sefirath «en creación» mediante los esfuerzos combinados de la Divinidad y la Humanidad. Dios y el Hombre, juntos, comparten la Esfera del Conocimiento.

Los cabalistas modernos vinculan algunas atribuciones a Daath, aunque se duda de ellas. La imagen de dos caras de

Jano, que representa el principio y el fin de cualquier cosa suele colocarse en Daath, debido al paso de dos direcciones a través del Abismo. Otra imagen de Daath es el Cuarto Vacío o la Alcoba Superior. En términos mundanos, Daath es un cerebro vacío lleno de células en espera de su dosis de conocimientos, un símil moderno sería un ordenador sin programar.

Situado donde está, en el Pilar Medio de la Luz, Daath es sin duda la «Luz de la Experiencia», y tal vez nuestra guía más fiable hacia la Luz de la Verdad Absoluta en el vértice del Árbol. Por ello, el simple «Cuarto Vacío» no es un símbolo exacto para Daath, porque en nuestro punto actual de evolución hemos debido haber contribuido a éste por lo menos con algunos muebles. Sin embargo, pensemos en Daath como la capacidad de crear un puente entre los precipicios existentes en la Consciencia, debido a la ignorancia o inexperiencia, y cualquier simbología que apoye este concepto será de utilidad. Debemos recordar que el Conocimiento es un aspecto que crece y se expande, y por tanto los símbolos de Daath deben tener extensiones indefinidas. El método actual de presentarlo como un vago contorno de puntos funciona, pero no es lo adecuado. Para representar pictóricamente a Daath en el Árbol sería necesario cortar totalmente el círculo y sacarlo de la página, excepto por la representación de una delgada línea o filo de espada que atraviese la línea del Pilar Medio.

Bien podría cuestionarse por qué debe ser Daath el único camino para cruzar el Abismo cuando en el Árbol hay otros Senderos bien definidos. La respuesta es que Daath es el Sendero Redentor para la Humanidad, los demás senderos son para diferentes categorías de seres. Y son:

1. La Puerta de la Destrucción, de Binah a Geburah. La utilizan los Seres Acechadores y Destructores.

2. La Puerta de la Fatalidad (o Destino), de Binah a Tifereth. La emplean los ángeles que aplican las fuerzas inevitables del Karma.

3. La Puerta de la Rectitud, de Chockmah a Tifereth. La utilizan los ángeles de la Justificación. Se cree que la emplean los grandes Maestros y los Mesías.

4. La Puerta de la Soberanía (o Camino Real) de Chockmah a Chesed. La utilizan los ángeles que gobiernan directamente desde la Deidad.

Se cree que el camino a Daath es a través de un Sendero «secreto» o sin señalizar, desde Chesed. El «secreto» es que cuando se llega a Chesed desde Geburah, el Sendero vuelve al Pilar Medio, luego cruza el Abismo a través de Daath, siguiendo el «Sendero de la Serpiente», o en forma alternativa, pasa por un Espacio-Tiempo interdimensional que sería impracticable para cualquier ser que no permaneciera intacto en las circunstancias del Ain-Soph-Aur. Para los seres humanos que buscan la Divinidad, Daath permanece como el único acceso práctico a través del Pilar Medio. Existen rutas directas, mas no hay «atajos» ni «logros instantáneos». El Árbol de la Vida debe vivir de acuerdo con sus propias leyes.

Quizá podamos entender el Abismo y Daath si nos imaginamos que, hasta llegar al Abismo, el Árbol es como una llanura; sin embargo, al llegar a él sube hacia arriba en ángulo recto. En ese momento hacemos que nuestra Serpiente suba a rastras por el Árbol. Cuando llegue a Chesed, pensará que ya no hay más Sefirot, pues su consciencia es plana, así que bajará de nuevo a las Sefirot que conoce y seguirá haciendo lo mismo una vez y otra, como la serpiente que se muerde la cola. Para llegar a los Excelsos, se debe encontrar el Sendero «secreto» que lleva a Daath, y se debe encontrar sintiendo el punto exacto donde las influencias de Chesed y Geburah se equilibran entre sí, luego hay que subir en ángulo recto para llegar a Daath a través del puente estrecho como el filo de una espada. Esta es una visualización bastante útil, pues relaciona el Conocimiento con la Realidad además de presentar el método oculto para llegar a lo Desconocido a través de lo Conocido. Ambos se combinan en Daath.

Daath es el punto de unión de la Consciencia subjetiva y de la Consciencia objetiva, de la experiencia Interna y de la experiencia Externa, del pasado y el futuro. Podríamos recordarlo como un producto de la Sabiduría y el Entendimiento. Bajando del Árbol, Daath se forma con el pensamiento, y subiendo, con el sentimiento. Cuando hayamos transferido todas las expresiones de nuestra vida mundana en términos del Mundo Interior, ya no habrá necesidad de reencarnación, y podremos vivir de acuerdo con nuestra verdadera voluntad. En esas circunstancias, pensar es actuar con creatividad en el Tiempo-Espacio inmediato, y convertir la Fuerza con Forma en hechos. Esto significará confusión y desequilibrio instantáneos, a menos que las inteligencias individuales se conduzcan de tal manera que sólo se den en ellas pensamientos aceptables para las demás. Antes de que Daath pueda ser vivido de forma apropiada, el hombre debe aprender a vivir como un organismo total y ello significa pensar como una consciencia que no está dividida contra sí misma.

Veríamos el patrón del Árbol Perfeccionado si Malkuth volviera a la posición de Daath y los Senderos se trazaran de manera acorde. Así, la estructura del Árbol estaría sobre sus cimientos (Yesod), y el «Rey» (Kether) «regresaría a Su Reino». Trazar este diseño y meditar al respecto es un ejercicio cabalístico útil. Se puede aprender mucho de él y las funciones de Daath aparecerán claras, en relación con sus Sefirot compañeras. No obstante, en cuanto a la «Sefirath Caída» de Malkuth, Daath indica que el requisito previo del Conocimiento es la Ignorancia, o quizá la Inocencia sería un término más alegre. La palabra hebrea para ignorancia (ChShK) es sinónimo de oscuridad, miseria, ruina, maldad y otros conceptos en los que se implica que es una negación intencional a buscar la iluminación.

Evidentemente, a nadie se le puede enseñar algo que ya sabe, y la virtud de Daath es más que el Conocimiento en sí. El proceso de Saber es de suma importancia para un alma o una inteligencia en desarrollo, el Cómo aprender es más importante que el Qué. Dos personas pueden aprender el mismo conocimiento objetivo; sin embargo, la diferencia en los métodos de enseñanza dará como resultado una variación considerable en sus almas. Sólo existe una forma para que cualquier alma obtenga el mismo conocimiento a través de muchos Senderos, y es cruzar las Puertas del Olvido (las aguas de Lethe, la muerte, o un eufemismo similar), y empezar de nuevo como una cinta de la que se han borrado todas las grabaciones anteriores. Lo hacemos así en cada vida, a fin de obtener los mejores resultados. Se dice que el Ser Supremo hace lo mismo en una escala macrocósmica, entre las Creaciones (o Vidas de Dios). Aquí la «Caída» de Daath significaría salir de la Inocencia Original (el Mito del Paraíso) recuperada después de haberse borrado todo el Conocimiento de una anterior Vida Divina.

Daath perfeccionado es el Conocimiento que toda entidad consciente obtiene de todas las formas posibles. Al final de dicho estado la Creación objetiva se detiene, el Conocimiento acumulado se transfiere como una unidad completa a una dimensión de consciencia inimaginable, y sobreviene la subjetividad espiritual que es conocida como el Sueño de Dios. Cuando con el Despertar de Dios llega el amanecer de un nuevo Día Creativo, Daath está limpio de toda impresión anterior, y preparado para caer de nuevo en la objetividad y recopilar más conocimientos a través de la experiencia. La totalidad de la Creación previa se ha comprimido en un solo impulso germinal, que da origen a la siguiente. A escala macrocósmica, no podemos concebir las implicaciones de esto; sin embargo, cada uno de nosotros hemos iniciado nuestra propia vida de este modo. Cada generación lleva en sí la semilla de las generaciones anteriores. Es nuestra herencia de Daath: somos los Conocedores de Dios. En la vida exterior, somos agentes de la Consciencia Divina conscientes de la Creación objetiva, mientras que en la vida interior somos agentes de la Consciencia humana dirigida hacia la Divinidad. Así conoce la Deidad, y así es conocida.

No debe sorprendernos el hecho de que a Daath se le conozca como la «Sefirath Misteriosa». Esto también significa que Daath es la Sefirath que tiene que ver con lo que denominamos los «Sagrados Misterios». Sería muy conveniente que los cabalistas que estudian o practican de alguna manera los Misterios le presten mucha atención a Daath y a sus posibilidades. Una fórmula de estudio muy sencilla es:

$$\frac{\text{Divinidad}}{\text{Humanidad}} \text{ Conocimiento. (Daath)}$$

Vamos a suponer que Daath nos ha conducido a salvo a través del Abismo hacia las Sefirot Excelsas, donde retomaremos nuestro ascenso por el Árbol.

## Capítulo 11

# *La Sefirath Binah, entendimiento, 3*

## *ASSIAH, el Mundo de la Expresión: SATURNO.*

Ya estamos al otro lado del Abismo, en el estado Excelso, por lo que debemos alterar nuestra consciencia para adaptarnos a las nuevas circunstancias. Dado que como seres humanos normales no podemos hacer mucho, tendremos que esforzarnos. En toda la estructura de los Misterios, cabalísticos u otros, encontramos cambios drásticos de consciencia que se extienden a diferentes dimensiones de la existencia. Todas las prácticas rituales están dirigidas a dichos principios y diseñadas para que funcionen. Aquí, en el Árbol, lo que nos interesa es un cambio de consciencia análogo al que se da entre una consciencia corpórea y una incorpórea. La diferencia entre el pensamiento «subjetivo» y el «objetivo».

Nuestra primera etapa en esta extraña nueva dimensión tiene el conocido nombre de Saturno. Siempre que se acepte que dicha nomenclatura simbólica sólo se usa por comodidad, para manejar aspectos que de otro modo serían inasequibles, no es necesario objetar su uso. Considerando a Saturno desde este punto de vista, podemos seguir adelante con cierta tranquilidad.

En hebreo, Saturno es «Sabbathai», que quiere decir «el séptimo». Era el último de los planetas conocidos en esa época, y gobernaba el periodo de descanso que disfrutaban tanto Dios como el Hombre al término del trabajo y del esfuerzo. El siete se consideraba un número perfecto porque la Creación se correspondía con siete periodos o «días». En cuanto a espacio, las seis extensiones, Altura, Profundidad, Norte, Sur, Este y Oeste se centraban en el séptimo que era el punto de su unión. Si agregamos a éstas las tres extensiones del Tiempo: Pasado, Presente y Futuro, ya tenemos el Patrón de Vida perfecto, con diez dobleces. El factor Tiempo tiene una amplia correspondencia con los Excelsos si alineamos a Binah con el Pasado, a Kether con el Presente y a Chockmah con el Futuro, pero siempre debemos tener cuidado de no tomar los valores de tiempo en un sentido demasiado literal.

No cabe duda de que Saturno está relacionado con el karma del pasado, pero también es el estado de descanso que esperamos encontrar durante cierto tiempo después de la muerte física. Por así decirlo, en ese periodo nuestro pasado se condensa hasta conformar la matriz para nuestra nueva proyección en la existencia manifestada. Una vez fertilizados con la Semilla del Espíritu, nos dirigimos al renacimiento.

En esencia, Binah tiene una naturaleza materna, y por ello se encuentra en la parte superior del Pilar Femenino. El aspecto Madre es dual. AMA es la Madre Obscura, no fertilizada, con un vientre vacío que espera, y AIMA es la Madre Brillante, fértil, que lleva la Semilla de la Luz. La maternidad es mucho más que la concepción y el alumbramiento de una vida humana, o cualquier otra vida. Por naturaleza, es el Principio de la Existencia que se extiende a sí mismo generando entidades independientes. El Padre *inseminan*, en tanto que la Madre disemina la vida y otras formas de energía. La Paternidad introduce poder, y la Maternidad lo da. Y de esta forma continúa el circuito de la Creación.

La Maternidad es mucho más que la producción de un cuerpo físico. Es una capacidad y una acción. Mientras un padre es un ser que emite muchos seres en su semilla, una madre es el ser que recibe todas esas vidas y de nuevo las reduce a una. En teoría, se supone que sólo sobrevive la mejor y la más capaz, por lo que los alumbramientos múltiples no deberían darse entre las formas más desarrolladas de vida en la tierra. Debimos haber llegado uno cada vez.

En este punto tenemos una imagen interesante con respecto al cruce del Abismo. Si vemos el «puente sobre el filo de la espada» como el «recto y estrecho» conducto seminal del órgano masculino, ello explicaría el principio del Sendero «secreto» de Chesed a Binah. Si la acción fuera a nivel físico, una multitud de espermatozoides (vidas y almas) se hubieran apresurado a cruzar el Puente (el conducto) de Chesed (padre) a Binah (madre). De éstos, sólo uno (el salvado) llegaría a salvo al Cielo (la matriz). Los demás habrían caído al Abismo. De esta manera, el acto sexual humano adquiere dimensiones espirituales.

Binah, como la Gran Madre, individualiza las vidas y las envía de regreso a través del Abismo por su «pasillo secreto» que corresponde a la salida de la matriz. En el viaje de vuelta, las recibe de nuevo y selecciona la más adecuada para su gestación y nuevo nacimiento. Ésa es Su función eterna. Y no sólo sucede así con las vidas, sino con todo. Todas las energías son reprocesadas de este modo. Quizá miles de pensamientos independientes se introduzcan en una mente, que los condensa en un solo aspecto de nueva expresión. Este un acto de maternidad, y Binah es el Principio Materno de la existencia universal, independientemente del sexo físico.

Para ser padre es necesario recibir energías de muchas fuentes, y unirlas en una sola acción de emisión. Para ser madre se deben aceptar múltiples energías en una acción, luego ordenarlas en un resultado final y por fin indicarle a ese resultado que siga su camino ascendente, repitiendo el proceso por sí mismo. Cada ser consciente tiene la capacidad de la paternidad y la maternidad durante toda su existencia. Los seres humanos pueden ser padres en un nivel y madres en otro. Todas las acciones de maternidad pertenecen a Binah.

A primera vista, tal vez parezca extraño que Saturno deba relacionarse con el Principio Maternal en el Árbol de la Vida, pero existen muchas razones válidas para esta atribución. Es probable que la más importante sea la identidad de Saturno con Cronos-Tiempo. La creación paterna es instantánea, mientras una madre debe tener un periodo prolongado de gestación antes de que la semilla fructifique. Nueve meses de nuestro tiempo. Saturno es el planeta con, al menos, nueve lunas, de ahí su conexión con el nacimiento. En la actualidad, nos preguntamos cómo es posible que nuestros antepasados conocieran las lunas de Saturno; sin embargo, los antiguos cabalistas, con toda certeza, relacionaban a Saturno con Binah.

Además, tenemos el mito de que Saturno devora a sus propios hijos hasta que su ser femenino, Rhea, sustituye una piedra por cada hijo que ella desea salvar (selección de la semilla y rechazo del material innecesario). Tampoco debemos olvidar que Rhea, el aspecto femenino de Saturno, equivalía a la Magna Mater, y a la maternidad Divina. De hecho, su influencia era tan benéfica que la «Edad Dorada» de Saturno en ocasiones se ha conocido como la edad de Rhea. Para entender la atribución de Saturno a Binah, debemos tomar en consideración la doble figura de Saturno-Rhea, recordando que Rhea era tanto hermana como esposa de Saturno. La esterilidad y la fertilidad juntas, AMA y AIMA.

Debe observarse que, a pesar de que a Saturno se le considere una influencia esterilizante debido al mito de la castración del padre, Saturno no es un ser estéril. La castración se llevó a cabo con la hoz del Tiempo. Es decir, Urano llegó a ser impotente por su edad, y la naturaleza lo sustituyó por su sucesor e hijo Saturno, quien a su vez, fue depuesto por su propia descendencia. En este punto, Saturno representa el Antiguo Orden de cosas, que debe existir primero antes de que un Nuevo Orden pueda sucederle. Los padres deben ser necesariamente más viejos que sus hijos, y Saturno-Rhea es la figura de nuestra Antigua Madre en el Árbol. Cuanto más viejos son los padres, más maduros son sus hijos. Por ello, Saturno-Rhea es la imagen paterna de una humanidad adulta y totalmente capaz.

Los antiguos astrólogos son los principales responsables de que la imagen de Saturno sea «maléfica». Los investigadores modernos han sacado a la luz una imagen muy diferente. Es cierto que Saturno limita y confina, pero la matriz también lo hace. Sin limitación no hay manifestación, dice la primera ley de la Creación. Sin piel que limitara nuestro cuerpo, no seríamos más que un charco de protoplasma. Saturno, al limitarnos, nos da la capacidad de vivir dentro de los necesarios límites de la consciencia. Esto es Binah, el Entendimiento.

Las tres Sefirot Excelsas presentan las etapas iniciales de la vida y la consciencia. Primero, en Kether, la posibilidad de la vida. Después, la consciencia total de ella en Chockmah, y ambas se proyectan a la limitación de Binah, donde se desarrolla hasta estar preparada para llegar a Daath. Son cuatro etapas diferentes de consciencia: la Consciencia misma, la Sabiduría, el Entendimiento y el Conocimiento. De igual modo lo es el Nombre Divino «expresado». El Entendimiento de Binah es la comprensión de una Madre que siempre incluye a su hijo, y a la cual el hijo siempre regresa al término de su propia vida individual. La muerte nos debe conducir de nuevo a nuestra Gran Madre, y de la misma manera Saturno nos devorará como hijos suyos. Todo nuestro karma pasado debe «comerse» y digerirse antes de que estemos preparados para avanzar más.

Bajando por el Árbol, Binah nos indica el camino hacia la manifestación material en Malkuth, pero subiendo por la Escalera, nos procesa para decidir si tenemos la capacidad para ascender hacia Chockmah y Kether, o si de lo contrario nos debe sacar. El punto fundamental de la decisión es el Entendimiento. ¿Hemos o no entendido y comprendido todo lo que debemos hacer con nuestra vida y nuestro ser? Si logramos dicho entendimiento absoluto, nos liberamos de manera automática de toda necesidad de renacimiento. Todo nuestro karma anterior se nivela o se anula a través de dicha comprensión consciente en el nivel de Binah, y finalmente ésta es la verdadera libertad Iluminada. La Gran Liberación sólo la logramos en la Madre.

Subiendo por el Árbol, la Experiencia da como resultado el Conocimiento (Daath), que proporciona Entendimiento (Binah), el cual conduce a la Sabiduría (Chockmah) y por último, a la cumbre (la corona) del Logro (Kether). Éste es el orden de nuestro progreso. Lo único que nos puede atar a la Cruz de la Creación es carecer de Entendimiento (la ignorancia). En cuanto llegamos al estado de Realización de Binah, donde crecemos libres de todos los factores de esclavitud a la Existencia, tenemos la libertad de disfrutar la Eternidad Divina en sus propios términos. Saturno no sólo nos confina a los límites, sino que también nos libera de ellos como un destructor de las retenciones. Se puede asociar a Saturno con el Lazo, que es el símbolo de la serpiente que se muerde la cola; sin embargo, también nos libera de ese lazo, con la Guadaña o con el Cuchillo.

Podemos lograr el Entendimiento de Binah de dos formas, ya sea poco a poco, con el paso de eones de tiempo, o con saltos de Realización como los Grandes Iniciados. Para la mayoría de nosotros, la forma gradual es la más segura y la mejor. El plomo del opaco escudo de Saturno es la protección más segura contra la intensa radiación de la Luz Divina. El ser humano sólo se puede sentir totalmente a salvo en dos ocasiones durante una existencia. La primera en la matriz, y la otra en la tumba. Ambas situaciones son similares. La combinación Saturno-Rhea nos las proporciona a las dos, y ellas se alternan pasando de una a otra. Cuando entendamos totalmente su funcionamiento ya no necesitaremos estar sujetos a ellas. Para nosotros, lo importante es que nuestra ignorancia nunca debe ser voluntaria e intencional. Debemos aprender a vivir en un estado de constante búsqueda de la Luz.

El conocido verso del Rubaiyat descubre un lado interesante en Binah:

«Desde el Centro de la Tierra,
a través de la Séptima Puerta
Me levanto, y me siento en el Trono de Saturno;
Muchos Nudos han sido desatados en el Camino;
Mas no el Nudo Maestro del Destino Humano».

En este caso vemos el avance del Iniciado desde Malkuth a Binah, que es la séptima etapa ascendente en el Árbol. Los ángeles de Binah son los Tronos, y el Nudo es el del Lazo que hemos creado con nuestras manos espirituales. Cada uno de nosotros debe desatar el propio ya que nadie más puede encontrar el secreto. Desde luego que el «Camino» es el Camino de la Luz y los Senderos del Árbol. Nuestro «Destino» comienza y termina en Binah, pues es el punto en el Árbol donde nos unimos a él o nos liberamos del mismo. Omar lo dejó muy claro. Su épica contiene más información cabalística, por si a algún estudiante le interesa buscar.

Son tantas las cosas de Saturno que se adaptan a Binah, que no puede dudarse de su atribución correcta. La paciencia, la estabilidad y la profundidad son saturninas. La pena también; y Marah, el Gran Mar, sinónimo de Binah, se alinea con la Madre de las Penas. En toda probable experiencia humana, la pena nos lleva a lo más profundo de nuestro ser y nos permite alcanzar una profundidad espiritual que de otro modo nunca lograríamos. Estamos hechos de tal forma que necesitamos de la pena para que el alma humana evolucione, pues de lo contrario no progresaría. Cuando tenemos un estancamiento espiritual, o no nos esforzamos por ir más allá de la cómoda indolencia, llega un momento en que sólo Saturno puede alejarnos de nosotros mismos hacia el Entendimiento que necesitamos. No es que Saturno ocasione la pena real que sentimos, ésta es sólo nuestra propia reacción a la influencia saturnina aplicada. Cuando aprendamos a no sentir tristeza como respuesta a los contactos de Saturno con nosotros, habremos Entendido el significado de Binah.

Sólo las almas de un orden superior tienen la capacidad de trascender las penas y convertirlas en valiosas experiencias espirituales. De ahí que Binah ocupe un lugar muy alto en el Árbol. Cada pena debe contar con una alegría igual y opuesta conectada con ella por un eje temporal, y si somos inteligentes, la seguiremos hasta Chockmah, a pesar de que nuestro objetivo final sea el Camino Intermedio entre ambas. Cuando la Madre-Binah se lleve nuestros juguetes, debemos aprender actividades que sean más apropiadas para adultos. Nunca nos priva de algo con lo cual podamos lograr cierta ventaja espiritual. Tampoco nos quita nada que con el tiempo no pueda ser sustituido por otra cosa mejor. Nuestra mente normal no entiende sus acciones porque nuestro sentido del tiempo es muy inadecuado. Para poder trabajar con Saturno en Binah, debemos captar el Tiempo en periodos incomprensibles para nosotros, si los comparamos con la vida humana terrestre. El Tiempo es el Lazo de Saturno. Se puede llevar al punto más pequeño, o ampliarse hasta que incluya a toda la Eternidad, pero fundamentalmente sigue siendo un Lazo, y aquellos que aprenden a sujetar su Nudo y manipular su Cuerda dominan el secreto de Saturno y logran la inmortalidad. El Nudo es AHORA, la Cuerda es SIEMPRE. Nunca debemos soltar el Nudo.

A fin de sumergirnos más que Saturno en el Gran Mar de Binah, debemos continuar hacia el nivel de los Ángeles. Ellos se encuentran en:

### YETZIRAH, el Mundo de la Formación: Orden Angelical, los ARALIM.

La palabra «Aralim» ha sido traducida como «Tronos», pero quiere decir los Fuertes, Poderosos o Heroicos. Quizá el mejor significado sea «defensores» o «sustentadores». Hay en ellos una implicación de coraje y bravura que se asocia con la maternidad de Binah. La maternidad necesita un coraje propio que no se compara con esfera alguna, y no debemos olvidar el título de Binah: Khorsia, el Trono. Es el Trono de la Sabiduría porque Chockmah (la Sabiduría) depende de ella.

Se dice que ninguna prueba llega al alma sin que al mismo tiempo se le brinde suficiente gracia para que la soporte. Los Aralim proporcionan ese apoyo, y son los factores que limitan incluso nuestras peores dificultades. Traen consigo el extraño mensaje de que más allá del Infierno no hay nada, excepto el Cielo. No sería adecuado imaginar que éste es su único trabajo, ya que un trono es para descansar mientras se gobierna, es lo que *está debajo* de alguien que ejerce la Sabiduría. Los Aralim son los que sustentan los mandatos de la Sabiduría, conformándolos de la manera más práctica para lograr sus objetivos.

Al objeto de entender la función de los Tronos, debemos recordar el significado y la importancia que tenía un trono en la época antigua. Se le veneraba como la sede de la Divinidad, y se le rendían homenajes en ausencia de cualquier ocupante humano. Un gobernante que hablara o actuara sin estar en su trono lo hacía por sí mismo, pero cuando se encontraba en el trono, se pensaba que sus pronunciamientos eran inspirados por Dios. Incluso hoy en día decimos de alguien que hace un pronunciamiento oficial o serio que habla «ex cátedra», fuera de su trono. Este concepto nos lleva a la época en que una piedra sagrada se consideraba refugio Divino, y se elegía al mejor y más noble devoto para que se sentara en la roca y compartiera el Dios con el resto de la tribu humana. A nuestros monarcas todavía se les corona sobre una roca sagrada, y la llamada «Silla de Agustín» en la Catedral de Canterbury es de piedra sólida. El Trono se consideraba la Sede –el Asiento– de Dios.

El trono no sólo albergaba al Ser Divino, sino que actuaba como una especie de recipiente de la energía espiritual, dándole un medio para ubicarse en lugares y periodos específicos. Un Símbolo importante de Binah es la Copa, que desde luego es el recipiente del vino que se utiliza en los Sagrados Misterios, pero también posee su propio simbolismo que la relaciona con la Divinidad Misma. De manera análoga, los Aralim son contenedores o recipientes de la energía Divina en el sentido de ser depósitos o condensadores del poder espiritual. En realidad, es una función más que necesaria. Trabajan de manera muy similar a los depósitos en los niveles físicos, ya que proporcionan un medio para regular y establecer el suministro de su contenido de modo que éste se pueda utilizar de manera controlada.

Las exuberantes energías vertidas desde el paterno Chockmah deben ser contenidas y definidas por la materna Binah y los Aralim son los agentes de este proceso. Bien podrían describirse como los «soportes de Dios», que operan en todos los niveles del ser. Ya se trate de soportes oscuros de luz, soportes silenciosos de sonido, contenedores secos de líquido o contenedores fríos de calor, actúan como contenedores y como limitantes de potencias. Si el Tiempo no «sostiene» al Espacio, la existencia objetiva se detendría, y sin una Matriz que «contenga» la semilla, no habría Vida Divina ni Humana. Binah es la Madre Divina porque no es otra más que la Madre de Dios, y los Aralim son las funciones de su matriz en cada mundo.

El que una Deidad tenga que crear a Su propia Madre, quizá parezca una anomalía imposible, pero nos estamos refiriendo a conceptos más allá de la mente mortal, salvo en el lenguaje simbólico, que es capaz de una abstracción indefinida. Como ser humano, un hombre puede tomar a una mujer y hacer de ella una madre que reproducirá la vida en forma de otro hombre a quien llamaremos el hijo del primero. Sin embargo, como una proyección del padre, el hijo puede considerarse una continuación de dicha energía paterna. Por tanto, la mujer es la madre de su propia pareja en un cuerpo diferente. Si las cosas se acomodaran de modo que un hombre muriera durante el acto generativo, al reasumir la vida a través de su propia semilla en la matriz de su pareja, al nacer reconoceríamos la continuidad de su individualidad. Éste es el principio que usa la Vida en su propia expresión a través de la existencia, ya sea física o de otro tipo. Cuando la Energía Divina se individualiza, se limita a sí misma a través del instrumento Madre-Pareja, a fin de alcanzar todas las formas del ser. La unión en un nivel genera el nacimiento en otro.

En ocasiones, se ha comparado al Árbol con una fuente compuesta, formada por un chorro inicial con nueve cuencos inferiores de modo que el agua de cada cuenco (o Sefirath) es la que desciende de todos los cuencos superiores. Cada cuenco (o Copa) es la Matriz del agua que fluye de él, y esto representa la acción de los Aralim. Las Matrices son las que dan forma a las energías que entran en ellas, y luego éstas continúan de acuerdo con la naturaleza de dicha matriz en particular. Los Aralim sostienen, pero no acaparan; ni tampoco ejercen influencia alguna sobre su contenido, más allá de ordenarlo según se requiera. Una lente no afecta en nada a la luz que la atraviesa; sin embargo, la luz altera su comportamiento debido a la formación de la lente. Si pensamos en los Aralim como seres parecidos a una lente, tendremos una idea práctica sobre éstos, a fin de aplicarla en la meditación.

No obstante, toda matriz tiene la limitación del sello de goma, que reproduce una y otra vez su propio diseño, pero a nivel mecánico, impidiendo un desarrollo evolutivo. Los Aralim, como ángeles, están fuera de la evolución, pero sus límites son el *non plus ultra* en todo tipo de existencia. Una copa no tiene que estar llena, ni una especie de Aralim en particular debe ser utilizada hasta su límite. Si algún tipo de ser en evolución llega al límite final de su progreso, deberá fluir en otra especie de contenedor y continuar avanzando en nuevas condiciones. A medida que pasamos una especie de Aralim tras otra nos acercamos a la Matriz Madre Única de Binah, que lo produjo todo, y de Quien habremos de regresar a nuestra Fuente única.

Así como nuestra alma se debe verter en un cuerpo desde la Copa de una matriz humana, de la misma manera debe regresar al Espíritu de donde emanó. Éste es el Nacimiento Místico simbolizado en el bautismo cuando el agua que se vierte de la cabeza del Candidato se reúne con la fuente de la cual se tomó. En este punto, los Aralim actúan como goteros que nos traen las Aguas de la Vida Eterna, pero cuando llegamos a las aguas mismas en la Matriz de Binah, subiendo por el Árbol, debemos tener el apoyo de nuestros propios Aralim al emerger en el lado espiritual del Abismo. Son los «Tronos» de las almas perfectas, en los cuales la Compañía del Cielo se sienta con la corona de Kether sobre la cabeza. En lo que respecta a nosotros, son la forma más elevada de vehículo individual que alcanzaremos, y no hay mucho que hacer que no sea ocupar un trono para el resto de la eternidad. Pero para aprender más al respecto debemos conocer a su Arcángel.

## BRIAH, el Mundo de la Creación:
### Arcángel TZAPHKIEL.

A veces se traduce como «el que contempla a Dios», puede también significar el Observador, o el Espía de Dios. Todo depende de si el Ser en cuestión está frente a Kether o frente a Malkuth.

Se corresponde con el Ser que Observa en nosotros. Es la facultad de sólo transmitir la consciencia de un punto a otro sin alterar su naturaleza. Éste es el vínculo más importante entre el Conocer y el Hacer. En Tzaphkiel tenemos la imagen del Abismo que mira a Ambos Lados, y que permite tanto a Dios como al Hombre observarse uno al otro a través de este canal de dos direcciones.

Los antiguos semíticos relacionaban a los Observadores de Dios con Satanás (o Saturno), y les temían, ya que eran los agentes que llevaban la información de las malas acciones de los hombres. Tzaphkiel informaba a su colega Khamael quien inmediatamente se encargaba de los transgresores. Más aun, cuando los Hijos de los Observadores llegaron a la tierra, causaron tanto daño al mundo y a la humanidad que Dios envió a Gabriel para limitarlos y vencerlos. Eso dice la leyenda.

La enseñanza secreta relacionó a la Caída del Hombre con Satanás, indicando que Satanás sólo se encontraba en las regiones infernales debido a la perversidad del Hombre. Al igual que Lucifer, Satanás se convirtió en la Luz inmovilizada por la Oscuridad, o la Inteligencia sumergida en la Ignorancia. Sólo la elevación del Hombre por encima de su peor naturaleza podría salvar a Satanás del tormento eterno. Este antiguo mito encierra una verdad maravillosa. Satanás se representa como el ser que se ahoga en el Océano Divino de Binah. Es muy probable que quien intente rescatarlo resulte ahogado por los esfuerzos de Satanás. Sólo el más fuerte entre los fuertes puede salvarlo, mediante su capacidad para resistir sus esfuerzos. Aquí tenemos la imagen de la energía venciendo a la inercia, o la alegoría de transmutación del oro procedente del plomo de Saturno.

Este tema de «la salvación de Satanás» es la base de ciertos oscuros cultos orientales. Por desgracia, es muy fácil que se malinterprete y tenga consecuencias adversas. Tal vez el mejor enfoque de este problema sea el de los Yezidis. Un resultado absurdo de dichas creencias fue la secta Khlysti a la cual perteneció Rasputín. Su argumento era que si Cristo vino a salvar a los pecadores, cuanto más se pecara más salvación habría. De cierta forma, es el principio del niño que a propósito se porta todo lo mal que puede, por el simple hecho de atraer la atención de los adultos. Para «salvar a Satanás», los humanos deben: «vencer al mal con el bien». No existe otra forma, sólo la más difícil.

«La salvación de Satanás» puede ser el juego más peligroso del mundo, como muchos han descubierto a un costo muy amargo. Nadie está preparado para ayudar a los demás con esta tarea, si antes no la ha realizado en sí mismo. Quienes no saben nadar en el Océano de Binah no podrán intentar las operaciones de rescate por su cuenta. La paciencia infinita y el Entendimiento son un requisito ineludible para quienes quieran sobrevivir a las condiciones impuestas por Binah. Se decía que si el Ser Supremo cerrara siquiera un ojo durante un segundo, toda la Existencia cesaría inmediatamente. En este sentido, se puede considerar a Tzaphkiel como el Ojo de la Consciencia Perpetua, o la consciencia Eterna, en la que siempre estamos.

En otro sentido, Tzaphkiel es el Ojo de Dios en nosotros, que nos observa como realmente somos con respecto a la Gran Realidad. Existen momentos en que nos vemos a nosotros mismos con una fracción de dicha visión, y dicha experiencia puede estremecer profundamente a un alma. Si nadie ha visto a Dios y ha vivido, ¿quién ha visto al Hombre y ha permanecido cuerdo? Sólo cuando atravesamos el Abismo y obtenemos la seguridad en los brazos de la Gran Madre Binah, nos atrevemos a mirar atrás sin temor. Mirar hacia atrás nunca es sabio, hasta que nos hemos liberado de las circunstancias dejadas atrás. Aun así, en Binah, lo mejor que podemos contemplar es la Sabiduría y el Logro que tenemos ante nosotros, los cuales debemos llevar a cabo a través de Tzaphkiel.

Antes de cualquier tipo de acción, debe haber Consciencia y Pensamiento, centrados en la Observación. Estos son los Tres Excelsos en cualquier escala de Existencia. El factor decisivo entre la acción y la no acción es Daath, con su contacto instantáneo a través del puente entre el Excelso Mundo de la Consciencia Abstracta y el Mundo Externo de la Creación Concreta. Tzaphkiel es el Ojo avizor del asesor que recomienda todos los puntos observables relativos al asunto planteado. Nunca toma decisiones, pero proporciona los medios para tomarlas. Sin él, no habría nada que decidir, puesto que no existiría ninguna opción. Antes de que el Pilar Izquierdo llegara a ser en Binah, no existía la divergencia de la consciencia polarizada.

Volvemos al Mito del Génesis, de los Inicios, y la asociación de la Mujer, la Primera Madre (Eva) con el llamado «Mal». Se trata del más grande de los Mitos. Para comprenderlo en términos del Árbol, lo mejor es pensar en un disco giratorio con su borde hacia el observador en el plano vertical. Ese disco representaría un circuito de poder directamente desde Kether que emanaría de sí mismo a través de Chockmah y regresaría inmediatamente. Una acción, con la única posible variante de alterar la velocidad, ya que no existiría otra dimensión de viaje. Nada podría existir de no ser la Existencia aceptándose a sí misma como tal y nada más. Para extender la Existencia más allá de sí misma se necesita de otra dimensión, y el punto de apoyo de la misma es Binah. Ahora imaginemos otro disco giratorio en ángulo recto al primero. E imaginemos la imposible hazaña física de intersecar el movimiento del superior. Combinando las velocidades de los dos discos imaginarios, el «número» de todas las cosas se vuelve posible.

Hasta que no se formó el límite Izquierdo de la Binah Femenina, no podía crearse nada más en la mente o en la materia. Por ello, es técnicamente cierto decir que el Principio Femenino hizo posible el conocimiento entre el Bien y el Mal, (Daath), aunque al mismo tiempo también hizo posibles otros conocimientos. Una vez que existe Binah, existe la diferencia entre la Derecha y la Izquierda, el Negro y el Blanco, Esto y Aquello, etc. Cuando la Mónada se convierte en Díada, la Tríada se crea de manera automática, y se combinan formando la Tétrada, y así se «forma» el Poderoso Nombre (IHWH).

En una analogía de la Luz, Kether es la Luz misma, Chockmah es la facultad de la visión, Binah el significado de ver y Daath lo que se ve. Tzaphkiel, el Observador, es la vigilancia de la Madre, que siempre ve a sus hijos a la mejor luz posible. Tzaphkiel también es la curiosidad femenina en su forma más elevada, y nada en la existencia se escapa del escrutinio de este Arcángel. Donde se abra un ojo de cualquier tipo, humano u otro, Tzaphkiel está observando. Es la visión de la luz, a través de la cual la propia Divinidad «Conoce y ve todo, incluso nuestros pensamientos más secretos». Es el patrón natural de la meditación y la contemplación, a quien debemos pedir ayuda y orientación durante esta práctica mística tan importante. Tzaphkiel, como el Ojo entre los Mundos, tiene la capacidad de ponernos en contacto con otras esferas diferentes a la nuestra, aunque esto sólo no es suficiente. Todavía debemos saber qué hacer con lo que vemos, y es conveniente observar que el Conocimiento por un lado, y la Sabiduría por el otro custodian al Entendimiento.

Para comprender el Entendimiento, debemos llegar al Aspecto Dios de Binah en:

### ATZILUTH, el Mundo de los Orígenes: Aspecto de Dios IHVH ELOHIM.

Aunque este nombre ha sido traducido con frecuencia como «El Señor Dios», o en otros términos masculinos, la esencia de su significado es «Dios Madre», como algo distinto a «Dios Padre». La influencia patrística proviene de la época de las tribus semíticas, cuando los del sur de Palestina veneraban a YAHVÉ el Padre, y los del norte seguían a ELOH la Madre. Finalmente llegaron al acuerdo de un concepto de Divinidad como el Espíritu absoluto. YA y EL se «Unieron» como IOEL, pero con el tiempo la masculinidad del semitismo triunfó en los aspectos religiosos. La Cábala continuó enseñando en secreto que la Divinidad era una Potencia absoluta con idénticos potenciales de Hombre y de Mujer, pues era lo más cercano que la mente humana podía captar sobre la idea de las fuerzas polarizadas. Por tanto, Binah, siendo el concepto más elevado de la Feminidad Divina, debe recibir el Nombre de ALAOTH ELOHIM, Diosa de Diosas o la Gran Madre.

Si el Aspecto Femenino Divino permite las imperfecciones en el resto del orden descendente del Árbol, sólo Ella permite alcanzar la perfección en el Camino ascendente. «Nada llegará al Padre si no es a través de la Madre» dice el viejo adagio, y en la Cábala es cierto. Sin el Concepto de la Divinidad Madre, no lograremos nuestro verdadero renacimiento espiritual. A menos que lleguemos a la Matriz de Binah y pasemos por la gestación en el nivel Excelso, no «volveremos a nacer en Espíritu». En primer lugar, emergimos de Su matriz a fin de adquirir Experiencia, y debemos regresar a ella para el total Entendimiento. Es imposible explicar en términos comunes el tipo de Entendimiento que implica Binah, pero es un Entendimiento tan absoluto que no necesita experiencia en él.

No es fácil imaginarse cómo alguien puede entender algo a la perfección sin contar con algún tipo de experiencia formal. Por ejemplo, ¿cómo se puede entender el amor sin la emoción y el sentimiento? Desde luego para un ser humano esto no es posible, pero para la Divinidad es una facultad natural. El verdadero Entendimiento es un Abarcamiento o una Inclusión de lo Entendido en todo el Ser de Quien Lo Entiende. Es la Madre Divina Quien nos incluye y nos abarca en Ella misma. Ésta es la Intuición o el «aprendizaje Interno». Es el Camino de la Mujer y el Método Materno.

La Imagen Mágica de Binah es naturalmente la de una mujer madura o una Matrona, que a veces se presenta como si surgiera de un mar o sosteniendo una Copa. En ocasiones, se utiliza el símbolo de una Lámpara, pues ésta incluye a todos los Excelsos. Kether la llama, Chockmah el aceite, Binah el recipiente y Daath el que se ilumina. Una Lámpara sin encender (que rara vez se usa) es Binah fértil o estéril, dependiendo de si la lámpara está llena o vacía de aceite (la Semilla de la Luz).

El Entendimiento de Binah no experimenta nada. Somos nosotros, Sus hijos, quienes tenemos experiencias que Su Entendimiento absorbe constantemente. Cuando nos elevemos a Su nivel y comprendamos Su forma de funcionar, no tendremos que adquirir el Conocimiento poco a poco por nosotros mismos, sino que podremos obtenerlo de repente de los demás. En una analogía física, la experiencia de las extremidades corporales como los dedos de las manos y de los pies, es sentida por ellos mismos, pero sólo la entiende el cerebro, que capta instantáneamente lo que les está ocurriendo a todos ellos. De igual modo, el Aspecto Divino de ALOATH ELOHIM entiende qué sucede en todas las vidas y existencias de las cuales Ella es la Matriz.

En ocasiones, Binah es simbolizada por un Arca o un cofre que flota en el Mar Eterno. En ella están las semillas de todo tipo de Vida, y su Entendimiento. Ello nos recuerda el equivalente egipcio que contiene el cuerpo de Osiris, y el Arca de la Alianza con sus Símbolos. Todos los cultos de los Misterios usaron Arcas o contenedores, ya fueran sólidos o en forma de canasta como el del Floema, cuya canasta contenía ratones y gatitos a fin de ilustrar cómo la vida alimenta a la vida indefinidamente. Los símbolos maternos están casi por doquier. En la Edad de Piedra, las piedras planas eran las «Madres», y las rectas eran los «Padres». La Tierra era la Madre, el Cielo era el Padre y la lluvia era la semilla del Padre que descendía. No podemos escapar de estos conceptos naturales de la Divinidad, y de hecho, ¿por qué habríamos de hacerlo? Sólo los tontos menosprecian o rechazan los mitos básicos de su propio ser. Éstas son las Claves del Reino Excelso.

En la Cábala hebrea, las tres letras A.M.Sh se conocen como las «letras Madre» que se relacionan con Binah, y sus combinaciones producen muchos significados místicos. Sin embargo, la explicación sencilla es que estas letras son sonidos universales que hacen las madres a sus bebés. El sonido Ah Ah es exhortativo y preventivo, el Mm Mm es íntimo y afectivo, en tanto que el Sh Sh es reafirmante y relajante. Dicho lenguaje es siempre común en todas las madres, si bien su sonido trasciende a las palabras, y ¿qué necesidad hay de hablar si el Entendimiento se establece de manera correcta? La mayoría de las llamadas palabras «Mágicas» o «Nombres de Poder» son sonidos perfectamente naturales que se asocian con varios aspectos de la Vida. Además de los sonidos maternos, A.M.Sh es parecido al sonido del mar cuando llega a la costa y las olas rompen en la playa. La Madre Océano que le habla a la Madre Tierra.

En esta conexión, debemos observar que a pesar de que la Gran Madre se representa como un Océano infinito en Binah, el agua no se mueve por sí sola. Su naturaleza es quieta y silenciosa. El agua se mueve debido a una gran variedad de fuerzas, aunque no tenga movimiento por sí sola. Quizá una de las descripciones más gráficas de Binah es la que presenta Charles Kingsley en «Madre Carey» de «Bebés de Agua». Será de gran utilidad para los estudiantes de la Cábala que no la conozcan.

Volviendo a la analogía del disco giratorio de la Creación en el nivel excelso, imaginemos ahora cómo se adapta un tercero. El primero es vertical desde Kether, el segundo es horizontal desde Chockmah y el tercero es lateral desde Binah. Los intervalos entre los discos o las esferas son el Espacio, y su velocidad de revolución da el Tiempo. Este Símbolo cinético de la Creación es de suma importancia cabalística al estudiar a los Excelsos, pues ilustra el funcionamiento de sus fuerzas en los ángulos correctos de una con la otra, es decir, en el nivel máximo de variación. Es su relación perfecta en conjunto, pues representa un Cosmos contenido en sí mismo y que se regenera a sí mismo en el impecable equilibrio de un Todo absoluto. Es la Creación como debe ser, no como la conocemos.

Cuando tomamos en consideración a Binah y su Aspecto Divino, deberíamos pensar en la Maternidad en el estado Excelso y no sólo contrastarla o compararla con la maternidad física según su forma en la tierra. Si observamos por un momento la imagen biológica de este planeta, obtendremos la impresión general de que la reproducción es más prolífica en sus más bajos niveles de vida, y menor, aunque de más calidad, en los niveles más elevados. Existe una definitiva relación entre el tiempo y la calidad de las especies, y la raza humana es buena prueba de ello. Los seres humanos inferiores se reproducen en grandes cantidades, a gran velocidad y con una mortandad natural muy elevada, a fin de mantenerlo todo dentro de ciertos límites. A medida que ascendemos en la escala de la evolución humana, surge un patrón con menos y mejores nacimientos en tanto que nos acercamos a la cima de la perfección. Si lleváramos este patrón a su vértice teórico, tendríamos la imagen del Paraíso. Una Persona Hombre-Mujer polarizada en un estado de autosuficiencia, como se indica en el Mito del Edén.

Evidentemente, la Maternidad de Binah no es de naturaleza terrestre, proliferándose a sí misma hacia la extinción. Es única en su estado, emana de Sí misma y se absorbe en Sí misma en una continuidad de Creación perfecta, o en una Constante Cósmica. Si hacemos una mala comparación con los seres humanos, sería como si el Hombre y la Mujer se casaran y tuvieran un hijo hombre. El hombre original muere en el hijo. El hijo y la madre se casan y tienen una hija. La madre original muere en la hija que se casa con el hermano y el ciclo continúa eternamente. Sin duda es un circuito que se regenera por sí mismo, o el ideal del Movimiento Perpétuo.

En este funcionamiento ideal maternal no hay nada anormal, pues actúa en un Cosmos Cerrado. Durante algunos años, los científicos han intentado situaciones así en las cápsulas espaciales, de modo que la vida del astronauta continúe sosteniéndose por sí sola a través de sus propios medios. Otro ejemplo de autosuficiencia sería el estanque de un jardín, aunque no es perfecto porque necesita de la energía solar externa para continuar con vida. En los niveles Excelsos del Árbol, la Gran Madre renueva de manera constante la Vida del Padre a través de la Vida del Hijo y así la Inmortalidad Divina continúa.

La «Caída» se dio mediante el Conocimiento (Daath), debido a una proyección de Binah a través del Abismo, en una manifestación objetiva hacia la materia. Ocurrido esto, el equilibrio original se perdió, y hasta la fecha seguimos abriéndonos paso a través de las consecuencias. Algunos dicen que hemos llegado ya al Nadir y hemos sobrevivido, por lo que ahora estamos en el Camino ascendente, de vuelta a nuestra Perfección Original. De cualquier modo, la primera «Caída» no fue de la humanidad sino de la Divinidad. En pocas palabras, Dios «se cayó» en la Humanidad y como Humanidad. El Océano de Binah se desbordó y la Copa se cayó. Con esta ruptura en el primer circuito Cósmico de Binah (el Aspecto Femenino) se presentó una extensión de la Existencia a través del Abismo y se formó el resto del Patrón del Árbol. Nuestra responsabilidad es seguir el Camino de Regreso hasta volver a formar parte del Patrón Original.

Los conceptos de la Divinidad en términos Excelsos nunca son satisfactorios en el nivel humano porque no tenemos la capacidad para pensar de otras maneras que no sean las formales. Debemos estar preparados para darlo por hecho, y aceptar cualquier ecuación simbólica que seamos capaces de usar. Para acercarnos a ALOATH ELOHIM de Binah necesitamos Sus cualidades de paciencia infinita, verdadera humildad y una capacidad de entendimiento con base en la aceptación absoluta de aquello que se entiende. La base más firme para acercarnos a Ella es la fe que un niño tiene en su Madre.

A pesar de la infinita cantidad de cosas relativas a Binah que no hemos mencionado, debemos continuar nuestro ascenso hacia la parte superior del Árbol y avanzar hasta:

# Capítulo 12 — *La Sefirath Chockmah, sabiduría, 2*

### ASSIAH, el Mundo de la Expresión: el ZODIACO.

Por fin llegamos a la cúspide del Pilar Blanco y establecemos contacto con el Padre de la Sabiduría. Algunos cabalistas modernos relacionan aquí a Neptuno como el Sacudidor de la Tierra (Fuerza) y como figura paterna, pero aparte de hacer la distinción entre un Padre Océano en Chockmah y una Madre Océano en Binah, la asociación con Neptuno no resulta muy útil.

Chockmah (que se pronuncia más como Hockma) se compara con la Sofía Griega o el Espíritu de la Sabiduría. Se identifica con el Principio raíz de toda religión y es la facultad por la que la Divinidad ejercita Su existencia. Bajando por el Árbol, la Sabiduría es el primer paso que da Dios, pero cuando ascendemos, es la última cualidad que adquirimos. La Divinidad es sabia antes del suceso y el Hombre es sabio después de éste.

Simbolizada por el Zodiaco, la Sabiduría lo abarca todo, desde cualquier punto. Además, el Zodiaco es capaz de asociación con todos los Símbolos de la Sabiduría como el Hexagrama, la Cruz en el Círculo, etc. Bajando por el Árbol, tenemos el Punto central en Kether, después el Círculo de la Creación en Chockmah y luego los atributos planetarios de las otras Sefirot. Es cierto que Neptuno se considera el Dios de la facultad del Juicio, y astrológicamente es el gran sensibilizador de la consciencia Interna, pero el antiguo atributo del Zodiaco vincula el Espacio con Chockmah en oposición al elemento Tiempo de Binah. En un principio, sólo había diez Signos del Zodiaco, uno para cada Sefirath. Los cabalistas occidentales modernos con poca experiencia astrológica han distribuido de maneras poco adecuadas los doce signos actuales entre los Caminos. En muchas ocasiones no se ajustan en absoluto al Patrón plano del Árbol.

Para adaptar el Árbol a los Doce Signos del Zodiaco (o los Signos al Árbol), es preciso utilizar el Patrón dinámico. Kether y Malkuth son los Ejes, Chockmah es el Círculo del Zodiaco, mientras que las otras Sefirot que se encuentran alrededor de Tifereth avanzan en su órbita de forma apropiada. Esto constituye un modelo muy instructivo para quienes tengan el ingenio suficiente para construirlo, sobre todo la estructura interior es móvil.

Es probable que este uso del Árbol sorprenda o incluso impresione a los cabalistas más tradicionalistas, pero es un error fatal pensar en el Árbol sólo como un diseño plano en colores sobre una hoja de papel. Con esa forma, el Árbol tiene poco que enseñar, ya que permanece tan rígido como la mente de aquellos que no pueden verlo de otra manera. En esencia, el Otz Chaiim está *vivo,* con todas las propiedades de la vida. Se mueve, crece, cambia su apariencia de acuerdo con la estación y vive con un comportamiento propio. Sus principios son constantes, pero sus prácticas son infinitamente variadas. Por ello fue muy absurdo asignar un Tarot fijo y otros datos a sus Caminos, incluso suponer un límite de treinta y dos Caminos. El Árbol tiene mucho más que ofrecer. No hay ninguna razón por la que no se pueda hacer un nuevo Camino o cualquier otro atributo, siempre y cuando nos demos cuenta de que son meramente para facilitar el contacto consciente con diversos puntos del Árbol. El Árbol no fabrica ninguna simbología para explicarse a sí mismo. Somos nosotros quienes creamos los símbolos y tenemos el derecho de utilizarlos en las formas más inteligentes de las que seamos capaces. Si alguna vez llegamos a Chockmah, habremos ganado el principio de la Sabiduría.

Es preciso entender (a través de Binah) que la Sabiduría de Chockmah no es una forma de aprendizaje, no es la capacidad de memorizar ni ningún tipo de acumulación de energías mentales. Chockmah no es una forma de nada, ya que es una Fuerza, un Poder puro y sin adulterar de nivel superior. Es la presión aplicada al máximo. Es todo el potencial de la Energía que mantiene nuestra Existencia en manifestación. Si no descendiera hacia las otras Sefirot, nuestra forma de vida actual no existiría. Como estamos en nuestra forma humana, no podemos vivir en un estado de Sabiduría pura, así como no podemos nadar tranquilamente en una olla en ebullición. Tendemos a pensar en una persona «sabia» como un viejo y tranquilo filósofo, pero estamos equivocados. Una persona sabia es aquella que aplica el poder de forma correcta, y el más sabio de todos es aquel que aplica el máximo poder de la mejor forma posible. Ésa sería una acción Divina más que humana, y estaría basada en Chockmah.

De hecho, la Sabiduría es el Poder aplicado de manera adecuada, y la verdadera Sabiduría no se puede ejercer sin Poder, aunque, desde luego, el poder se puede utilizar sin la Sabiduría, como sabemos por experiencia propia. Quizá entendamos el uso del poder y sepamos cómo utilizarlo, pero sólo el verdadero Sabio tiene la capacidad de aplicar la energía de manera correcta. Ésa es la diferencia, y eso es lo que significa Chockmah; la Santa Sabiduría como el acto que establece la Existencia en su mejor forma. (Chockmah actuando en Binah). No tiene sentido seguir con largos e improductivos cuestionamientos sobre las razones y los objetivos de que la Existencia «haya caído» de su primera Formación perfecta. Nuestra labor consiste en trabajar para reestablecer la Perfección o, en otras palabras, lograr la verdadera Sabiduría en Chockmah.

El Patrón de la Sabiduría en el Mundo de la Expresión es también el del Poder, es decir, el progreso cíclico, o el Zodiaco; el Espacio a través del Tiempo. Los Doce Signos cubren todos los ángulos posibles del Ser, de modo que no debemos pensar en el Zodiaco como en un estrecho cinturón ecuatorial, sino más bien como los gajos de una naranja que constituyen las zonas de un Todo. Literalmente, cubren todo porque *son* todo. En su distribución y en las relaciones del contenido de unos y otros, la Sabiduría se hace evidente como Ley, Orden y Cosmos.

Aquí vemos la simbología del Compás y el Cuadrado en acción. Kether abre el compás hasta el grado que sea necesario, Chockmah describe el círculo, Binah lo pone en movimiento y Daath lo convierte en un cuadrado con ángulos rectos con respecto al eje. La Fórmula de Einstein $E = MC^2$ es la de los Excelsos en el Árbol de la Vida. E de Kether, M de Chockmah, C de Binah y $^2$ de Daath. En otras palabras, diríamos que la Energía Viva equivale a la Masa Sabiduría en relación con el Tiempo entendimiento con la base del Conocimiento. El Círculo de Consciencia contenido en esta fórmula es comparable al Zodiaco.

Al igual que el Patrón Clave de un Horóscopo, que es la relación entre los cuerpos Celestes y el Zodiaco, indica el orden de las energías durante una vida humana, también existe un Patrón Divino comparable. Se ha dicho con razón que Dios es un círculo cuya circunferencia está en todas partes y el centro en ninguna. Tomando la Circunferencia Divina como Su Zodiaco y el punto de Kether como Su Centro, la disposición de las Sefirot nos da lo que un Astrólogo esotérico llamaría el «Horóscopo de Dios». Es mucha la Sabiduría que se puede descubrir con el estudio de esta Carta Omniabarcante.

Subiendo por el Árbol, Chockmah con su Círculo de Sabiduría nos suministra una Expansión infinita hasta que finalmente, en el Punto de Kether se inicia la Contracción infinita. Ésta es la acción del Hexagrama. Tenemos el triángulo descendente que se abre hacia el borde la Existencia, y el triángulo ascendente que se cierra hacia el Punto Supremo del que proviene Todo. La consciencia operativa funciona desde el centro del Símbolo. Podemos construir una útil herramienta de meditación sobre estas líneas, si cortamos un triángulo de cartón (puede ser de color) y colocamos uno de los bordes en contacto con un espejo en ángulo recto. Ahora, debemos dirigir la atención hacia el límite entre la realidad y el reflejo, hasta lograr un sentido de identidad en los dos estados de la existencia totalmente diferentes. Con este método, es posible obtener gran cantidad de información útil empleando diversos glifos. Quizá con este sistema nos demos cuenta de que el Círculo de Chockmah es infinito. La Sabiduría no es otra cosa que el Punto de Kether extendido hacia los límites de la Existencia y, sin importar lo sabios que lleguemos a ser, todo tiene que regresar al Mismo Punto. Nada y Todo son lo mismo y son uno.

El término hebreo que se emplea para el Zodiaco es Mazloth; las Estaciones, lo cual debería recordarnos que el propósito del Zodiaco es ser el fondo estático sobre el cual giran las trayectorias planetarias. Sin embargo, no podemos imaginar una Sabiduría estática. Su aparente estancamiento es sólo en relación a todo lo demás, pero a menos que los Principios de la Sabiduría se mantengan constantes entre sí, el Cosmos no podría surgir del caos. Deben existir ciertos valores fijos en relación a los cuales la Creación se mueve de forma consciente. Físicamente, aceptamos la Luz como una constante. Espiritualmente, aceptamos su equivalente como la Luz de Kether, para la cantidad de Chockmah de acuerdo con el índice de Binah. Si perdemos el contacto con nuestras constantes espirituales (como hace gran parte de la humanidad), nuestro mundo sufrirá, al igual que nosotros mismos. Constantemente estamos encontrando nuevas formas para las Verdades Eternas; cualquier contacto con ellas es mejor que ningún contacto.

El Templo de la Sabiduría está sostenido por doce Pilares, y no por siete, y esos doce son las divisiones del Zodiaco del Universo existente en todas las dimensiones, independientemente de la nomenclatura que se utilice. No debemos identificarlas sólo con los Signos de nuestro Sistema Solar, sino aceptarlos como grados del Perímetro Divino que lo abarca TODO.

Puesto que Chockmah es una figura paterna, su símbolo es la línea recta fálica o la piedra vertical. Cualquier niño en edad escolar conoce la definición de una línea recta como «la distancia más corta entre dos puntos», y ésta es también una descripción perfecta de la Sabiduría Divina. El Ser Supremo es la relación más inmediata entre un punto de Existencia y otro. De lo contrario, todo regresaría al Caos. Sin embargo, antes de tomar la línea recta de forma muy literal, debemos ser conscientes de sus implicaciones menos evidentes.

Normalmente, se supone que los extremos de una línea recta nunca se encontrarán, pero esto sólo es cierto dentro de nuestro entorno Cósmico inmediato. Si extendemos una línea de manera infinita, se convertirá en un círculo con un diámetro inimaginable, que bien podríamos llamar Zodiaco Divino. Ésta es la magia de la Vara de Poder. Darse cuenta de que, cuando se levanta durante cualquier ritual, se está señalando la «medida de Dios» y se está reconociendo la Infinita Presencia de las Leyes Universales. El Poder de la Vara es la Sabiduría. Quienes no ven más que significados fálicos en los símbolos de la Vara tienen una visión muy limitada.

La Sabiduría siempre se ha considerado el logro final de todas las Escuelas Ocultas y de los Sistemas de Iniciación. Pero es difícil hallar a dos que estén de acuerdo en qué es la Sabiduría y cómo se logra. De hecho, algunas Escuelas afirman que nunca alcanzamos la Sabiduría, es Ella quien nos alcanza a nosotros. El hecho de si la Sabiduría se puede enseñar o aprender en el sentido normal del estudio objetivo es también un asunto que crea muchas controversias. El Iniciado simplemente se *convierte* en Sabio. La Sabiduría es una condición del ser; la más elevada posible. Somos sabios o no lo somos. Para nosotros los mortales, la Sabiduría es aquello hacia lo que crecemos y lo que adquirimos en la cúspide del Árbol de la Vida. Para la Divinidad, la Sabiduría es un principio, para la Humanidad es un fin.

Tal vez la Sabiduría hasta cierto punto se pueda definir como un estado de comprensión total. La Omnisciencia original es una consciencia total de todo cuanto existe. La Paternidad Primaria, la Inteligencia Instantánea. En el Tiempo (la Maternidad Primaria), la Sabiduría «cayó» en el Conocimiento, que debemos adquirir a través de la experiencia, una cosa después de la otra. A medida que «subimos» o trepamos por el Árbol, nos acercamos a la Sabiduría máxima que alcanzaremos en el estado puro de Chockmah, que trasciende tanto al Conocimiento como a la Comprensión. Entonces, ya no tendremos que saber las cosas para ser sabios, sino que al ser sabios, sabremos todo lo que necesitemos saber.

Éste es el enfoque que se les enseña a los Iniciados. El que «no es sabio» busca la Sabiduría tratando de adquirir el Conocimiento poco a poco, como una urraca. Su pequeño tesoro no puede atravesar el Abismo, y no podrá esperar a que regresen por él. El Iniciado de la Luz no pierde tiempo buscando en el Universo la información cerebral del Conocimiento, pues ello sería como quererse llevar toda una playa grano a grano. Trascendiendo en el Tiempo, el Iniciado se identifica con el Espacio de la Sabiduría que contiene al Tiempo y, por tanto, recoge todos los granos de la existencia a la vez. Obtiene el Conocimiento a través de la Sabiduría, y no la Sabiduría mediante el Conocimiento.

Nunca debemos confundir la Sabiduría con el Conocimiento. La diferencia esencial es que la Sabiduría siempre actúa con rectitud, ya que procede del Bien Eterno. El Conocimiento puede actuar bien o mal, ya que no fue por los Principios del Bien o del mal por los cuales cayó el Hombre, sino por el Conocimiento de éstos. La verdadera Sabiduría supera toda posibilidad de maldades o equivocaciones, ya que procede directamente de la Máxima Justicia, y literalmente no conoce el mal. Es la verdadera Inocencia en su condición Paradisíaca. Subiendo por el Árbol, el Conocimiento nos llevará al Abismo y el puente estrecho como el filo de una espada apuntada hacia delante; pero a menos que la Sabiduría y la Comprensión mantengan a la espada firme, no podremos cruzar el Precipicio. En el Reino reconstituido, Daath es el Escañuelo, Binah el Trono, Chockmah el Cetro y Kether la Corona, «y sólo un Señor, el Rey, gobierna desde Su santa morada en la eternidad».

Desde luego, la Imagen Mágica de Chockmah es una figura masculina con barba y aspecto patriarcal. Las barbas se relacionan con la sabiduría por la suposición de que si el hombre no tiene edad suficiente para que la barba le crezca muy larga no ha vivido el tiempo necesario para adquirir la sabiduría. Los antiguos cabalistas se preocuparon mucho por el símbolo de la barba y especularon en gran medida sobre cada pelo y sobre la conformación de la Barba del Macroprosopos (que formaba los Caminos de la Sabiduría). Para el pensamiento oriental, la barba era sinónimo de Sabiduría, y la Barba Divina se denominaba eufemísticamente: «la verdad de todas las verdades». Sus trece «conformaciones» son los doce signos unidos en Uno; y desde luego, el trece es la cifra del Maestro y sus doce discípulos, adoptada por casi todas las agrupaciones de Sabiduría en los Sagrados Misterios. Cabalísticamente, el trece significa las Diez Sefirot y los Tres Velos.

Quizá sea significativo que el término hebreo para «Padre» sea Aba, que se deriva de AB, las dos primeras letras del alfabeto, y la Sabiduría (el Padre) es la segunda Sefirath. En la presentación ortodoxa, a la Sabiduría se le atribuye el género femenino, aunque la Cábala la coloca en la parte superior del Pilar Positivo Masculino y Blanco, junto con una Imagen del Padre. Esto contrasta con la imagen aparentemente masculina de Saturno en la cima del Pilar Femenino, mostrando el cambio de polaridad entre los distintos niveles de existencia. La tradición dice que un alma desarrolla la polaridad opuesta al cuerpo que ocupa, pero el significado esencial es que la perfección proviene del equilibrio entre ambos límites. El diseño del Árbol nos lo señala constantemente.

Aunque, numéricamente, en el Árbol, Chockmah precede a Binah, no está más arriba, sino en el mismo nivel que la Gran Madre. Ambas se deben considerar como inseparables, como dos extremos de la misma Vara. Como ya dijimos, si extendemos la Vara de manera infinita, los extremos se convierten en uno solo. Lo mismo sucede con Chockmah y Binah. Todo el Árbol se puede extender según el principio circular, y nuestras consciencias se extenderán con él. Con frecuencia se nos dice que la meta de la Iniciación es una ampliación de la consciencia. ¿Por qué tener miedo de hacerlo, entonces?

Un Padre no puede existir sin una Madre que lo convierta en tal, y para pasar de Padre (ABA) a Madre simplemente hay que variar la letra intermedia (AMA). Beth, la Casa, pasa a ser Mem, el Agua, que es la decimotercera letra del alfabeto, tanto en hebreo como en latín. Aquí tenemos el simbolismo de la Gran Cabeza del Macroprosopos (Masculino) saliendo de las Aguas (Femenino) hasta el punto en que la barba tiene trece configuraciones (pasos, o meses Lunares para completar el ciclo). De cualquier manera en que veamos este Misterio, presenta una relación dual Masculino-Femenina, en lugar de un Principio Masculino aislado. Si profundizamos más en este Misterio encontraremos a los Ángeles que lo manejan desde su propio mundo en:

## YETZIRAH, el Mundo Formativo:
### Orden de Ángeles, los AUPHANIM.

La palabra Auphanim significa ruedas, pero proviene de la raíz AVPh, «rodear o circunvalar», y se utiliza para describir el rodillo triturador de una trilladora. En los días bíblicos era simplemente una especie de rodillo hecho de piedra (pilar fálico) que un buey arrastraba en círculos sobre el grano. La simbología del acto era el prensado de la semilla por parte del Padre sobre la Madre (Tierra), y su imagen es coital. Existe también una conexión con el molido lento de los Molinos de Dios, que es un eufemismo sexual muy antiguo, y también fatalista.

Sin embargo, en niveles más elevados, los Auphanim son los «circundantes» o el equivalente Formativo del Zodiaco. Toda actividad es cíclica, y los Auphanim se dedican a mantener la Manifestación en movimiento. Dirigen la Fuerza hacia la Forma e inician las curvas en el Espacio-Tiempo. Nuestra Rueda de la Vida y de la Muerte, los ciclos Solares y todas las energías circulares y circundantes dependen de los Auphanim. Son las Ruedas del Universo sobre las cuales funciona su mecanismo, haciendo que los principios y los finales se junten, a fin de que todo evolucione por sí mismo. La Espiral de la Evolución es su escalera y ellos son los giros de la Serpiente de la Sabiduría, que sube alrededor del Árbol.

La energía primaria de Kether surge como una radiación que no logrará nada a menos que se programe y se constituya en patrones de acuerdo con leyes controlables y positivas. Esta modificación secundaria de la Fuerza Inicial sucede en

Chockmah, donde se «dobla» o se «refracta» haciendo que sean posibles avances cíclicos y repetidos. El punto de Kether se extiende para formar una línea y luego continúa como un círculo con la actividad de los Auphanim. Trabajan con la Sabiduría de Dios porque, a menos que el Poder Primario sepa qué hacer con Él Mismo, el Cosmos no podría haberse creado.

Se dice: «Todo lo que sale, debe regresar a sí mismo». Como Molinos de Dios, los Auphanim manejan el Destino o el Karma como una acción que provoca su propia reacción. Probablemente el Karma sea el tema oculto del que más se ha escrito, aunque muy pocos comentaristas están de acuerdo en algo, aparte de su inevitabilidad. Nuestras ideas puramente humanas acerca de la retribución y «el pago de las deudas kármicas» necesitan muchas revisiones. Quien imagine que porque A asesina a B en una vida, A debe recibir lo mismo o algo peor en la próxima encarnación, deberá cambiar este nivel de pensamiento tan infantil. Pues si ni A ni B aceptan una actividad alternativa, se matarán uno a otro vida tras vida, hasta que el Abismo los absorba a ambos para siempre. Un ciclo de acción que se interrumpe desde su fuente de poder se desvanece hasta la extinción, como un motor que se detiene poco a poco al ser desconectado, y esto es lo que sucede a aquellos que se excluyen a sí mismos de la Sabiduría Divina.

En primer lugar, el Karma proviene de la Fuerza, y no de la Forma. Si la Fuerza se equilibra en sus niveles más altos, no hay necesidad de que afecte las formaciones en los niveles inferiores. Sólo experimentamos los trabajos formales del Karma por la acción de los Auphanim en este mundo, porque no nos hemos elevado lo suficiente para captar sus energías y convertirlas en ciclos más elevados que los físicos. El Karma formalizado es trascendible y, en términos terrenales, una Fuerza del Destino que tardaríamos muchas vidas de nuestro tiempo en «solucionar», se puede vencer espiritualmente en cuestión de segundos. Éste es el verdadero «perdón de los pecados», basado en nuestra elevación por encima del nivel de reacción en los peores efectos. Cuanto más nos acerquemos a la Sabiduría Divina de Chockmah, más próximos estaremos al cierre de los ciclos de los Auphanim que controlan nuestro destino y más energía podremos equilibrar en los niveles superiores.

Un círculo es un círculo. Supongamos que lo hacemos físicamente circundando nuestro propio círculo mágico cuya circunferencia mide unos cuantos metros. Luego, trazamos otro círculo dentro del primero, y así sucesivamente hasta llegar al centro, donde nuestro círculo está ya destinado a convertirse en un eje. Por último, dejamos de hacerlo físicamente porque los límites del espacio no lo permiten, pero continuamos dando vueltas mentalmente hasta llegar a los límites de la mente y viéndonos entonces obligados a seguir de forma espiritual. Quizá no lleguemos hasta este punto, pero demuestra la acción de los Auphanim. En teoría, el círculo instantáneo central comprende el Todo con un movimiento mínimo.

Éste es el arte de lo que llamamos «Magia». Un ciclo de energía relativamente pequeño que tiene una intensidad máxima cerca de la fuente de su poder producirá un ciclo de efectos mucho mayor con la correspondiente disminución de la intensidad en mayor cantidad de Tiempo y Espacio. Cuanto más alto sea el punto del Árbol desde el que se libera el poder, mayor será su extensión en términos materiales, a menos que se concentre hacia abajo en un propósito espacio-temporal en particular. El aprendizaje oculto y mágico se dirige hacia el contacto y el control de los ciclos de poder desde los niveles más altos posibles. Cuanto más cerca podamos llegar de los Excelsos, más efectivo será el resultado. Por ejemplo, para hacer que una cadena de sucesos menores tenga lugar en la tierra, sólo sería necesario originar una energía iniciadora en el «cielo», una vez que se conozca el camino apropiado. Un solo golpe en un gong produce gran cantidad de ruido, y un buen empujón puede iniciar toda una avalancha.

Por suerte para el resto de nosotros, el poder de Chockmah es inalcanzable en toda su fuerza para los seres humanos. De hecho, muy pocos logran su equivalente en nuestro nivel o incluso tratan de alcanzar una pequeña fracción del mismo. Si consideramos que el Ciclo Original de Poder (representado por el Nombre Divino) trajo a todo el Universo a la Existencia, no debe sorprendernos que dicho Nombre haya sido designado como Indecible por el Hombre. No obstante, la Orden Angelical de los Auphanim trabaja dentro de nuestro alcance y afecta a todas las vidas o ciclos de energía, en la tierra, y en todas partes.

Subiendo por el Árbol, los Auphanim son los «Molinos de Dios» que muelen de forma muy fina. En realidad, dividen los distintos patrones de energías diferenciadas y los reducen a su patrón original primario, a fin de que se puedan volver a absorber en su Fuente kethérica. Si podemos imaginar todo el eco del Grito Creativo regresando a su ciclo de Sonido original, tendremos una idea de la forma en que trabajan los Auphanim yendo hacia arriba en el Árbol. Una buena ilustración sería reproducir a baja velocidad hacia atrás la grabación del eco de un grito o de un golpe de gong. No es que los Auphanim trabajen hacia atrás, la rueda siempre gira hacia delante, para unirse a sí misma en el cenit.

En los niveles humanos podemos observar este proceso cuando vemos las vidas de innumerables almas relacionadas, experimentando una encarnación tras otra hasta que se ajustan gradualmente unas a otras y adquieren mutua tolerancia. También lo vemos en la orilla del mar, donde la arena es el producto de millones de años de movimiento del agua. Los Auphanim son universales en su acción. La circulación de nuestra sangre y el ritmo cardíaco son Auphanicos. Si seguimos su curso hacia arriba por el Árbol de la Vida, con el tiempo, nos llevarán al Supremo, o más bien guiarán a la parte de nosotros mismos que merece alcanzar su Fuente. Si podemos permanecer en nuestro propio proceso de perfección, llegaremos a su Cima en Kether. De lo contrario, los Aralim son capaces de disponer de nosotros a través de distintos canales.

Desde luego, el descubrimiento de la Rueda fue lo que inició la civilización humana. Quizá el Ciclotrón la termine, y los Auphanim formen nuevos remolinos con nuestro polvo cósmico. ¿Quién sabe? Sólo la propia Sabiduría en Chockmah. Tarde o temprano, debemos alcanzar el final de nuestro ciclo en este planeta que quizá no será otra cosa que un principio en circunstancias diferentes. Independientemente de lo que nos suceda, no escaparemos de los Molinos de Dios en este lado de la Sabiduría y todavía nos queda mucho camino que recorrer.

Las resonancias, los ritmos, las frecuencias y esa horrible palabra seudo-oculta, las «vibraciones», son actividades Auphanicas en el nivel físico y en otros niveles. Y también la repetición de cualquier «experimento repetible infinitamente» de los que se consideran como auténtica prueba científica. Esto no es totalmente cierto, ya que nadie ha repetido nunca un experimento, científico ni de otro tipo, más de una cantidad limitada de veces. Debemos tener presente que los Auphanim son poderes espirituales activos y no los sellos de goma de cualquier acción viviente. No olvidemos que son la Sabiduría en acción.

Ahora, los mismos Auphanim nos llevan a los puntos donde nos debemos encontrar con su Arcángel en:

### BRIAH, el Mundo de la Creación: Arcángel RATZIEL.

Ratziel se puede traducir como el Heraldo o el Enviado de Dios. Alude un corredor o mensajero a quien se le confía una misión específica, y que se espera regrese a su Principio después de cumplir con su propósito. Se dice que se pone de pie todos los días en la cima del Monte Horeb, desde donde proclama los secretos del mundo con una voz que reverbera en todo el planeta. Cuando Adán fue expulsado del Edén, el Arcángel Ratziel lo protegió y le dio un maravilloso libro lleno de secretos que le serviría como guía. Este libro era de zafiro, y Adán se lo dejó en herencia a Noé del que pasó a Abraham, Jacob, Levi, Moisés y Josué, hasta llegar a Salomón, el Rey de la Sabiduría.

Este impresionante cuadro no es menos de lo que podríamos esperar del Arcángel de Chockmah. Se encuentra en la parte superior del Pilar Blanco, y desde luego, el Símbolo de la Montaña Sagrada es una imagen del Árbol. Pone la Sabiduría a la disposición de todo aquel que pueda oír su voz, la cual, constantemente envuelve al mundo con su resonante energía. Asimismo, es el agente que implantó el instinto de Sabiduría en el Hombre después de la Caída, y es el responsable de su desarrollo posterior. Su «libro» es duradero como el zafiro o, en otras palabras, durará mientras dure la vida en la tierra. En general, Ratziel es una Figura de Sabiduría muy simbolizada.

Se dice que el «Libro de Ratziel» contenía los secretos de las estrellas. En la actualidad, lo llamaríamos Astrología Cósmica. Proporciona información sobre los cursos (o ciclos) de los cuerpos celestes y los efectos de éstos en toda la Creación, incluyendo el destino de la humanidad, en forma tanto colectiva como individual. En él se encontraban los Patrones Maestros de los Caminos de Poder subyacentes a todos los aspectos de la Manifestación. Toda la Sabiduría del Universo en un solo lugar. Pero el «Libro» fue de tanta utilidad para Adán como lo sería un diccionario de hebreo para un bebé no circuncidado. La Sabiduría no es nueva; es tan antigua como la Existencia, pues es el Camino del Mundo. La Sabiduría fue nueva una sola vez. Al convertirnos en sabios ascendemos en una espiral cada vez más pequeña de un poder que aumenta, hacia el mismo nivel de la Luz de la que caímos en un principio. Nuestro camino es una trayectoria de redescubrimiento. Si Ratziel no nos hubiera ofrecido el Libro para que lo leyéramos, su Sabiduría no estaría ahí para que la alcanzáramos, después de dominar su alfabeto.

La Sabiduría se encuentra realmente en las Estrellas. ¿De dónde la aprendemos si no? El Hombre siempre ha sentido que su destino está unido a las estrellas; de la Astrología, surgió la Astronomía y ahora la Astronáutica. No obstante, sin importar lo sabios que nos volvamos en el proceso de alcanzar las Estrellas, nunca superaremos la Sabiduría Primaria de Chockmah, aun cuando nos convirtamos en Maestros del «Libro» de Ratziel. Si escuchamos su voz que proclama los secretos en todo momento, quizá nos acerquemos a la Sabiduría de forma inteligente. Aquellos que se toman la molestia de hacerlo, pueden escucharlo en cualquier parte del mundo. La voz de Ratziel proclama el «Mensaje de las Estrellas» hacia la tierra desde el Universo Externo e Interno. Por así decirlo, es la emisora o estación que transmite para la consciencia desde todas las dimensiones en este planeta. Los seres más viejos y más sabios que nosotros nos hablan a través de la boca de Ratziel.

La Sabiduría es para nosotros como una Estrella, en el sentido de que podemos ser conscientes de su existencia, experimentar su influencia y darnos cuenta de su importancia, sin llegar realmente a su situación. La Sabiduría de Chockmah está separada de nosotros por un Espacio mucho mayor al que separa nuestro mundo, digamos, de Sirio. Es exactamente el mismo instinto el que nos lleva a la humanidad a buscar a Chockmah en el Interior y a las Estrellas en el Exterior. El Hombre siempre busca algo nuevo, pero en realidad es una especie de recuerdo. Queremos ir a la casa a la que realmente pertenecemos, y Ratziel nos recuerda esto todo el tiempo. Nos muestra la Estrella que debemos seguir en espíritu, si queremos navegar por el Mar Cósmico.

En la época de Navidad, ponemos el Árbol y el Símbolo de la Estrella mientras recordamos la leyenda de los Reyes Magos que siguieron a la Estrella para encontrar a la Divinidad en la Humanidad. Incluso cantamos:

*«Estrella de Sabiduría, Estrella de Luz.*
*Estrella con un Brillo de Belleza Real».*

Sin embargo, ¿cuántos de nosotros nos damos cuenta de la importancia cabalística de este hermoso ritual? Quizá Ratziel sonríe a los niños desde la boca de donde proviene esa Sabiduría. Después de todo, sus palabras hacen eco de forma apropiada y la Navidad es el momento en que esta tierra inicia su Camino de Regreso a la Luz. La Estrella es de gran importancia en el mito de la Navidad, tanto literal como figuradamente. Sin ella, la Sabiduría no funcionaría ni se podría alcanzar la Divinidad. Si los adultos no entienden esto en Navidad, sus hijos lo harán, aun cuando no puedan expresarlo con palabras, pues ellos están más cerca del tipo de consciencia que no está confinada al simbolismo de los sonidos verbales.

Si esperamos que Ratziel hable en nuestro idioma, nos quedaremos esperando para siempre. El sonido de la Sabiduría es el Canto de la Vida que acompaña a la música de las Esferas. Ni más ni menos. Tenemos libertad para traducir las «palabras de Sabiduría» de Ratziel a cualquier idioma humano que deseemos, pero ésa sería sólo una aproximación a su mensaje. La Verdadera Sabiduría está mucho más allá de cualquier forma de lenguaje o método de escritura humano. Los verdaderos secretos ocultos no se pueden «divulgar», por la sencilla razón de que todavía no se ha inventado un tipo de lenguaje humano que los exprese, de la misma manera en que el color azul no se puede explicar con la escritura.

Por esto la Cábala no se escribió en un momento concreto de la antigüedad, sino que siempre se consideró como la «enseñanza recibida». Nadie *enseñó* la Cábala, se *recibió de* sus fuentes Internas, como debe ser. Los antiguos cabalistas sabían perfectamente bien que era imposible escribir la Cábala, de modo que, aparte de unos cuantos esquemas, no hicieron ningún intento por plasmarla en un pergamino. Sólo después de muchos siglos, cuando la mente de muchas personas en esta tierra había formado una especie de depósito entre la Existencia Interna y la Externa, se hicieron esfuerzos por relacionar a la Cábala con palabras escritas en un papel. Debemos ser totalmente firmes al decir que no se ha escrito ni se escribirá jamás un libro para «enseñar» al lector la Sabiduría Cabalística. Es imposible, no por falta de voluntad sino por falta de medios. Lo único que haría cualquier trabajo escrito relacionado con la Cábala sería transmitir al lector las ideas de otras mentes; nada más.

Si alguien piensa que puede aprender la Cábala en diez (o diez mil) lecciones sencillas, es tan inocente que nada, sino la más triste experiencia personal durante un periodo prolongado lo guiará hacia la Sabiduría. La Sabiduría no es una ciencia, sino un *estado*. Nadie «aprende» la Sabiduría como una lección, sino que *vive en un estado*. Todos debemos adquirir la Sabiduría de una Fuente propia que debemos encontrar. No existen «libros ocultos» maravillosos llenos de «conocimientos escondidos» que se puedan comprar con todo el dinero del mundo. No existen más allá de la ficción, porque los verdaderos «secretos ocultos» son inalcanzables desde las páginas de cualquier libro, excepto el de Ratziel, y aunque entendamos su lenguaje, sólo podremos leer una palabra en toda una vida.

Los únicos «secretos» que podrían escribirse como «ocultos» serían los de la información doctrinal, de organización y otros datos acerca de los diversos Grupos de Misterios. Podemos considerar esto como una revelación de confianza que merece su propia recompensa, pero no como revelaciones de importancia en el campo de la Sabiduría Divina. No obstante, aquello que se imparte o se comparte como confidencial siempre deberá respetarse como tal. No debemos «pronunciar los Nombres Santos en vano», así como no debemos emitir grandes cantidades de moneda falsa. Sólo cuando los Misterios adquieren el mayor valor para nosotros tendrán también la mayor utilidad. «Secretos Ocultos» nos es una frase vana, sino una frase mal entendida. Cuando seamos lo suficientemente sabios para apreciar la necesidad de discreción, Ratziel nos ofrecerá más Sabiduría, pero no escrita en un papel.

Ahora podemos ver el avance de Chockmah. En el Mundo de la Expresión, la Sabiduría Divina se mostró como el Zodiaco circundante, en el Mundo de la Formación, como los cursos cíclicos de los Auphanim desplegando sus formaciones de fuerza y en este Mundo de la Creación, el Arcángel Ratziel señala a las propias Estrellas como las letras del Alfabeto de la Sabiduría. Detrás de las Estrellas, su Creador y Originador es el Poder de:

### ATZILUTH, el Mundo de los Orígenes: Aspecto de Dios YHWH, YH.

Aquí encontramos el Santo Tetragramaton. El impronunciable Nombre de Dios. Quizá los ocultistas han hecho más intentos por explicarlo o pronunciarlo de lo que podríamos contabilizar. Si decimos a la mente humana que algo no se puede hacer, pasará el resto de la eternidad tratando de probar que esa afirmación no es cierta. Al final, lo logra.

El sónico Simbólico o glifo alfabético YHWH se supone que es un Nombre tan poderoso que si alguna vez se pronunciara de forma apropiada, el mundo se destruiría. Esto es literal y estrictamente cierto, porque representa la fuerza explosiva de la «Explosión» Primaria que acompañó al inicio de nuestra Creación. Una «Explosión» o «expresión» del Nombre se oirá (aunque no la oiremos nosotros) cuando nuestro planeta actual explote convirtiéndose en polvo cósmico al final de su existencia. YHWH se pronunciará YHWH, y Eso será Todo.

En niveles más alcanzables, el nombre YHWH ejerce para los cabalistas la fascinación más extraordinaria. Quizá porque la Cábala se basa en un patrón cuádruple. A primera vista, el Árbol parece estar compuesto de Tríadas, pero éstas son tres de los puntos de una Tétrada. Una vez que Malkuth regrese a la posición de Daath, las tres Tétradas que forman las Doce Posiciones del Nombre (el Zodiaco) serán evidentes. Pero en realidad, en el Nombre sólo hay tres letras, puesto que la H se repite.

Como base para ordenar nuestras ideas ocultas y como Palabra Clave para todo el proceso de nuestra consciencia activa, YHWH es en realidad un *non plus ultra*. Una vez que estemos en el centro de nuestro Círculo Mágico (no el que está en el suelo del Templo, sino el que está en nuestro interior) y empecemos a construir a su alrededor, comenzaremos la creación de nuestro propio Cosmos. Al mismo tiempo, los cabalistas prácticos harán bien en fijar las Letras del Nombre en el centro físico de su Círculo y empezar a construir sobre él. Tal vez de esta manera se logre la Sabiduría. Desde luego, dentro del Nombre deberán dejar espacio para AHIH y AIN.

YHWH es el Poder Positivo (Masculino) explosivo, que es el Iniciador de toda acción. Se decía que los dioses crearon al Hombre con una enorme explosión de risa, y YHWH es eso. IO HO es la Risa Divina misma. La primera (y también la última) risa de la broma cósmica que dio como resultado la vida humana. IU y HU son variantes del Nombre que significa «Señor de Luz». YHWH es en verdad el Nombre de Nombres porque es la primera fuerza positiva de consciencia en el acto de la concepción. El Espíritu de Dios meditativo (contemplativo) surge del Océano Infinito y pronuncia la Palabra (YHWH) de Luz que se convierte en Vida. Aquí, el simbolismo es tan profundo y básico para todo el Ser, que los cabalistas de la antigüedad creían que el Nombre Divino sólo debía pronunciarse sobre agua. Se metían en el agua al final de la noche (la Oscuridad Original), hasta que el nivel de agua les llegaba al labio inferior. Entonces, «vibraban el Nombre» mientras trataban de evitar que la boca se les llenara de agua. A los entusiastas cabalistas modernos que deseen experimentar este ejercicio, les recomiendo una tranquila cala mediterránea durante el verano. Las piscinas municipales son poco adecuadas. En teoría, el Nombre Divino así pronunciado debe «transmitirse» a través de todos los océanos de este mundo. Una reminiscencia de esta idea de pronunciar el «Nombre sobre el Agua» es el brindar cuando bebemos.

El concepto de la Creación Original era el Ser Divino surgiendo del Océano y buscando la Luz con Su primer Aliento (Ain Soph Aur y Kether), entonces Su primera percepción fue Su propia imagen en el agua, a la que inmediatamente llamó YHWH. Quizá una exclamación de simple admiración es lo que produjo la Explosión Inicial del Universo. Pero sea como fuere, el Grito Creativo Inicial de «¡Dios Mío!» o su equivalente, dio la Existencia a los Seres, a partir de la Nada.

En la antigua Tradición cabalística, el Nombre Divino se transmitía del Maestro al discípulo sólo una vez (en siete años), y «de boca a oído». En el Templo, sólo el Sumo Sacerdote tenía el poder de «pronunciar» el Nombre una vez al año, cuando entraba en el silencioso Santo de Santos donde ningún otro mortal podía penetrar. Sin duda, eran conscientes de que el Tetragramaton que se utilizaba en esas ocasiones era sólo un sustituto humano de la «Palabra Perdida» que, si alguna vez se recuperaba, restauraría la situación de Dios en la Humanidad. Quizá el sonido de esta Palabra decisiva no sea muy diferente a una explosión atómica.

El principio de las «Palabras (o Nombres) de Poder» se basa totalmente en hechos, como sabe cualquier psicoanalista. Son lo que se podría llamar «Palabras Maestras» o «Frecuencias

Clave» que se vinculan a las profundidades de la consciencia y evocan respuestas desde nuestras fuentes de energía más internas. Todos respondemos de manera diferente a nuestras distintas Claves. En la búsqueda cabalística de los «Nombres Mágicos», los objetivos son estos «sonidos» espirituales calculados para dar lugar a las formas de energía mejores y más finas disponibles para la humanidad. Se conocen como «Nombres de Dios» porque invocan los poderes de Dios más allá de la simple naturaleza humana, siempre y cuando podamos responder a su resonancia con la nuestra propia. Esto es un arte y una tecnología que merece un estudio especial.

YHWH es la raíz de la Sabiduría Cabalística. Para utilizarlo como ayuda para subir por el Árbol, simplemente manejamos las Letras como los cuatro puntos de nuestro Círculo de Vida (o Zodiaco) y construimos nuestra escalera en espiral a su alrededor, algo que se encuentra en las líneas de nuestra carta astral. Esto requiere de un cuidado considerable, puesto que estaremos haciendo nada menos que el centro de Poder de todo nuestro Ser Mágico. Un fallo en esta etapa primaria se repetirá automáticamente en cada ciclo posterior. Si nuestro centro es real, también lo será el resto de nuestro Cosmos.

No debe sorprendernos que el cabalista trate el Nombre YHWH con gran deferencia puesto que le proporciona los puntos que serán la guía de toda su existencia interior en los niveles «mágicos» del ser. Del mismo modo que nacemos de nuestros padres físicos en este mundo material, debemos volver a nacer espiritualmente de nosotros mismos, así como el Ser Divino se dice que se ha creado a Sí Mismo. Saliendo de AIN procedemos como un Hijo de la Luz, a través de Kether que nos da el Ser. YHWH nos otorga las dimensiones espirituales como un Padre de Sabiduría, y ALOATH nos proporciona el temple espiritual, como nuestra Madre de Comprensión. Éste es nuestro renacimiento, más allá del cuerpo y a través del Abismo.

La asociación de YHWH con el Espacio se da con los Seis Sellos o Extensiones: Altura, Profundidad, Hacia Delante, Hacia Atrás, Derecha e Izquierda. Cada escritor da a las Letras atribuciones totalmente diferentes, provocando gran confusión entre los cabalistas prácticos a la hora de construir sus rituales. La forma más sencilla es la más directa. Las Letras se pueden escribir en secuencia, pero se «pronuncian» de manera simultánea. Primero, es necesario extenderse en el AIN SOPH AUR central, después en el eje de Kether-Daath que es Altura y Profundidad. A continuación, se realiza la expansión de YHWH de forma equitativa y simultánea hacia los Cuatro Puntos. Y, H, hacia el eje Sur-Norte, y W, H, hacia el eje Este-Oeste. Después, se puede trazar el círculo temporal de Binah y proceder con el rito.

Desde luego, todo esto es YHWH actuando hacia abajo, en relación con el resto de las Sefirot. Puesto que ahora subimos por el Árbol, debemos considerar el Poder Divino de la Sabiduría desde un ángulo diferente. ¿Qué sucede cuando el Hacer regresa al Ser? Una analogía útil, aunque ligeramente débil, sería una cinta totalmente grabada. La continuidad se ha convertido en instantaneidad. Todo está unificado. Todo lo que será y todo lo que fue se ha convertido en todo lo que es. La energía inicialmente proyectada se absorbe a sí misma, y tiene lugar la ecualización.

En el momento de la Primera Pronunciación del Nombre (o I.E.U.), se liberó suficiente energía para que toda la Existencia entrara en actividad con el paso del tiempo. Todavía vivimos en el eco de la Primera Palabra, por así decirlo, y si fuéramos realmente Sabios, volveríamos a su Fuente antes de que sus resonancias desaparezcan en el Silencio. El Silencio Exterior. El divino estado interno de perfección, más allá del Abismo, permanecerá como una resonancia que se regenera a sí misma a través de su circuito Excelso, hasta la última absorción en lo Inmanifestado.

Por tanto, subiendo por el Árbol, la Forma regresa a su Fuerza original en YHWH para restaurarse en la posición Suprema, en Kether. El Último se convierte en el Primero, y la cola de la Serpiente alcanza su boca. El tiempo serial se convierte en Eternidad instantánea. Las «Revoluciones del Tetragramaton» giran. Se dice que, cuando se formen todas las combinaciones posibles de las Letras, la Existencia llegará a su fin y su circuito estará completo. Las combinaciones de YHWH significan el Ser en acción. YHWH significa «Él hace ser». HWH quiere decir «ser» y HYH es respirar, vivir, llegar a ser. En la Creación Inicial, WYHY AWR dice: «Y se hizo la Luz». De cualquier manera que se exprese YHWH, el Tetragramaton significa Vida. «En Él no existe la muerte, ya que Él es la Vida Eterna». HWA es el pronombre personal de Él, Ella o Ello, y es la fuente de nuestra identidad espiritual que debemos intercambiar por la Gran Unidad de Kether, la Mónada.

Bajando por el Árbol, YHWH es el Uno que se convierte en Muchos y, al regresar al Infinito, es la Multiplicidad que se convierte en Unidad. Existen numerosas formas diferentes de ordenar el Tetragramaton. Como pictograma, se puede hacer que represente a un ser humano, a un animal, un árbol, una svástica o una gran variedad de objetos. El tiempo que se pasa con el Tetragramaton en un papel puede ser muy reconfortante, aunque lo correcto es vivirlo, no sólo contemplarlo.

YHWH aparece asociado en muchas otras formas con el Poder y la Sabiduría, pero sorprendentemente aparece como él mismo en el «Tao Teh Ching» de Lao Tzu. Vale la pena citarlo aquí:

«IE. La sencillez es lo que no se puede ver al mirarla.
HE. La quietud es lo que no se puede escuchar al oírla.
WE. La rareza es lo que no se puede sentir al manejarla.

Éstos, siendo inasibles, se pueden considerar como unidad I H W. No hay luz sobre ellos ni oscuridad debajo de ellos. Su funcionamiento es infinito y no tiene nombre. Es la apariencia de lo No Aparente, la forma de lo No Existente. Es el misterio impenetrable. Al estar frente a frente, no se distingue su rostro; al ir más allá, su parte posterior no se ve. Sin embargo, regular la vida con la ancestral Sabiduría de I.H.W. es encontrar el camino».

¿Qué mejor expresión de YHWH podría hacerse? ¿Podríamos acercarnos a la Sabiduría más que la propia fuerza de la Sabiduría manifiesta en el Tetragramaton? No como cuatro fuerzas independientes, sino como el ÚNICO PODER que opera a través de todas las dimensiones de Tiempo y Espacio con las que mantenemos una relación cuádruple.

YHWH es literalmente el Símbolo Clave de la Sabiduría y, una vez que creemos nuestra propia circunferencia a partir de sus cuartos nos convertiremos en los Dioses de nuestros Cosmos Internos, relacionados de manera adecuada con el YHWH del Macrocosmos. Todo el trabajo práctico de la Cábala se basa en el funcionamiento de YHWH. Tan sencillo en su esencia que se le escapa a la gente «inteligente», que nunca encontrará la Sabiduría. Nadie encuentra la Luz buscándola. Primero, tenemos que encontrar el «Reino» dentro de nosotros mismos, que es YHWH; después, «establecer el Rey Leal en Su trono» o el Cosmos alrededor del Punto central, que es la diferencia entre Ser y No Ser. Se dice que ninguna invocación que omitiera una mención del Reino es real, y YHWH se relacionaba sobre todo con el Orden, el Control y el Gobierno. Quizá el siguiente arreglo cabalístico del Padre Nuestro resulte útil al trabajar con la fórmula YHWH. Habiendo, antes que nada, vuelto a AIN, el operador procede así:

1. Padre Nuestro que estás en el Cielo.
   (Círculo Vertical)

2. Santificado sea Tu Nombre.
   (Círculo Horizontal de YHWH)
3. Venga a nosotros Tu Reino. (Círculo Lateral)
4. Hágase Tu Voluntad en la Tierra. (Pivote en la Base)
5. Como en el Cielo. (Pivote Superior)
6. El Pan nuestro de cada día dánosle hoy. (Frente)
7. Y perdona nuestras ofensas, etc. (Parte Posterior)
8. No nos dejes caer en la Tentación. (Izquierda)
9. Y líbranos del Mal. (Derecha)
10. AMÉN. (Resonando en el Centro)

Cualquier cabalista práctico debe ser capaz de desarrollar esto en un rito muy fácil de manejar.

Una faceta interesante, aunque poco conocida, del Excelso sonido del Nombre de Dios es su relación con los ritmos normales del acto sexual. AHIH, que suena AII HI II HI II HI, etc., es la respiración agitada. YHWH, que suena YA WE YA WE, etc., es la fuerza masculina; ALOATHTH, que suena A LOH AA LOH, etc., es la aceptación femenina; y por último, DAATH, que suena DAAAAAAAAAATH es la respiración de satisfacción después del clímax. La conexión con Daath es de especial interés, si consideramos el uso de la palabra en el Génesis, «y Adán *conoció* a Eva». Hasta nuestros días, la terminología legal hace referencia al «conocimiento carnal». Con el conocimiento del sexo vino también la «Caída», y la reproducción de las especies que en principio eran únicas.

Hay un campo muy grande sin explorar, en el uso de los Nombres cabalísticos de Dios con las técnicas de pranayama, sobre todo en los niveles excelsos. Seguramente será un área rica en conocimientos para aquellos que se especializan en este tipo de trabajo y de estudio. En verdad, YHWH es inagotable, una vez que comenzamos a perdernos en Él. No obstante, con el tiempo, debemos salir de sus ciclos de poder y descansar en el equilibrio del vértice del Árbol, que es:

**Capítulo 13**

# La Sefirath Kether, la corona, la cúspide, 1

### ASSIAH, el Mundo de la Expresión:
### Primum Mobile, NEBULOSAS.

¡Por fin, la cúspide del Árbol! Aquí estamos en la cima del Pilar Medio, donde no podemos avanzar ya más en el Árbol de la Vida, a menos que lo abandonemos para caer en la Nada, o caer de nuevo en Malkuth y empezar otra vez. Salvo que nos hayan crecido alas en nuestro viaje hacia arriba, sólo podemos seguir el último curso.

Kether no sólo es una Corona en el sentido literal, sino también la cima de toda altura, en especial de una montaña o de un pilar. Tiene un significado explícito de rodear todo de forma amigable. Un proverbio dice: «El prudente usa el Conocimiento (Daath) como una Corona». Esto nos da una imagen agradable de los Excelsos, con la Corona de Kether adornando las cabezas de los prudentes (Chockmah-Binah) que llegaron a la posición del Conocimiento en Daath.

Algunos cabalistas modernos atribuyen Urano a Kether, aunque difícilmente es una atribución ideal. Sin embargo, el mito de Urano, en un nivel básico, sí tiene un contenido kethérico. Como el más antiguo de todos los Dioses castrado por su hijo, Urano significa el instinto del Dios primario que llega a la humanidad en formas terribles, las cuales más adelante, en el curso de la civilización, se vieron sustituidas por otras menos drásticas. Nuestras primeras ideas de Dios en este mundo fueron salvajes, crueles, crudas y violentas, de acuerdo con cualquier estándar del comportamiento moderno normal. Así tenía que ser. Ninguna otra cosa podría haber llegado a los humanos caídos.

En la actualidad, no podemos entender bien el significado de la vida en sus primeras etapas sobre la tierra, salvo si la comparamos con una destrucción atómica. El hombre vio con temor la evidencia del Poder Divino mucho antes de llegar a una etapa de Amor. Los terremotos, las erupciones volcánicas, las fuertes tempestades y otros horrores naturales a los que el hombre sobrevivió durante su infancia en la tierra produjeron el Temor de Dios que, de hecho, fue el principio de la Sabiduría. Tribus y familias completas perecían juntas debido a incendios, inundaciones, terremotos y otras calamidades. El hombre tuvo muchas evidencias acerca de Dioses iracundos cuyo objetivo parecía ser la destrucción de la vida humana. ¿Es asombroso que las primeras religiones ofrecieran sacrificios humanos? Con una esperanza patética, los sacerdotes primitivos ofrecían a la Terrible Deidad una sola vida, a fin de salvar muchas. Pensaban que ello era mejor que la extinción total.

En la actualidad, los que asisten al servicio de la Eucaristía en sus formas más bellas y coloridas deben recordar los rituales sangrientos de tiempos ancestrales cuando se ofrecían vidas humanas sobre la piedra a una Deidad sedienta de muerte. Deben visualizar las pequeñas porciones de carne que se distribuían entre los participantes y el cráneo lleno de sangre que compartían todos. Ninguno de estos rituales de muerte se realizaba con la más mínima idea de infligir dolor a la víctima ni de ofrecer un espectáculo de horror al público; tales sentimientos eran ajenos al hombre primitivo. El sangriento ofrecimiento se hacía por la única razón del enorme terror y el miedo agonizante que nuestros ancestros sentían por la Deidad, que sinceramente creían no se podía aplacar con otros medios. Partiendo de ese miedo, nos elevamos a la sabiduría para volver a crear un nuevo temor en nosotros, que nos ofrece otra altura de Sabiduría que deberemos alcanzar a fin de elevarla a un nuevo Kether.

Quizá nuestros primeros conceptos de Dios fueran crueles, desde nuestra perspectiva actual, pero eran increíblemente poderosos. Debido a nuestra persistente despersonalización de la Deidad hemos realizado una castración de Urano en más de una forma. Ahora, debemos continuar el ciclo hasta que regresemos a nuestra antigua fe de una manera renovada que se extenderá más allá de la forma, hasta llegar a la Fuerza y después a la propia Experiencia Suprema. El Temor se debe convertir en Amor, pues mientras el temor nos lleva hacia abajo, el amor nos volverá a levantar hacia el Eterno.

Puesto que Kether es tanto un Poder Primario como uno Final, Urano tiene un vínculo con él, pero el mejor atributo Assiático es el primer *Primum Mobile* o las nebulosas, que con el tiempo se convertirían en el polvo cósmico del que provenimos, y al cual regresaremos. No debemos considerar al *Primum Mobile* como una expresión del poder cíclica o rotativa, que no ocurre hasta Chockmah-Binah, sino más bien una radiación irregular o incluso una oscilación. Una analogía imprecisa pero útil es el giro de un motor durante sus etapas de ignición antes de que el gas explosivo se incendie para luego seguir ya funcinando en ciclos regulares.

Si pensamos en Kether como la energía previa a la explosión de la Existencia Creada, y en Chockmah como la explosión expansiva que se regula en Binah y que da como resultado a

Daath, veremos la imagen del Poder Excelso, en la que no falta nada salvo Aquel que presiona el botón. Es el Mismo que mora en la Nada (Ain) detrás de Todo.

En nuestro Universo material, las nebulosas son el primer Algo que sale del Todo que es la Nada. Si decimos que algo es nebuloso, queremos decir que apenas empieza a ser. Es una tristeza que asociemos la nebulosidad con la futilidad, porque en verdad es lo contrario. Un poder menor no produce otro mayor. Cuando tenemos ideas nebulosas, en realidad las estamos contactando en su nivel más poderoso. Quizá nunca podamos materializarlas hacia abajo del Árbol, pero ello se deberá a nuestra propia incompetencia y no a la ineficacia de las ideas. Del mismo modo, son nuestras ideas más nebulosas las que siempre nos han elevado más que los demás. Si provienen de Kether están destinadas a hacerlo. Por tanto, vale la pena seguirlas, si es que tenemos la suficiente sabiduría para captar su Luz estelar.

Cuando hayamos trascendido este planeta, otras nebulosas nos estarán esperando. Cuando nuestras ideas sean obsoletas, habrá otras mejores formadas por elementos kethéricos que ocuparán su lugar. Kether nos hace volver a él, al igual que nos produjo en un principio. Aquí encontramos el antiguo grito de I.A.O.

I. Sale.
A. Se convierte en lo que es.
O. Vuelve a Sí Mismo.

Ésta es la Llamada de Kether, que contiene a todas las demás. Es el Punto al cual la energía debe regresar y la naturaleza de Kether es tal, que la energía que vuelve a absorber es exactamente igual al Poder original que emitió. Ninguna energía se puede perder, sino que sólo cambia de forma indefinida. El Punto de Kether es un corte transversal del Eterno AHORA en la totalidad del Tiempo, o la ubicación infinitesimal del

Omnipresente AQUÍ en la totalidad del Espacio. Y no porque sea una Divinidad ni LA Divinidad, sino porque ése es el comportamiento natural.

La mente humana no puede captar el concepto de la energía kethérica. Decir que es el poder de Átomo definitivo que está más allá de todos los átomos conocidos es sólo una aproximación. Sin embargo, el secreto de la explosión atómica es muy sencillo: si hacemos suficiente masa con cualquier elemento, éste explotará. Esto es lo que sucedió con el Poder que conocemos como «Dios» en el sentido más Elevado. Cuando Dios se volvió suficientemente real e intenso, en Él o en Sí Mismo, ocurrió la Explosión Inicial (el Nombre). Nosotros no existiríamos si la Realidad de la Divinidad no se hubiera manifestado de esta forma. Por tanto, en el Árbol, no sólo debemos pensar en Kether como el Potencial Inicial en nuestros orígenes, sino también como el supremo estado de Profunda Paz al cual regresaremos algún día.

Subiendo por el Árbol, Kether es nuestro punto de equilibrio máximo entre los dos Pilares de poder polarizado. Si en este preciso instante pudiéramos «despegar» y, dejando el Árbol, entrar en el Gran Inmanifestado, al AIN SOPH AUR, llegaríamos al Nirvana, y a la Luz de la cual no hay regreso. De lo contrario, caeríamos otra vez hasta el grado en el que lo permita nuestra naturaleza. El Gita dice: «Se levantarán más alto que Indra, o se hundirán más abajo que la lombriz». Éstos son términos muy generales. Nadie se hunde más profundo que lo más bajo de sí mismo. Nadie nos empuja, simplemente descendemos en caída libre. Todo depende del nivel en que encontremos a Kether. Entramos en él todos los días y esperamos no hundirnos en niveles anteriores cada vez que caemos. Nuestros momentos de paz quizá sean breves, pero al final se extenderán hacia la eternidad, o al menos en eso confiamos.

Al igual que Kether es el estado preactivo del Poder, también es el estado post-activo de la implementación de la fuerza kethérica. Nunca debemos considerarlo una energía extinta en el punto de regreso, sino como una energía completa que se restaura a su potencia primaria más el valor de lo que «suceda». No es que se supere a sí misma, aunque cambia, de manera muy similar a nosotros, que somos el mismo ser, pero podemos llegar a convertirnos en diferentes personas. La vida de una Divinidad y de un ser Humano tienen mucho en común, en sus principios básicos.

Como punto alternativo entre la Acción y la No Acción, la Vida y la No Vida, Kether es la célula de vida Original tanto en su estado inicial de mitosis o división, como en su condición final de completa ingestión de toda entidad viva independiente. Si imaginamos una sola célula, o una vida primaria, que se divide hasta el infinito hasta que todo el Espacio y el Tiempo se encuentren llenos de incontables vidas que se combinan entre sí para finalmente convertirse en una sola célula otra vez, en una dimensión del ser totalmente diferente, tendremos una idea del comportamiento kethérico. Desde nuestra situación humana sólo podemos tratar con Kether con métodos de consciencia paradójicos y poco usuales, puesto que es la Novedad Eterna y también lo más Antiguo de lo Antiguo. Tratar de encontrar el punto de inicio de un círculo, es más fácil que llegar hasta Kether.

La svástica se atribuye a Kether y, como es natural, nos sentimos tentados a pensar en ella como la Cruz del Poder en rotación, un rayo en acción, una dinamo girando y cosas similares. Así, puede estar en etapas posteriores a Kether. En Kether representa el Principio del Poder puro o la capacidad de alternar entre los Pilares de Polaridad. La svástica se puede interpretar de muchas formas. Una de ellas es un conjunto de cuatro pares de cuernos de animales cuando las bestias se encuentran atadas al poste central de un molino. Es la idea más antigua del poder práctico que conoce el hombre. Otro significado es una Cruz con un círculo incompleto que muestra los medios del movimiento. Otro más es simplemente las aspas de un molino de viento, ya que Kether siempre se relaciona con el Aliento de Vida. De cualquier forma que consideremos a la svástica, siempre representa un plan de poder. De modo que Kether es el Plan de Poder para toda la Existencia, pues establece previamente el Patrón de Vida y lo restaura a su orden original al terminar todos sus ciclos. La svástica es la Rueda de la Vida en un estado en que se ha terminado su ensamblaje antes de girar, o bien empieza su desensamblaje después de haber finalizado sus revoluciones.

Debemos recordar que Kether se encuentra en la parte superior del Árbol de la Vida, y la cúspide del Árbol tiene numerosos atributos únicos. Es el punto en el que el Árbol «aparece de la nada», por así decirlo, aunque de hecho surge de sí mismo, lo cual, metafísicamente es lo mismo. Si nos molestamos en mirar hacia abajo, al retoño más pequeño que nace de sus hojas desde su corazón invisible, quizá ello nos enseñe algo acerca de Kether. A menudo, la marca del Cielo es visible en la tierra, si nos tomamos la molestia de buscar las letras naturales de la escritura celestial. Las cúspides de los árboles hablan de Kether si las escuchamos en el viento, y sus movimientos trazan su patrón, lo observemos o no.

Para entrar en Kether, no tenemos que HACER nada, pero debemos SER todo. Dejamos de Hacer y empezamos a Ser. Después de hacer Todo, nos convertimos en Nadie. La fuente y el final unidos. Al final, llegamos a darnos cuenta de que no es el perfil el que forma el patrón, sino el vacío que permite delinearlo.

Kether ES. La Nada (Ain) es más. Sólo la Nada es más que el Todo. Para llegar a Kether desde la parte inferior del Árbol en Malkuth, hemos trabajado con ahínco con nosotros mismos y con otros, abriéndonos camino a través de las ramas, una por una. Ahora, muy cerca de nuestra última lección, descubrimos que no necesitábamos hacer nada de eso. Si hubiéramos llegado a la cima de nosotros mismos en Kether como el pequeño retoño, habríamos crecido kethéricamente de una forma natural sin hacer nada más. Como una burbuja de gas natural que se forma en el lecho del mar, deberíamos haber flotado con suavidad hasta la superficie para encontrar la liberación en la gran atmósfera que se encuentra sobre el océano. Al vivir como humanos en Malkuth, creemos que HACER es lo más importante, pero si viviéramos en Kether nos reiríamos de ello, porque nos daríamos cuenta de que el SER es lo supremo.

Si quisiéramos alterar algo de lo que HACEMOS, primero tendríamos que alterar lo que SOMOS. Existe la idea equivocada entre muchos seres humanos de que no pueden cambiar su naturaleza esencial, pero ello no es cierto. No sólo podemos, sino que debemos alterar nuestro ser, de forma constante, hasta llegar a nuestro patrón primario. Éste es inalterable porque es nuestro total, y no podemos superarlo. Muy pocas almas humanas pueden llegar a este punto. La mayoría de nosotros ni siquiera hemos despegado del suelo.

Kether conserva en sí mismo el Patrón Primario del cual surgió el Diseño Divino con todas sus complejidades. Existen sólo tres colores primarios y, sin embargo, se combinan para crear todas las imágenes. Unas cuantas letras forman suficientes palabras para explicar todos nuestros pensamientos. No obstante, en Kether debemos regresar a la Potencia Primaria donde se guarda todo el poder en el Ser. El centro del Movimiento es la Inmovilidad, y la tratamos de alcanzar por última vez en Kether.

No cometamos nunca el error de imaginar a Kether como algo imposible de alcanzar. En realidad, es la Sefirath que está más cerca de nuestro Ser Real. «Kether está en Malkuth, bajo otra forma». Sólo tenemos que mantener su círculo cerrado en nosotros mismos y permitir que uno vaya hacia el otro, a fin de que tenga lugar la culminación y «entremos en el Reino de los cielos que está dentro de nosotros». Una vez que crucemos el Abismo entre el Hacer y el Ser, seremos lo suficientemente sabios para comprender el axioma kethérico de: «SOY LO QUE SOY», antes que «HACER TU VOLUNTAD».

Kether puede ser la cúspide del Árbol, pero sigue siendo una Sefirath en los Cuatro Mundos, de modo que debemos continuar nuestra exploración alejándonos del fenómeno kethérico mundano de las nebulosas para llegar a la siguiente etapa interior de su existencia en:

## *YETZIRAH, el Mundo Formativo:* Orden Angelical, *LOS SANTOS VIVIENTES.*

Los Chioth ha Qodesh se traducen como Santas Criaturas Vivientes, en el sentido de que sólo ellos pueden vivir en Santidad pura (en Totalidad, Unicidad, Unidad) en Kether. Ezequiel los describe diciendo: «En cuanto a su similitud con las criaturas vivientes, su apariencia es como la del carbón encendido, y el fuego era brillante, y de éste emanaba luz». Otro visionario, San Juan, también los describe: «y alrededor del Trono había cuatro bestias llenas de ojos por detrás y por delante, y no descansaban ni de noche ni de día diciendo: Santo, Santo, Santo, Dios Señor Todopoderoso que fue y es y será».

Los Chioth ha Qodesh son para Kether lo que los Querubines son para Malkuth: poderes de los Elementos Eternos, y su función consiste en establecer el Patrón Primario de acuerdo con el cual surge el resto de la Existencia. No podemos imaginar una Forma sin Forma ni una Fuerza sin Fuerza; sin embargo, los Chioth manejan ambas. Sólo podemos pensar en ellos en términos simbólicos. La descripción de Ezequiel los hace parecer radioactivos, y los comentarios de Juan les dan la calidad de omniscientes y omnipresentes. Su símbolo de una rueda alada que rodea a un Ojo que todo lo ve significa extensiones a lo largo de toda la Existencia en el Tiempo y en el Espacio.

Debemos tener presente que el término «Chioth» se refiere a las vidas en los niveles de los animales. En la actualidad, podríamos decir «todas las criaturas de Dios», incluyendo a toda entidad viviente, pero los Chioth son Ángeles y no mortales que se hicieron perfectos, aunque presentan el patrón de la vida perfecta. Ésta es la animación en su estado más sencillo y sublime. La vida únicamente como vida misma, sin ninguna distinción acerca de lo que podría llegar a ser o no. La vida más allá de cualquier forma de complejidad o eventualidad. La unidad de Vida. La célula. La Única capaz de convertirse en Dos, que si se divide otra vez forma el Mundo de la Vida en Cuatro Etapas. Una célula es un animal por sí misma, y los Animales Santos (o Chioth ha Qodesh) son las células del «Cuerpo de Dios» o Macroprosopus. Podemos representarlos como puntos, puntas o conos, aunque siempre dándonos cuenta de que ellos están por encima de las formas y tan sólo estamos adoptando símbolos.

Aunque los Chioth están más arriba de la formación, según como entendemos la palabra, no están por encima del valor y el significado. Como los Límites de la Existencia, son los diferenciadores de la vida en su comienzo. La Cábala enseña un Origen de la Vida en cuartos y, por tanto, postula cuatro naturalezas de las Santas Criaturas Vivientes. Una vez más, simbolizamos la idea de cuatro, no de forma secuencial como 1, 2, 3, 4, sino como un solo CUATRO «instantáneo». La «Forma detrás de la Formación», si podemos imaginar una IDEA detrás de las ideas. En ese sentido, podemos pensar en Chioth como en los principios subyacentes a un punto, una línea, un arco y un ángulo, de los cuales surge toda Formación. Si los combinamos de la manera más sencilla, veremos la idea de un cono, una verdadera svástica (que tiene un perímetro circular) o quizá un par de circunferencias.

Quizá nos ayude a comprender este concepto, el hecho de pensar en una Pirámide con sus cuatro lados, luego la convertimos en un cono y nos preguntamos dónde se fueron sus lados. Siguen «ahí», pero todos en una pieza. Además, podrían volver a aparecer en cualquier parte de la circunferencia cónica. Si miramos hacia abajo del cono, el punto de su ápice se amplificará hasta los límites de la existencia, y si concentramos nuestra atención en su punta, todo se desvanecerá en la Nada, en la cual penetra esa punta. El Cono es una herramienta de meditación muy valiosa al tratar con Kether, y se atribuye de forma adecuada a la parte superior del caduceo de Hermes, que sólo es otra forma de representar el Árbol.

Puesto que toda la vida se origina de su Fuente Única y comienza a diferenciarse a través de los Chioth, en el viaje de regreso hacia arriba del Árbol, las Santas Criaturas Vivientes vuelven a combinar las distintas formas de vida en una unidad. Son Santas porque hacen que la vida sea un Todo, una Materia y un Significado intercambiables. Son los medios a través de los cuales la Vida Divina se expresa como la Existencia, y se retira en lo No Manifestado. Son los Chioth los que se mantienen en contacto a lo largo de toda la vida Divina, al igual que las células de nuestro cuerpo se mantienen en continuidad durante la vida.

Éste último punto es interesante. Es evidente que las células de nuestro cuerpo al final de la vida no son las mismas que teníamos en la infancia. Aquellas murieron hace mucho tiempo. Si los cuerpos en los que vivimos cuando éramos niños están muertos, ¿por qué seguimos vivos y con la impresión de que sólo tenemos un cuerpo? ¿Qué nos mantiene con vida? Paradójicamente, es nuestra inmortalidad la que mantiene vivas nuestras partes mortales, y cuando éstas ya no cumplan con el propósito inmortal, la «Vida de nuestra vida» encontrará otras para que continuemos, si ésa es nuestra Verdadera Voluntad. Las «células» de nuestros cuerpos cubren las brechas que forman las incontables muertes de nuestras células físicas y sus periodos de renacimiento infinitesimales. Físicamente, nos morimos y renacemos en todo momento a una velocidad tan increíble que, para la consciencia, parece una continuidad, de forma muy similar a las imágenes separadas de una película que constituyen una continuidad para el ojo del espectador.

Los Chioth ha Qodesh cumplen esta función para la Divinidad y para nosotros en nuestra escala del ser. Son los átomos de vida inmortales que mantienen a Dios vivo como ha estado, desde la Creación hasta el Cese. La Cábala se ocupa de la Vida y del Dios Viviente. Confunde vagamente a quienes no son cabalistas en cuanto a que pocas veces menciona en las Escrituras a la muerte o a las circunstancias existentes después de la muerte. Esto se debe a que la Vida, y no la muerte, se consideraba el estado normal del ser. Las almas son cosas vivientes, ocupen un cuerpo físico o no, y el Espíritu de la Vida es Eterno. La Vida no se limita a este planeta, ni siquiera a la raza humana. La Divinidad no muere. Toda la idea de la muerte es extraña para la Cábala. Quizá tenemos una infinidad de vidas en una variedad infinita de estados o condiciones; tal vez vivimos en una infinidad de cuerpos diferentes en incontables mundos, pero después de todo, vivimos, no morimos. Sólo hay una muerte para el cabalista, y es la que ocurre en el Abismo si el alma se desintegra, más allá de la cual no queda ya nada que decir.

Para una mente moderna, quizá sea difícil aceptar la perspectiva de que la Vida es Todo, y la pérdida de un cuerpo no es otra cosa que un cambio de una «célula» a otra; pero ésta es la actitud cabalística. Vivimos una vida continua y por eso las Escrituras no se preocupan tanto por la muerte como podrían imaginar las mentes modernas. La Vida tiene un significado, la muerte no tiene nada, además de una falta de identidad. Incluso en la desintegración, todas las unidades de energía se utilizan en otra parte. La muerte no es, el Cambio sí es. Quizá no disfrutemos de ellos, pero los cambios tienen que ver con la vida, ya sea que vivamos un momento, varios milenios o para siempre. La Cábala no relaciona a la «muerte» con la descomposición del cuerpo físico o de otro tipo, ni tampoco lo hacen las Escrituras.

En la actualidad, pensamos en la muerte final como el momento en que perdemos nuestro cuerpo mortal. La Cábala sólo considera este suceso como una parte de una cadena de vida que nos lleva de un estado a otro. Es un interludio, un abismo que debemos cruzar, una alteración que hemos de realizar, pero sigue siendo parte de la Vida. Una entidad sólo se extingue en los niveles del alma, no en los corporales. Los Cielos y los Infiernos son experiencias vivientes, y no experiencias muertas. Una y otra vez, las Escrituras se refieren al Dios VIVO. Aquel que vive en y a través de Sus criaturas, del cual los Chioth ha Qodesh son Su vehículo viviente. «La muerte no alaba a Dios», dice el texto, y quiere decir que los Chioth (cuyo trabajo es el reconocimiento de la Presencia Divina) no se ocupan de la muerte.

La ahora repugnante y desagradable palabra «alabar», que describe una de las funciones principales de los Chioth, se considera de forma errónea en la mente moderna. En su sentido apropiado no tiene nada que ver con la lisonjería ni con ninguna connotación mundana. Simplemente significa *apreciar* el valor total y verdadero. En otras palabras, conocer a Dios. La «experiencia de Kether» se dice que es el «conocimiento de Dios», y ésta es la apreciación que obtendremos con el tiempo a través de nuestro contacto con los Chioth. Su trabajo en el Kether que es nuestro Malkuth es sólo eso, darnos una apreciación de Dios o hacernos sentir la inminencia de la Presencia Divina.

Detrás de los Chioth ha Qodesh, quienes constantemente proclaman la santidad de la Vida y la Divinidad en ella, se encuentra el reino de su gobernador inmediato, a quien encontramos en:

## BRIAH, el Mundo Creativo:
### Arcángel METATRON o IOEL.

Al igual que Saldalphon en Malkuth (otro paralelo), el nombre del Arcángel más elevado en el Árbol no se deriva del hebreo, sino del griego. Proviene de «meta ton thronos», que significa «cerca de Vuestro trono». Él es el Ángel de la Presencia, el único que ve al Supremo frente a frente y a través del cual se filtra el Poder Primario como para llegar al resto de la creación.

La tradición nos dice que Metatron es el más joven de los Arcángeles y alguna vez estuvo con un cuerpo humano en la tierra como Enoch quien «no era, porque Dios lo tomó». Cuando Metatron se colocó junto al Trono de Dios antes de los otros ángeles, éstos sintieron envidia y sus jefes protestaron ante el Santo diciendo: «No dijiste que los Antiguos estarían frente a Ti; no hagas al Hombre». Sin embargo, Metatron no sólo conservó su trabajo, sino que fue premiado con el título de «El YHWH Menor», se le dio el nombre de IOEL, se le llamó Safra el Gran Escribano y recibió otros títulos de honor, en especial la carga única del Nombre Inefable. Se dice que Metatron fue quien transmitió la Cábala a la humanidad.

La relación de Metatron con Enoch es muy interesante. El nombre proviene de «anoki», Yo, a Mí, el Ego. El Ser Real en el nivel Divino. La Humanidad que se eleva a la Divinidad, o la Divinidad que se prepara para descender a la Humanidad. En el Génesis, se mencionan dos Enoch. El primero era el hijo de Caín, y por tanto el ancestro de la humanidad. Como hijo del Asesino, tipifica a la humanidad primitiva que lucha por su propia existencia en las condiciones hostiles de este planeta. Sin embargo, el término descriptivo que se emplea en relación con él (ChNVKh) significa la enseñanza de la Iniciación o iluminación. Los primeros hombres tenían que aprender con rapidez o morir. La Cábala empezó de la forma difícil. El segundo Enoch fue aquel que «caminó con Dios», y era hijo de Jared (para descender) y el padre de Matusalén. Representa el levantamiento del Hombre después de la Caída, y habiendo alcanzado la cúspide del Árbol (donde se convirtió en Metatron), enseñó al resto de la humanidad cómo seguirlo (la Cábala).

Como Enoch, Metatron es el Arcángel que ocupa el lugar perfecto frente al Aspecto de Dios que significa Yo Soy. Es el equivalente del «sentimiento de Dios» en la humanidad, sin el cual no podríamos elevarnos por encima de otras vidas animales. Nos da el sentido de identidad con la Divinidad que puede deificarnos o destruirnos. El «Ser sobre el ser» del que se ocupa Metatron nos lleva directo a Dios si somos capaces de mantener un contacto equilibrado con esa Energía, pero si no podemos, «caeremos» de regreso a la parte inferior, a Malkuth. Aquí, otra vez tenemos el símbolo de la Espada de Damocles, siendo la punta de la espada y el grosor de un cabello la diferencia entre la majestuosidad y la locura.

Todo depende de si tratamos de confinar la Divinidad dentro de nosotros mismos o somos nosotros los que nos extendemos hacia la Divinidad. Cualquier intento mortal por mantener el Poder Divino dentro de los límites de su personalidad en la tierra será desintegrado, como lo demuestran nuestros hospitales mentales y también los partidos políticos. Metatron el Yo, no puede contener a AHIH el Yo Soy, tampoco podemos proceder en la dirección opuesta al Poder Divino sin experimentar sus efectos. La intoxicación de Dios es el peor veneno para el Hombre. Debemos crecer en el poder de Dios, no tenerlo. Aquellos que buscan al Divino con el fin de engrandecerse en la tierra seguramente serán destruidos por la misma ley que hace explotar un envase sometido a demasiada presión o al plutonio con exceso de masa. Después de la inestabilidad inicial, sobreviene la explosión final.

Una vez más, se trata de: «Todas las cosas existen en Mí, no Yo en ellas». La parte no puede ser más grande que el todo, y ningún mortal es más grande que Dios. Como Gautama señala, la Verdad o el Yo Soy está más allá del Yo o del «Ser». La Divinidad se extiende hacia la Humanidad a fin de continuar el proceso de regreso hacia Su propio Ser. Si tratamos de invertir este proceso, lo hacemos bajo nuestro propio riesgo. Nuestros pequeños «seres» terrenales deben abrirse hacia el YO SOY a fin de convertirnos en ELLO. Metatron conoce la forma de hacerlo, y nos enseñará si se lo pedimos.

Ésta es una de las razones por las que muchos Iniciados fracasan de manera espectacular. Después de «abrirse» a un influjo de Energía Divina, tratan de utilizarlo desde niveles de motivación puramente humanos o personales. Es probable que un ratón intente comerse a un elefante de una sola vez, pero a esto le seguirá una descomposición inevitable. El error consiste en tratar de hacer que el Poder Divino funcione por medio de intenciones mortales individuales, no importa lo bien disfrazadas que estén de objetivos nobles y desinteresados. La Energía Divina está dirigida de tal forma que su resultado se encuentra conectado a su entrada a través de la Creación. Por tanto, el Kether en cualquier Árbol sólo puede controlar el Malkuth que está debajo y no ejerce ninguna influencia directa sobre lo que está por encima de él.

Por esto la oración: «Hágase Tu voluntad y no la mía» tiene un gran significado. La Voluntad (o dirección) del Verdadero YO SOY debe gobernar al «YHWH Menor» o Metatron en cada uno de nosotros, de modo que ambos flujos de Fuerza funcionen juntos como uno solo. Como es obvio, esto no sucede de forma apropiada entre los seres humanos sobre la tierra; de lo contrario, seríamos seres diferentes y ya no humanos.

Metatron es un Arcángel joven porque se supone que el Hombre es el último tipo de vida llegado a la tierra. La experiencia kethérica de la Divinidad ciertamente es la última para nosotros. Hasta cierto punto, esto es evidente en la vida ordinaria. Sólo cuando nos acercamos al final de una encarnación nos elevamos a un sentido de inminencia Divina, de modo que nuestros Metatrons personales son jóvenes cuando nosotros somos viejos. Entonces, se convierte en el Espíritu de la juventud que busca nuevos mundos y cuerpos nuevos para que podamos nacer en ellos. El joven viejo o el Joven que no envejece. Necesitamos a Metatron más que a nadie más, para que nos guíe con éxito de una vida a otra. Como podemos esperar en Kether, él es los dos extremos de la Vida unidos, él es «Yo».

Como Arcángel de la Presencia, Metatron es responsable de presentar a Dios y al Hombre entre sí. Se ocupa de toda la Creación, pero cuando los seres humanos encuentran templos, iglesias, logias y otras instalaciones adecuadas para su capacidad de acercarse a la Divinidad en la tierra, Metatron establece los vínculos necesarios de acuerdo con el material que la humanidad le proporciona, tanto física como espiritualmente. Es él (o su equivalente en nosotros) quien nos revela el contenido espiritual de los rituales religiosos que comprenden accesorios físicos y que, de lo contrario, carecerían de sentido.

Su nombre IOEL significa el que sale y regresa de Dios y dice literalmente: «Yo soy Dios». Detrás de la Creación, debe haber una consciencia de la Divinidad que llega desde la parte superior hasta la parte inferior de su estructura en todos los mundos, y que funciona por todos los medios. Éste es Metatron. En Malktuh, pensamos en Sandalphon como los pies de alguien tan alto que no se puede ver. Aquí en Kether, encontramos la cabeza del mismo ser como Metatron, pero como se encuentra frente a frente con la Divinidad, sólo vemos la parte posterior de su cabeza. «Ningún hombre ha visto a Dios y ha vivido». Es cierto. Esa Visión está más allá de la capacidad humana. Si alguna vez la alcanzamos, habremos subido hasta el nivel del Arcángel Metatron, por encima de los otros Arcángeles, quien mantiene el contacto más cercano con la Consciencia Divina aunque «surgió de las filas» porque entre los menores es el Mayor, y entre los mayores es el Menor. Esta es la interpenetración de la base y la cúspide de los dos triángulos del Hexagrama.

Hay un cuento que dice que cierto santo rabino una vez pudo llegar al Cielo más alto donde vio a Metatron (aunque no a Dios, pues el rabino seguía siendo humano) y creyó que Metatron era el Ser Divino. De modo que empezó a adorarlo de forma correspondiente. Metatron trató de convencer al anciano de su error, pero los hebreos son famosos por su negativa a alterar sus convicciones. Al final, Metatron mandó llamar a un ángel de una orden mucho más baja y le ordenó que le prendiera fuego. Esto por fin hizo que el rabino se diera cuenta de que ésa no era una acción del Dios Verdadero. Aunque está más allá de la humanidad, Metatron mostró rasgos humanos que la Pura Divinidad no podría poseer.

Si tomamos el patrón de los Arcángeles del Pilar Medio, tendremos una escalera de meditación muy útil. Sandalphon, Gabriel, Miguel y Metatron. Cuatro niveles del mismo ser, o cuatro seres que conectan dos niveles que, al final, se convierten en Uno. Con el tiempo, todo se vuelve UNO en:

## ATZILUTH, el Mundo de los Orígenes: Aspecto de Dios AHIH.

Aquí está Dios el Principio. El Primero y el Último. La cúspide de Todo. El YO SOY. El AMÉN eterno (o AUM). UNO. Dediquemos un momento de reverencia reflexiva a fin de ajustarnos a la Divinidad de Divinidades.

¿Cómo se atreve cualquier mortal a definir lo indefinible? ¿Qué derecho tenemos a hacer suposiciones y afirmaciones acerca de la Vida de Vidas? No tenemos ese derecho, pero tenemos una vocación implantada en nosotros por el Nombre Cuyo eco es éste. Nos acercamos a lo inalcanzable porque debemos, respondiendo a órdenes que nunca hemos escuchado. No podemos evitar lo Inevitable. Al igual que UNO se vuelve TODO, todas nuestras necesidades vuelven a ser Una. Es inevitable.

El «Nombre» AHIH no se pronuncia. Se respira, ya que es el sonido que se produce al inspirar y espirar. Es el primer aliento del Dios Vivo y el Último Aliento del Ser. Dos alientos que perfilan una vida. El aliento del principio y el aliento del fin. A medida que espiramos en un mundo, empezamos a respirar en otra existencia. La espiración y la inspiración constituyen el signo de Aquello que sale y regresa a Sí Mismo, como las Santas Criaturas Vivientes.

La respiración siempre se ha considerado algo más que santa. Es el signo del Espíritu como la mejor forma que conocen los mortales para expresar lo Inexpresable. Una realidad invisible e intocable. Si podemos creer en la respiración que nos mantiene vivos, podemos alcanzar la realización de la Respiración del Ser que sostiene nuestra naturaleza espiritual. Incluso en nuestros días, las palabras «Recibe al Espíritu Santo» se emiten como un suspiro sobre la cabeza del candidato. No son las manos sobre la cabeza las que constituyen el signo sacramental, sino el suspiro. Todavía se respira sobre el agua bautismal en el momento de la consagración. El beso ceremonial fue la respiración de un espíritu de un mortal a otro, y todavía se conoce como el «Beso de Vida», cuando se utiliza para la resurrección. Los pulmones de un bebé se pueden inflar con rapidez por la acción de la partera, si el niño no respira por sí mismo. Nuestros pensamientos más maravillosos son inspiraciones. La misma palabra «Espíritu» significa Respiro, y sin respirar no podemos seguir viviendo.

No es de sorprender entonces que el Dios Vivo se llame AHIH. Cada vez que respiramos, «pronunciamos» el Santo Nombre de la Vida, y no podemos vivir sin «pronunciarlo». De hecho, está por encima de todos los otros Nombres, pues es el «Sonido sin sonido» y la «vocecita» que habló con Moisés como nos habla en nuestra propia respiración durante todo el tiempo que vivimos. El pranayama se basa en esto y los sistemas espirituales occidentales han descuidado el arte de «respirar en

Dios», pagando su propio precio. ¿Qué mejor forma de darnos cuenta de la realidad de la Divinidad que vinculándola con el aliento de Vida que hay en nosotros? Sintamos a Dios en nuestro cuerpo a fin de alcanzar a la Divinidad en nuestras almas.

Encontrar Un Pensamiento que incluya todos los pensamientos, un Solo Sentido que comprenda todos los sentimientos y un Ser Único capaz de llegar a ser todo es el objetivo más importante de toda Escuela o Sistema de ocultismo auténtico. Si pudiéramos definirnos a nosotros mismos en ello, nos «volveríamos como Dioses» y comeríamos el fruto del Árbol de la Vida. Con este fin, utilizamos los «Símbolos de Dios» para vincularnos con nuestro Gran Ideal y, en la cumbre o Corona del Árbol, la Cábala coloca la «Respiración Santa». En la tierra, la nube misteriosa de la Shenikah era un reflejo. Los físicos creen que el gas cósmico «explotó» (o respiró) en el principio de la Creación. Fue el «Grito de la risa Divina» lo que nos produjo.

Todas las Escuelas de Misterio tienen ideas propias sobre un Nombre Divino relacionado con la respiración resonante. El AUM de los Brahmanes, el HU de los Sufís y el AMÉN de los egipcios y los hebreos son algunos ejemplos. El AMÉN, que todavía se utiliza de forma equivocada en las iglesias cristianas ortodoxas, no es una frase vana que sólo significa «así sea», sino que debe ser una mención del poder por medio de la respiración. Hay muchas formas de hacerlo y una no muy conocida es tomando aire en la sílaba «A», emitiendo un sonido con los labios cerrados en «M» y una espiración final en «ÉN». Respirar los Nombres de Dios es un ejercicio esencial del ocultismo en todas las Tradiciones.

AMÉN puede significar muchas cosas. Debemos recordar que AM es la palabra Madre en Semítico. «Madre de Mí» o «Yo Madre» es otro significado de AMÉN. También puede querer decir verdad, lealtad, firmeza, dependencia y yendo a la derecha, literal y figuradamente. Existen varias conexiones con el Árbol. AMNVTh significa columnas o Pilares, y AMIR quiere decir alto en el sentido de una montaña o la cima de un árbol. AMTh es Verdad. Si juntamos todo esto, la sola palabra AMÉN tiene mucho que decirnos sobre Kether.

Así como AHIH significa vivir y respirar, AHBH (la B tiene sonido de V) quiere decir Amar. Desde luego, el Ser Supremo es Amor, pues ¿cómo podríamos vivir de verdad sin amar de una manera u otra? El Amor es un Principio Fundamental de la Vida y esto se muestra con claridad en la cima del Árbol con AHIH AHBH AMEN, la Gran Fuente y la Suma de toda la Vida. Debemos observar con detenimiento este énfasis en la Vida, para diferenciarlo del énfasis puesto en cualquier otro ser. AHIH es la Divinidad de la existencia. AHIH es la Vida sobre la No Vida, el Nacimiento del Ser, YO VIVO. No debemos cometer el error común de suponer que Kether es la Fuente Universal de todo, además de la Vida. La Vida de Kether y que se convierte en AHIH o el Primer Aliento surge del AIN SOPH AUR, o de la Nada.

Es muy importante entender adecuadamente este concepto Cabalístico desde un principio o habrá interpretaciones erróneas posteriores. El TODO emana de la NADA, (Ninguno = Todo) en AIN SOPH AUR. En Kether, la Vida, como entendemos y empleamos el término, surge de Todo que es Nada, y la Creación continúa de forma correspondiente. Para ilustrar esto, sólo tenemos que cambiar AIN (Nada) por ANI (Yo, A Mí) y YO SOY. Las etapas son:

| | |
|---|---|
| AIN | Ninguno |
| ANI | Yo |
| AHIH | Yo soy |
| AHBH | Yo amo |
| AMÉN | La Madre de Todo, etc. |

Es literal y estrictamente cierto afirmar que Nadie puede decir cómo empezó la Vida, puesto que sólo el AIN sabe cómo se convirtió en ANI. Esta Vida que se Inicia (y Termina) y que comprende a Toda la Creación como un Cosmos Consciente es el DIOS VIVO, en Quien existimos como entidades. Como Dios vive, nosotros vivimos, y ése es el límite de nuestra inmortalidad. El propio Principio de la Vida es el Ser Supremo.

No debemos limitar nuestra visión de la Vida a simplemente la vida orgánica. Así como todavía no hemos identificado todavía la vida en los minerales y en otras formas inorgánicas, tampoco la identificamos en las estructuras físicas, pero la Vida tiene un Origen Universal a partir de AHIH en Kether. Kether no es una Deidad ubicada en un lugar imposible y dudoso, con su trono entre las Nebulosas y la Nada. Todo lo que vive va a Kether y proviene de ella constantemente. No hay más ni menos vida en el Ser, de la que siempre ha habido y de la que siempre habrá. La frase: «en un Principio, ahora y siempre» contiene una gran Verdad. La Llave es demasiado grande para que la veamos y, en cualquier caso, vivimos en la Cerradura en la que entra, sin ser conscientes de nuestra ubicación.

Puesto que el título de Kether es «el Anciano de los Días», su Imagen Mágica es un viejo Rey barbado, de perfil. Desde luego, en el pensamiento Semítico, la barba es inseparable de la dignidad y el honor. Sus rizos y SU distribución también pueden significar cualquier cosa. Todos sus pelos se pueden combinar entre sí para formar cualquier patrón de Vida concebible. Una barba está compuesta por muchos elementos independientes, y cada pelo tiene vida propia. Por tanto, una barba es un símbolo adecuado para la Vida Única que constituye todas las vidas. «Somos como los pelos de Su barba», dice el adagio. El Anciano de los Días se muestra en el perfil derecho (mirando hacia el Pilar Blanco) porque: «En Él, no hay Camino Izquierdo». En otras palabras, la espiral de la evolución desde la Divinidad hasta la Humanidad gira hacia la derecha. Aquí surge la duda en cuanto al lado oculto del rostro. ¿Cómo debe imaginarse, o no debe visualizarse? Hay una buena razón para que la figura esté de perfil aquí en AHIH. El otro lado del rostro *no es*.

La Imagen Mágica de un Rostro con un solo lado nos ayuda a alcanzar la Divinidad en el Punto donde se encuentran la Vida y la No Vida. Si podemos captar, aunque sea vagamente, la idea de un Ser Cuya Vida está entre lo Manifestado y lo No Manifestado, tendremos un vínculo consciente útil con la propia Vida Eterna. La Imagen del Anciano de los Días nunca debe considerarse como medio Ser, sino siempre como un concepto completo. Es y No Es como Uno. Éste es el punto importante.

Hasta cierto grado, vivimos en una situación similar. Somos lo que no somos. Si no hubiera nada más que pudiéramos ser, viviríamos de forma kethérica. Esto es lo que significa llegar a la cúspide del Árbol. No ser otra cosa más que Divinidad pura. Cuando Kether apunta hacia abajo, encontramos a Dios que busca al Hombre y se extiende hacia la mortalidad. Cuando Malkuth apunta hacia arriba, encontramos al Hombre que busca a Dios y se extiende hacia la Divinidad en AHIH y más allá. Siempre debemos convertirnos en Nada a fin de ser Algo. Todo depende de si estamos frente a la Nada de Kether o la de Malkuth.

El Kether en nosotros es la fuerza motriz de nuestras vidas, que nos impulsa hacia la Divinidad o a la mortalidad, de acuerdo con la dirección que encaremos. Si miramos hacia la derecha, como nos indica la Imagen de perfil, llegaremos al estado avanzado del ser, que se describe como la Unión con Dios, porque ya no seremos nada más. Éste es el Logro Místico que se busca de muchas formas. Ningún esfuerzo lo alcanzará. Simplemente debemos crecer y convertirnos en él. Siempre y cuando «apuntemos en la dirección correcta», sólo necesitamos seguir adelante, y cuando ya no haya Nada en que convertirnos, estaremos con AHIH, frente a una Nada todavía más grande.

Mientras vivimos, Kether nos llevará por todo el océano de la consciencia como la proa de una embarcación que en sí misma está fija, pero para los pasajeros se mueve. Una comparación moderna sería la punta del cono de un cohete. Cualquiera que sea la cosa o la persona en que nos convirtamos, Kether nos guiará a ese punto, ya que es el mismo punto de nuestro ser en cualquier sentido posible, siempre inmediatamente delante de nosotros. Si podemos aprender el secreto de mantener alineados entre sí nuestros puntos inmediatos y los finales, podremos navegar de forma segura por el Océano Infinito. Mientras estamos en Malkuth debemos mantener a Kether frente nosotros, pues es la Única Estrella que nos debe guiar, y aun así avanzaremos hacia la NADA.

AHIH es un respiro. Quizá también un bostezo. Un bostezo Divino al despertar o regresar del Gran Sueño de Dios. Quizá también es el sonido del sueño de la Vida más allá del Ser. El Ritmo de la Realidad en la No Creación. Como indican las palabras de la oración: «¡Espíritu de Luz que respiras y las inmensidades sin límites se pueblan! Que inspiras y todo lo que proviene de Ti, regresa a Ti. Movimiento infinito en la Estabilidad Eterna, Bendito seas por siempre». ¿Quién puede describir lo indescriptible? Las palabras solas son símbolos inadecuados para abarcar valores incalculables, y esta es la razón por la que los Misterios Sagrados utilizan tantos tipos de simbolismos. Un gesto y un suspiro empleados de forma correcta quizá tengan más contenido consciente que toda una biblioteca. Cuanto más elevado sea el nivel de consciencia, más nos alejamos de las palabras formales, hasta que alcanzamos el propio Aliento que pronuncia todas las palabras sin un sonido, y sin embargo, hace que todo tenga un significado. AHIH. El mayor sonido es el SILENCIO.

Al igual que en la Unidad están todos los Números, en Kether se encuentran todas las Sefirot, de manera muy similar a como el Árbol está en su semilla o un humano se encuentra en el embrión. Kether contiene todo lo que la Vida es. La pregunta es si había necesidad real de que la Vida se expresara en un nivel inferior al de Kether. ¿Debíamos haber nacido o no? ¿Por qué sucede la evolución, paso a paso, cuando todo el proceso no producirá nada más perfecto que lo que ya existe en Kether? ¿Para qué todo esto? a excepción de Kether.

No tendría sentido que la existencia expresada en forma de la Vida evolutiva se quedara en Kether y más allá de Eso, Nada. Éste es el concepto de Nirvana, que es exactamente el contrario de lo que la mente occidental considera como nada. Es el mayor valor de cada valor. Suponemos que SOMOS el resultado de lo que FUIMOS, pero igualmente somos el producto de lo que SEREMOS o de lo que SERÁ.

Estamos a punto de entrar en dimensiones de consciencia totalmente nuevas en las que nuestros estilos anteriores de concebir el pensamiento parecerán torpes esfuerzos de un niño en sus juegos. No debemos tener pensamientos, sino SER los pensamientos. No habrá necesidad de que vivamos nuestras vidas, puesto que seremos la Vida Misma. ¿Por qué debemos Hacer algo si podemos SER todo? Como lo es el Nirvana, del que AHIH tiene la Llave.

Al final de nuestra vida, tanto de forma individual como colectiva, descubrimos la gran verdad de que no necesitábamos haber vivido para estar vivos. Nuestra «Caída en la carne» no sólo podría haberse evitado, sino que no tuvo ningún sentido, puesto que al emanar de Kether nos escapamos de todo el sentido de nuestro SER. Fuera de Kether, nada tiene Sentido.

Puesto que Dios miró hacia abajo, el Hombre debe mirar hacia arriba. «Ningún hombre verá el Rostro de Dios y vivirá», porque una vez que se alcanza la Visión final, el

Hombre ya no necesita ser Hombre, y no hay más vida que vivir si Uno ES la Vida.

El Pilar Medio del Árbol nos relata toda la historia. Cuando el Hombre «Cayó» por primera vez hacia la Tierra en Malkuth, nos convertimos en criaturas de la tierra y nos arrastramos sobre ella. Después, nuestra visión se elevó por encima del nivel de la tierra y encontramos la Luna en Yesod a la que adoramos de rodillas. Posteriormente, nos atrevimos a dirigir la mirada hacia el Sol en Tifereth, y nos pusimos de pie mientras reinaba el Dios Sol. Ahora por fin miramos hacia las estrellas y más allá de las estrellas, hacia el Origen de la Vida en Kether. Ahí yace nuestra Inmortalidad. Ahí se encuentra el YO SOY. El Hombre va hacia las Estrellas porque debe hacerlo. No hay NADA más que hacer.

Nuestro Árbol es como un círculo en el sentido en que su cúspide y sus raíces se unen en Uno. Puesto que nuestro fin no puede ser más que nuestro principio, afrontémoslo con confianza, ya que el Poeta (como siempre) nos ha dicho qué podemos esperar:

> «Y puesto que la copa de la que bebes, y los labios que presionas, terminarán en la Nada en la que terminan todas las cosas, sí (AHIH = Sí), debes creer que serás lo que has sido. Nada. No serás menos que eso».

Ahora, ya no hay Nada más que decir sobre el Árbol de la Vida.

**Capítulo 14**

# Ain Soph Aur: Los tres velos negativos

Más allá de las Sefirot de la Consciencia Creativa, llegamos al Concepto más importante de todos: la Nada, que también podemos llamar Nirvana. Nada puede definir a la Nada, y sin embargo, es Todo. La Cábala trata de simbolizar la emanación del Todo de la Nada utilizando una analogía con la Luz. Primero, la NADA (Ain), después una situación de INFINITO (Ain Soph), luego el INFINITO ILUMINADO (Ain Soph Aur), y por último, pero antes que nada, la única Luz condensada de Kether. Así, llegamos a la Nada por grados.

¿Por qué debemos llegar a la Nada? Si no por otra razón, sería porque hay demasiada Nada y poco de nosotros como seres individuales. Tomemos como ejemplo una sola vida humana. Por lo que respecta a su alma viviente, todo lo que fue antes de su nacimiento y será después de su muerte como mortal es la NADA. Si es «YO» (Ani) se puede convertir en «No Yo», (AIN). Una vez que Ain y Ani sean iguales, estaremos totalmente realizados. El hombre material pasa vida tras vida acumulando cosas materiales al igual que los niños juntan la arena o el fango, pensando que son mucho más grandes e importantes debido a esas adquisiciones temporales. El Iniciado Iluminado reconoce la suprema importancia de adquirir NADA en el verdadero sentido de su significado, y dedica su tiempo de vida a esta tarea vital. Éste es el significado de «trabajar sin involucrarse» o del «desapego».

Sólo quienes están «fuera» de todo pueden manejar la situación. Y ello es lo contrario a la indiferencia o la falta de interés. Es la consideración desde todos los ángulos. Es el AIN, Cero, ó 0 en el que ESTÁ TODO. La «salida de nosotros mismos» que nos lleva a la Divinidad. Quizá debemos tratar de llegar al Concepto de Nada meditando esta frase: LA NADA ES TODO, EL TODO NO ES. También podríamos considerar que cualquier cosa es algo porque el resto de todo es su nada. Comoquiera que sea, debemos considerar el Concepto de AIN SOPH AUR como el que lo incluye todo. Si Kether es un punto, Ain Soph Aur es el círculo que lo rodea.

Nuestras modernas mentes condicionadas se resisten al Concepto de Nada debido al temor y a la indolencia. Por tanto, perdemos acceso al Todo en el que podríamos convertirnos, ya que el Cero es la suma de todos los números. Si pudiéramos cambiar nuestra actitud hacia la Nada, todo sería posible para nosotros. La Nada es lo que no seremos, y nunca lo que no podemos ser. Nada devalúa a la Nada, sino nuestra propia falta de voluntad hacia ella. No podemos convertirnos en algo sin la nada. Todas nuestras ideas acerca de la Nada deben volverse a diseñar por completo y abrirse al Concepto Clave que nos llevará a la vida inmortal en la verdad eterna.

De una vez por todas, debemos romper las cadenas de la ignorancia, el temor y la necedad que nos amarran a nuestros actuales Conceptos de Nada y regresar al Cero a su posición original que es de suma importancia en el Árbol de la Vida. Es vital para la vitalidad. Entender incluso una parte del verdadero significado de NADA (AIN) es entrar en una nueva existencia. Por esto la antigua forma de la comunión en los Misterios tenía la fórmula aparentemente negativa: «No hay ninguna parte de mí que no sea parte de (cualquier Divinidad a la que se invocara)». También esta era la razón del vacío Santo de los Santos en el Templo, que no contenía nada más que el eco de una Palabra que se pronunciaba cada año.

Nuestra dificultad en captar el AIN SOPH AUR es que no tenemos sentido de la Nada, sino sólo idea de Algunas Cosas. Se dice que debemos acercarnos a ella de espaldas. De modo que hemos de avanzar alejándonos de lo Manifestado, permitiendo que el dios que hay en nosotros nos indique el camino, con la Luz Ilimitada detrás de nosotros. Debemos recordar que la Luz es invisible. No vemos la luz, sólo lo iluminado por ella. Una vez que estemos en la Luz, nos encontraremos más allá de la visión. Utilizando las palabras de una antigua invocación, el estado de AIN SOPH AUR se parece a «un mundo sin Luz, y sin embargo, radiante de luz, un mundo sin alma, aunque lleno de alma». Una vez más, tenemos una similitud con una «Luz que brilla hacia atrás, revelando la Oscuridad». Está también la descripción de San Juan: «Luz que brilla en la Oscuridad y, sin embargo, es desconocida para la Oscuridad». Todos éstos son puntos muy valiosos para la meditación a fin de establecer contacto con el AIN SOPH AUR, al menos en cierto grado.

La Nada es para estar con ella. Cualquier cosa que vayamos a ser, implica automáticamente que NO SEREMOS todo lo demás. Es como el escultor que va rechazando la piedra no deseada alrededor de la estatua que su mente ya creó en el bloque. La Nada es lo Primero y lo Último de TODO, pues es el requisito indispensable para la Creación, y la esencia final de la Existencia. Por tanto, es el estado Supremo del Espíritu.

Al trabajar con los rituales mágicos, el operador construye un Círculo Cero que elimina todos los conceptos que no son aquellos que va a manejar. Si pudiéramos desarrollar el arte de hacer lo mismo en el pensamiento ordinario, sería de gran ventaja para nosotros. De ahí la capacitación que se da a los Iniciados para aclarar la mente para la Nada (al menos lo más posible), tomando un solo concepto, manejándolo y regresando otra vez a la nada. En la Cábala, nuestro Concepto de Nada desde luego es el AIN SOPH AUR, y las meditaciones básicas se realizan para lograr una semblanza de Cero trabajando a través de las experiencias internas en la Luz Ilimitada, luego simplemente con lo Ilimitado y así sucesivamente, hasta el NADA de AIN. Una vez que lleguemos al Estado de Nada por voluntad propia, podemos utilizarlo cada vez que necesitemos traer conceptos nuevos desde AIN, que es de donde todos emanan. *Ex nihil, omnis est.*

Muchos de los fracasos en el trabajo del ocultismo se presentan por no «regresar» a un estado de Cero antes de comenzar las operaciones. La llamada «proscripción» tiene poco que ver con la expulsión de los demonios locales y los espíritus malignos. Su propósito adecuado es crear un estado de Nada alrededor del punto de trabajo. Es similar a la creación de un medio estéril para que se desarrolle una sola forma de Vida en él. Ya sea que trabajemos con la Magia o no, el principio de la «proscripción» es muy importante. Un ritual se debe iniciar con un altar limpio y claro, y los pensamientos son más efectivos en una mente clara, así como un alma clara es mejor para que el Espíritu penetre en ella. El logro del Cero es universalmente necesario.

Existe un antiguo cuento acerca de un reino que sufría de tantas aflicciones que, en general, se consideraba que nada expulsaría a los demonios, excepto tremendos sacrificios a los Dioses. La gente rica dejaba oro y objetos valiosos en los altares, se ofrecían en vano vidas de animales e incluso de seres humanos. Un día, se arrastró hasta las puertas del templo un mendigo ciego, y levantando sus manos vacías, oró: «Oh Gran

Dios, no tengo nada que ofrecerte. Tómalo, pues es lo único que poseo». Esta oración fue escuchada, y las aflicciones dejaron de llegar al pueblo. Por supuesto, el punto importante del cuento es el supremo valor de la Nada.

Hasta que aprendamos a estimar y apreciar el Concepto de Nada en su verdadero valor y descubramos cómo vivir de acuerdo con éste, no avanzaremos mucho en el Camino. En realidad, ésta es la diferencia principal entre las perspectivas filosóficas orientales y las occidentales. Los Sistemas orientales conocen la importancia del Concepto de la Nada, mientras que pocos Sistemas occidentales se ocupan de él, excepto para confundir su significado más allá de toda esperanza de comprensión. La Cábala lo sitúa en un lugar sobre toda Vida y, después, deja la investigación más extensa a los iniciados. Todos deben encontrar a Nada a su manera.

El valor de AIN es el del Pilar Medio, o el exacto punto de Nada entre las extremidades de la polaridad. Es la Inmovilidad absoluta en medio del movimiento, el Nunca que comprende el Siempre. Es la esencia de Dios. Sólo jugamos con las palabras tratando de describir lo indescriptible. ¿Quién ha podido explicar el perfume de una rosa con símbolos verbales? Las palabras no pueden hacer otra cosa que alentarnos a buscar esas experiencias, y si esto se logra, habrá ocurrido un milagro. Explicar el significado de la Nada es imposible y, a menos que busquemos lo imposible de forma constante, perderemos nuestra meta final en el Otro Extremo de Ninguna Parte. El Concepto de Nada nos lleva a Todas Partes y nada más podrá ocupar su lugar.

Tarde o temprano en la vida, deberemos dejar las ramas del Árbol y establecer nuestra propia existencia. El mono deberá convertirse en pájaro. La serpiente se deberá echar a volar. El desapego real es necesario antes de que la semilla se separe de su árbol y crezca sola. Gautama dijo: «Donde hay Ser, hay No Verdad. Donde hay Verdad, hay No Ser». Esta máxima deberá analizarse con detenimiento a la Luz del AIN SOPH AUR, y revelará el camino que nos guía más allá de los Velos Negativos.

Nosotros los occidentales estamos tan atrapados en las futilidades de nuestras actividades que hemos perdido el contacto con las Realidades Internas de la Existencia, y hasta que podamos establecer los vínculos apropiados con estas Realidades Vitales, no podremos vivir en la Verdadera Paz del AIN. Ésta es la perla frente al cerdo, la Piedra rechazada, el adoquín de oro que pisamos sin darnos cuenta con nuestros inquietos pies. Nunca tendremos Algo si no tenemos Nada. El valor real de las «cosas» es que nos sacan de nosotros mismos y nos guían hacia la Verdad de su No Ser. Se dice que en una ocasión, un ladrón robó una piedra preciosa de una imagen sagrada. Los monjes guardianes estaban muy enojados, pero su sabio Abad les dijo: «El tonto ladrón se ha llevado sólo lo que crea problemas y muertes a su alrededor por la estupidez de la humanidad. Nos ha dejado nuestro mayor tesoro ¿pues quién puede robar la Paz Profunda? Vosotros sois mejores ladrones que el que se ha llevado una simple piedra, pues rechazáis nuestra posesión más preciada. La paz, hermanos».

El arte de vivir realmente se puede resumir como ser TODO y hacer NADA. No es practicable en los cuerpos mortales en esta tierra, pero sí nos podemos acercar a él. Después de todo, nuestro intento por alcanzar la estrella más distante se debe hacer desde la tierra. Una vez que obtenemos aunque sea una pequeña parte del AIN SOPH AUR, sólo tenemos que conservar su brillo en nosotros y eso nos llevará más adelante a su Luz, puesto que es la única posesión permanente que tendremos: Nada.

La tendencia de nuestra civilización nos permite considerar a NADA de la forma equivocada, por lo que debemos invertir nuestra polaridad hacia ella. Descuidamos la Nada y pagamos el costo, ya que es el Elemento Universal, el Último

Pensamiento y la Fuente Única de toda Energía. Una vez que alcancemos la suficiente estatura espiritual para dirigir el poder de NADA, nos «volveremos como Dioses», y cuando todo signifique nada para nosotros, todo será posible. La Negación Suprema y la Afirmación Omnipotente son idénticas.

Lo que consideramos nuestra consciencia «normal» o nuestro intelecto es totalmente inadecuado para el funcionamiento de la Nada. Por esto, no es posible demostrar a Dios con ningún método de pensamiento humano y ésta es la terrible debilidad del llamado razonamiento «científico». La ciencia ortodoxa se obstaculiza tanto mentalmente, que incluso los dogmas religiosos más obstinados y pasados de moda ofrecen un panorama más amplio para la exploración que la mentalización moderna basada en la materia. Puesto que lo que consideramos como nada es un estado normal de la existencia Divina en la «Paz que supera el Entendimiento», debemos encontrar formas de vincularnos con ese estado o, de lo contrario, viviremos en condiciones inferiores.

Quizá se diga: «Nadie puede ser consciente de la Nada». Literalmente es cierto. Por tanto, debemos convertirnos en «Nadie», inconscientes de Nada, pero conscientes (si esa Negación inimaginable se puede llamar consciencia) con la Nada, de la Nada y por la Nada. La luz sin visión. El pensamiento sin pensar. La vida sin vivir. Todo Sistema Oculto experimenta con los métodos para acercarse a la Nada. Desde el simple esfuerzo por «poner la mente en blanco», hasta los rituales de proscripción más avanzados; los místicos de todas las Escuelas buscan instintivamente el AIN, cualquiera que sea el nombre que utilizan para ese Estado Supremo. Trances, animación suspendida y trucos sin fin se han puesto en práctica desde el inicio de los Misterios.

La pregunta natural es, ¿para qué preocuparse en buscar la Nada en lugar de esperar a la muerte? Los místicos y los ocultistas no consideran a la muerte como Nada, tampoco los cabalistas reconocen la muerte, excepto como la última pérdida de la identidad del alma. Alcanzar la Identidad Espiritual en el AIN y con el AIN es la meta principal del cabalismo, como el Nirvana para los budistas. Sólo la Nada contiene Todo, y llegar al AIN es un logro muy diferente a la separación temporal de un cuerpo físico.

Ésa es la respuesta a la pregunta ritual: «¿Qué contiene la Copa (o Grial)?» ¡Nada! Quien lo oiga puede tener dos reacciones, desilusión y falta de comprensión, o la realización de la incalculable importancia que señala el simbolismo de una Copa vacía. Sólo un alma que está preparada para aceptar esta profundidad puede encontrar TODO en NADA. Nadie excepto Dios crea la Totalidad a partir de Cero. Lo que no somos, nos hace lo que somos. Los Mandamientos más importantes son todos «No harás» y la Regla de Oro dice: «No harás a los otros aquello que no deseas que te hagan a ti». Una y otra vez el valor de Nada es acentuado a lo largo de las Escrituras y en la enseñanza tradicional.

No Ser debe SER. Ser debe NO SER. Ésta es la ley de TODO, que necesariamente se encuentra más allá de nuestra comprensión. La vida es una lucha constante por llegar a ser lo que no es. Un antiguo proverbio dice: «Lo suficiente siempre es un poco más de lo que tendremos». La Humanidad en la tierra busca a ciegas tener más de todo. Más dinero, más posesiones, más ventajas, más importancia, más de lo que sea. Más destrucción. Más inestabilidad. Más seres humanos. El Iniciado busca más Nada, más Luz, más Paz. Esto no significa una especie de egoísmo aislado, ni tampoco el sacrificio de uno mismo sin un propósito válido. El logro del AIN es infinitamente mayor que ese débil sentimiento. Es AMOR en sus verdaderas dimensiones de existencia, ya que abarca y sostiene TODO.

Sólo el AIN nos guía hacia la Máxima Luz de la que no hay regreso, porque opera en la NADA. El camino hacia el AIN se llama Camino de Renunciación o no logro, pero no quiere decir la simple renuncia a las cosas mundanas, puesto que si existe el apego mental o emocional a ellas, seguirán siendo pertenencias. La verdadera renuncia es una Liberación Interna y no espectaculares sacrificios externos. Debe ser un proceso normal y sin dolor, porque si la falta de apego causa sufrimiento, es que existe todavía un deseo básico por el apego. La Mitad del Camino se encuentra en el punto Nada entre el dolor y el placer, que cabalísticamente se conoce como Kav ha Emtzai; la Línea Central, que es el perímetro del Círculo del Cero que buscamos con AIN.

Lo que un no iniciado no entiende ni en el más mínimo grado es la ventaja de intercambiar las Cosas Externas por la Nada Interna. Dirá con horror: «¡Qué! ¿Quieres decir que vives para Nada, y sólo tienes Nada que ofrecerme? Eres un idiota y no voy a desperdiciar mi tiempo contigo». El Iniciado sonríe. La Nada no se debe entender, hay que vivirla. No es posible entender la NADA, hay que crecer en ella. El Árbol de la Vida no debe tener Nada alrededor que pueda crecer. ¿Qué somos nosotros? ¿Somos cuerpos, mentes, almas, espíritus? Somos la Nada que es Todos nosotros. El no iniciado pone la Nada al final, el Iniciado la pone al principio. No puede haber Uno a menos que el Cero lo preceda. Kether no podría ser si no proviniera del AIN, tampoco Malkuth existiría sin la oportunidad de convertirse en AIN.

El Concepto de Nada puede ser peligroso para quienes lo ven como una licencia para la apatía, la indolencia o la irresponsabilidad de cualquier tipo. Ésa sería una negación de la Negación, y AIN se debe afirmar, no negar. Debemos SER el AIN; de lo contrario, seremos la No Nada, como ya lo somos. Esto significa convertirse en el Silencio más fuerte, la Inmovilidad más agitada y el Vacío más sólido. Es el más pletórico Más, del Menos más poderoso. La razón, el juicio, la lógica y el pensamiento científico son las herramientas que tienen menor valor para encontrar a AIN. También lo son las emociones, los sentimientos y las sensibilidades. La fe pura abierta al punto Cero y dirigida al Infinito es el misil más práctico para que el Hombre alcance la Meta Final.

Quizá el Poeta es quien más se acerca a ello. Goethe captó el Concepto Nada del AIN como una Profundidad Madre o Matriz de la que proviene TODO. Hizo que Mefistófeles dijera a Fausto:

«Sin proponérmelo, revelo el Misterio más elevado:
Tres Diosas se encuentran en su trono en soledad,
No hay espacio a su alrededor, el Lugar y el Tiempo
    están en calma,
Sólo hablar de ellas avergüenza,
Ellas son las MADRES...
No hay ningún camino hacia lo Inalcanzable,
Nunca sentirse abrumado. Un camino hacia lo No
    Implorable
¿Nunca ser implorado? ...
Nada veréis en el distante Vacío infinito,
Ni escucharéis vuestras pisadas caer, ni encontraréis
Un lugar estable donde vuestros pies descansen ...
Escapad de lo Creado
Hacia las formas sin forma en los espacios liberados
Gozad de lo que se dispersó mucho antes,
Al fin un deslumbrante trípode os dice esto,
Que ahí se encuentra el fondo más profundo.
Entonces, su Luz mostrará a las MADRES.
Algunas permanecen en sus asientos, las otras se ponen
    de pie o se van
De acuerdo con su voluntad. Formación,
    Transformación,
Es la recreación eterna de la Mente Eterna».

¿Quién puede hablar del Silencio, mostrar la Inmovilidad en movimiento o convertir TODO en NADA? Nosotros no podemos hacer más que aceptar la inestimable bendición de este Misterio. Cuando el Último y el Primero se unen, el Cero de AIN nos invita hacia Dios. Subimos por el Árbol de la Vida más allá de éste a través de la Luz Ilimitada hacia el Infinito y, por último, llegamos a la Realización de la Nada. ¿Qué más podríamos lograr? Todo es Reflexión. La REALIDAD es

# Apéndice

¿Queda algo más que decir después de pasar el último punto del Árbol? Sí. Todo otra vez, desde una mayor altura de Existencia-Experiencia. La Vida y el Aprendizaje son eternamente inseparables.

El hecho de que nunca lleguemos a un fin en el que se extinga esta historia infinita debería ser uno de los principales gozos de la Cábala. Cada una de sus partes termina en un «Continuará». Cada vez que llegamos al final de una serie de estudios acerca del Árbol de la Vida resulta útil dejarla en el AIN del Inconsciente durante un tiempo, y después iniciarla de nuevo en dirección opuesta. El cuento sin fin mejorará en cada relato.

Supongamos que vamos a empezar la historia otra vez partiendo de Cero, viendo la Vida con la luz de lo que hemos aprendido hasta ahora. ¿Cuál sería nuestra primera impresión? Quizá una muy sorprendente. Algo que nos hace ver el Concepto AIN de forma totalmente diferente a las perspectivas ortodoxas que tenemos hasta ahora.

Si profundizamos hasta sus más hondas raíces, la simple palabra hebrea AIN no significa «Nada» en nuestro sentido occidental habitual, y nunca lo ha hecho. Se deriva de dos términos básicos muy breves. ¿EH NA? Que quieren decir dónde o ahora qué. ¿Qué más? En otras palabras, el Enigma Eterno. El «SER o No SER» de la Vida Eterna.

La palabra AIN se tradujo al español como «Nada», porque la frase combinada indica un punto más allá del cual no sucede nada en ningún momento. No implica que ya no se puede saber nada. Simplemente significa una limitación para la consciencia, que puede extenderse de manera infinita o no. Quizá una traducción más precisa habría sido «Fin de la experiencia» o «No más conocido hasta ahora». Simbólicamente, AIN es un signo de interrogación puro que apunta hacia el Infinito.

A los Iniciados de los Misterios de todas las épocas con frecuencia se les aconsejaba: «Convertíos en signos de interrogación vivientes». Lo cual quiere decir que se debe preguntar todo acerca de la Vida, aunque no debemos exigir nada de ella. Ésta es una de las razones por las que las antiguas iniciaciones comprendían muchas preguntas y respuestas. El propósito era implantar la idea de que se cuestionara todo en la mente del candidato.

Quizá habría sido buena idea para los occidentales dejar a un lado el concepto de la «Nada» de AIN y adoptar en su lugar un simple signo de interrogación. No somos muy aficionados a terminar en la extinción que con mucha frecuencia comparamos con la palabra Nada. Por tradición, queremos SER y LLEGAR A SER para siempre. Que es exactamente lo que AIN en realidad ha significado todo el tiempo. Es el punto en el que nuestro ser consciente se pone en contacto con la Divinidad lo suficientemente cerca para decir: «Bueno, ¿y ahora qué? ¿Qué vamos a SER y Hacer juntos?» Es el punto en el cual realmente nos volvemos seres autosuficientes de acuerdo con nuestra Intención Original. Eso es AIN, nuestro Verdadero Llegar a Ser o nuestro objetivo de Vida en la LUZ.

Un matiz interesante es que la interjección NA transmite un sentido de desear o incitar algo. Expresa una esperanza, una oración o una intención de que suceda algo específico que quien lo pide cree necesitar. De modo que, regresando a lo básico, AIN puede significar: «Necesito y busco mi Verdadero Yo con toda voluntad». Al buscar a AIN pedimos precisamente lo opuesto a la extinción. Es decir, nuestras propias Identidades en la Vida Infinita.

El eterno ¿AI NA? es el eco del grito fundamental que proviene del corazón de cada ser humano. ¿Dónde estás TÚ? ¿Dónde estoy YO? ¿Qué ME va a suceder? Es nuestra ansiedad más antigua. Podría ser el *De Profundis* más hondo en nosotros. Un niño llora por sus padres. La llamada de agonía de quien sufre y exige la muerte. El lamento de un alma ansiosa de amor que busca el gozo de ser amada y querida por alguien más. Quizá la pena de un alma asustada al acercarse a la pérdida del cuerpo y pidiendo la certeza de que en realidad existe un Espíritu Divino que se preocupa por lo que les sucede a los pobres y pequeños seres humanos. Sea lo que sea, el antiguo grito de ¡AI-IIIIIIIII! sigue siendo una expresión de la mayor urgencia y preocupación que experimenta un mortal. Es el AI de AIN. Nuestra llamada cósmica de desesperación a la Divinidad.

Al acercarnos al AIN siempre debemos tener en cuenta sus preconceptos de SPH y AVR, que casi siempre se traducen como Infinito y Luz. Supongamos que tratamos de verlos como Libertad e Iluminación. Nuestra liberación de los límites de la vida inferior, y la Realización de lo que significan todas las cosas. Toda nuestra vida es una lucha por lograr estos objetivos espirituales. En grados menores, alcanzamos una parte de ellos durante cada encarnación. De modo que cuando manejamos sus arquetipos simbólicos en el Árbol de la

Vida, sólo estamos buscando los requisitos para lograr la esencia de la Vida Misma. La Libertad y la Luz. La libertad final antes de convertirse en Uno Mismo.

La consideración y la comprensión de todos estos factores libera un flujo de significados que revitalizarán cada área anterior del estudio cabalístico. Es buena sugerencia poner un gran signo de interrogación en el centro del espacio de AIN, encima de Kether, algo así:

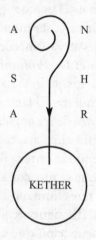

Con este diagrama, se pueden ver algunos puntos muy interesantes. Primero, se observa toda la espiral de la vida en la forma que se deriva del Yo Último, o Iniciación Absoluta de una Entidad individual. Con amplia imaginación, los Cristianos devotos pueden trazar el Lábaro Constantino IXP (Jesús Cristo) hacia abajo por la línea central. Otros podrían leer las combinaciones de letras hacia abajo y encontrar estos significados:

ASA     Ser fuerte y curar.

IPV     Muy hermoso.

NHR    Fluir. En sentido figurado, reunión de personas.

¿Podría ser más claro? Un flujo de hermoso poder que cura, (hace total) a toda la gente. Una confluencia de consciencia. El Manantial de la Vida misma. La endoenergía de la Existencia. En árabe, la palabra AIN significa un retoño, en especial, uno santo.

Con mucha frecuencia, en los estudios convencionales de la Cábala, el punto central de un ejercicio se pierde entre una serie de tecnicismos y aspectos secundarios. El propósito de la verdadera Cábala no es ningún tipo de arte para superar a otros, sino ayudarnos a tener vidas mejores, más agradables y elevadas como almas individuales en busca de nuestro destino y de nuestro origen. Mientras haga esto por alguien, su valor será incalculable. De lo contrario, no es más que un acertijo entretenido.

Con el secreto de AIN en mente, el estudiante de Cábala podría decir a cualquiera que le preguntara sobre sus motivaciones: «Me busco a Mí Mismo. A aquel que debí haber sido en un principio y que quiero llegar a ser al final de mi vida. Mi Alfa y mi Omega. No hay Nada más que pueda decir».

# Índice